まえがき

ワーク・ライフ・バランス（仕事と生活の調和）は、日本でもすっかり耳慣れた言葉となっている。国や地方公共団体で、また民間企業において、その実現のためにさまざまな取り組みが行われてきた。ただこれまでは、出産後も仕事を続ける女性と、子どもがいる男性の一部が活用する両立支援策に焦点が当てられてきたようにみえる。しかも関連制度がすべての職場で実行されているわけではなく、働く人だれもが制度で保障されている権利を行使しているとは言い難く、制度利用における男女差は大きい。

日本政府が提唱する「仕事と生活の調和」とは、性別や子どもの有無にかかわらず、誰もが働くことで経済的に自立でき、健康で豊かな生活のための時間が確保でき、多様な働き方や生き方を選択できる（内閣府「仕事と生活の調和憲章」）ことを目指すもので、仕事と子育てを『ただ両立させる』ことが目標なのではない。

ではバランスのとれた生活とは、一体どのようなものだろう。1980年代終わりから2000年にかけてスウェーデンで暮らした筆者は、90年代初め、つまり今から30年前に、同国の人たちの働き方が日本の状況と大きく異なることに目を見張った。現地で学究者と会社員という二足のわらじを履く機会を得て、大学や公的機関の職員だけでなく、民間企業の社員も男性も女性も定時で仕事を終え、夏には最低４週間の休暇を取り、ごく自然にオンとオフを切り替える生活を体感していた。長期間の育児休業中は代替要員が雇われ、復職すると元の職務に戻る。幼い子どもがいる人の働き方には寛容な態度で接し、できる範囲でサポートする。「お互いさま」だから。ワーク・ライフ・バランスという言葉が世界的に広がる前のことである。

スウェーデンは、ほぼ半世紀前に共働き社会に転換して以来、女性が仕事と出産・子育ての二者択一を迫られることなく、男性も仕事と家事・子育てに同等に関わるとする「稼得・ケア共同型社会」の仕組みを築いてきた。父親も対象とする育児休業制度を１９７４年に世界で初めて導入した国で、日本が目指すモデルの一つといえる。しかしモデルは一つとは限らない。

多様な働き方と家族の多様性に対応するワーク・ファミリー・バランスを積極的に推し進めている国として、本書では、スウェーデンに加え、ドイツとオランダに着目している。実際、両国の年間平均労働時間（２０１９年）は、スウェーデン（１４５２時間）より少ない（ドイツ１３８６時間、オランダ１４３５時間、日本１６４４時間）。

スウェーデンからおよそ四半世紀遅れて、ドイツもオランダも、「稼得・ケア共同型社会」への転換を図ったが、政策面ではそれぞれ独自の戦略を用いてきた。東西統一後のドイツでは、少子化問題が深刻化し、１９９０年代後半にワーク・ライフ・バランス関連政策を講じ、２０００年代に入り、男性の子育ても視野に入れた家族政策を打ち出した。「労働未来論」により就労における選択肢が設けられている点も同国の特徴である。

オランダは、賃金抑制と雇用確保を目的としたワッセナー合意（１９８２年）以降、パートタイム労働環境が整備され、ワークシェアリングを想定し、また夫０・75＋妻０・75を理想とする「１・５モデル」を構築してきた。柔軟な働き方ができる環境づくりに力を注いでおり、OECDの『より良い暮らし指標』における「ワーク・ライフ・バランス達成度」は2017年以降4年連続首位である。

幼い子どものいる人が家庭生活を重視し、子どもや家族と過ごす時間を確保できる働き方はどのようにすれば可能になるのだろうか。ワーク・ファミリー・バランスが実践できる仕組みを解明することは、これから子どもをもちたいと考えている人にとっても有益であろう。また、家族形態が多様化する中、ひとり親家族やステップファミリー、同性カップル家族を包摂する施策・制度づくりも必要である。

家族社会学を専門とする執筆者による本書では、働き方の多様性と家族の多様性も視野に入れたワーク・ファミリー・バランスのあり方を、スウェーデン、ドイツ、オランダで実施したインタビュー調査をもとに分析し、日本のワーク・ファミリー・バランス実現に向けた地平を切り拓いていく。

編者　高橋　美恵子

ワーク・ファミリー・バランス　目次

序章　ワーク・ファミリー・バランス社会のあり方を考える

高橋　美恵子

日本の働く子育て世代は、多くの困難を抱えている。成長期の子どもや家族と過ごす時間を優先して働き、希望するキャリアを維持することは難しい。長時間労働が常態化している職場環境で仕事中心の生活を送ってきた男性が家庭生活を重視する働き方にシフトすることは困難である。共働きでも「ワンオペ育児」を余儀なくされる女性は、キャリアコースから外れる「マミートラック」に乗らざるを得ない。多様で柔軟な働き方が選択できるように「働き方改革」の必要性が叫ばれて久しいが、企業・組織レベルでの実行状況に差があり、社会全体で大きな進展はみられない。

性別にかかわらず、誰もが「仕事」と「子どもや家族との生活」を無理なく選択できる社会の実現のために必要な方策は何であるか。家族研究の見地から[01]、欧州3カ国の先進事例をもとにそれを明らかにすることが、本書の目的である。

1　子育て世代の仕事と家庭生活のバランス

ワーク・ファミリー・バランスとは

国内外で「ワーク・ライフ・バランス」という用語の方が一般的に知られているが、本書で「ワーク・ファミリー・バランス」を用いているのは、子育て期にある人々の家族と家庭生活に焦点を当てているからである。

語源的には、実は「ワーク・ファミリー・バランス」の方が「ワーク・ライフ・バランス」よりも古い。1980年代後半、米国の民間企業で、子どものいる女性社員に向けた「ワーク・ファミリー・バランス」と称する育児サポート制度が登場した。やがて、女性の登用を視野に入れた仕事と家庭が両立しやすい「ファミリーフレンドリーな職場」という概念が広まった。90年代に入ると、子どものいる女性だけでなく、すべての人にとって、仕事と生活を充実させていくことは重要であるとして、「ワーク・ライフ・バランス」という考え方へと拡大していった（善積 2019）。

2001年に米国の社会学者ホックシールド（Hochschild）が、著書『タイム・バインド――働く母親のワークライフバランス』で、アメリカ人の多くが仕事に時間を費やし、家庭で家族と過ごす時間が制限されている実態を描き出した。それが話題を呼び、ワーク・ライフ・バランスという用語がマスメディアで取り上げられ、政策課題となっていく。日本では、ワーク・ファミリー・バランスが政策用語として最初に登場したが、その後、中高年期も含む生き方の多様性を視野に入れた、より広義の概念として、ワーク・ライフ・バランスが用いられるようになっていった（本書第1章参照）。

本書では、既存の政策や先行研究に言及する場合を除いては、子育て期の人々を対象とする狭義の「ワーク・ファミリー・バランス」を用いていく。

性別役割分業型社会の限界

ワーク・ファミリー・バランスの実現に向けて、日本が抱える第一の問題は、「男は仕事、女は家庭」という性別役割分業観が依然として社会に根付いていることである、と本書ではとらえている。「仕事と生活の調和（ワーク・ライフ・バランス）憲章」が２００７年に策定されたことで、日本での女性の両立に向けた支援施策・制度の整備に拍車がかかった。２０１５年には女性活躍推進法も導入されたが、働く女性のうち46・９％は第１子出産を機に退職している（国立社会保障・人口問題研究所2017）。一方、男性の両立に向けて、育児参加推進の取り組みが行われ、男性の育児休業取得率は２０２０年に12・65％と、２０１９年から５・17ポイント上昇した。しかし、育児休業を取得した男性のうち約28％の取得期間は５日未満にとどまる（NHK NEWS WEB 2021-8-1）。

２０１９年４月施行の「働き方改革法（働き方改革を推進するための関係法律の整備に関する法律）」では、長時間労働の是正や多様で柔軟な働き方の実現等を目指して、時間外労働の上限設定、年次有給休暇取得権利の強化、勤務間インターバル制度の普及促進等が盛り込まれている。ただ、事業主の努力義務にとどまる事項もあり、職場環境によって各種制度の導入レベルに差がみられ、働く人すべての権利が守られているとは言い難い。

従来の性別役割分業型社会からの転換がはかれていない日本では、妻に家事と育児を任せ、夫が家族の稼ぎ主となることを規範とする社会のジェンダー構造が保たれたままである。終身雇用や年功序列による就労の安定の代償に、長時間労働がいまだ常態化している男性中心社会で、女性の多くは、仕事と子育ての二者択一を迫られるか、仕事を続けても二重負担を強いられてきた。そのようなジェンダー構造の存在は、女性だけでなく、男性の自由な選択もはばんできたのではないだろうか。

政策・制度と実践のギャップ

固定的な性別役割分業観が根強く残る日本のジェンダー構造は、ワーク・ファミリー・バランスをめぐる男女間のギャップ、理想と現実のギャップ、さらに政策と実践のギャップを生み出している(Takahashi *et al.* 2014)。本書では、日本が抱える第二の問題として、政策が目指すものと個人レベルでの実践との間のギャップに着目する。

今日、日本の女性の大半は、ライフステージに合わせて働き方を変えられるのであれば、仕事を続けたいと考えている。内閣府が２０２０年に実施した「少子化社会に関する国際意識調査02」によると、20歳〜49歳の女性のうち、結婚あるいは出産後は専業主婦になるのが理想と考える人は、全体の1割に満たない(内閣府子ども・子育て本部 2021)。

同調査結果から、「子育てに当たって利用したい／したかった、と思う制度」と、実際に「利用した制度」をみると、表1で示す通り、調査対象国4カ国のうち、「希望」と「現実」のギャップの大きさが顕著なのは、総じて日本の男性である。「出産・育児休暇制度」を「利用したい／したかった」と回答した人は、２０２０年には59・3％を占めるのに対し、実際に「利用した」人は、15・7％にすぎない。２０１５年に実施された同調査の結果と比較すると、「短時間勤務制度」「テレワーク」「子どもの看護休暇制度」の利用を希望する人の割合は、日本では男女とも上昇しているが、各制度

表1　子育てに当たって利用したい／したかったと思う制度（希望）と利用した制度（現実）

子どものいる女性（20-49歳）の回答（複数回答可）（%）2020年（カッコ内は2015年の数値）

	日本 (N:393)		スウェーデン (N:292)		ドイツ (N:258)		フランス (N:287)	
	希望	現実	希望	現実	希望	現実	希望	現実
出産・育児休暇制度	47.8	32.8	95.5	95.5	55.4	55.0	46.0	55.4
短時間勤務制度	53.2 (33.5)	14.5 (6.5)	56.5 (63.9)	45.2 (40.3)	53.9	40.3	32.8 (30.2)	20.2 (20.4)
テレワーク・在宅勤務	33.8 (12.6)	2.8 (1.1)	36.0 (37.2)	27.4 (21.5)	25.2	18.6	19.2 (14.5)	7.7 (4.3)
子どもの看護休暇制度	49.9 (27.3)	12.0 (2.8)	80.8 (75.4)	80.1 (62.8)	19.8	14.3	38.3 (27.4)	20.6 (14.3)

子どものいる男性（20-49歳）の回答（複数回答可）（%）2020年（カッコ内は2015年の数値）

	日本 (N:248)		スウェーデン (N:217)		ドイツ (N:188)		フランス (N:210)	
	希望	現実	希望	現実	希望	現実	希望	現実
出産・育児休暇制度	59.3	15.7	89.4	87.6	60.6	53.2	38.1	43.8
短時間勤務制度	42.7 (22.4)	4.8 (0)	36.4 (38.9)	27.2 (22.9)	25.0	17.0	13.3 (17.1)	4.3 (7.1)
テレワーク・在宅勤務	34.7 (4.7)	4.4 (0.6)	30.9 (39.4)	30.4 (30.3)	22.9	15.4	8.1 (5.5)	3.8 (1.1)
子どもの看護休暇制度	41.9 (12.4)	7.7 (2.4)	68.7 (70.9)	71.4 (65.7)	15.4	10.1	38.1 (21.0)	21.0 (10.5)

＊2015年調査では「育児休業制度」と「産前産後休業制度」あるいは「父親休暇制度」と別個に質問している。
出典：高橋、2021、「令和２年度 少子化社会に関する国際意識調査報告書」内閣府子ども子育て本部、p.153.

を実際に利用した人の割合は、それほど高まっていない。

その対極にあるのはスウェーデンで、制度全般の利用を希望する人の割合が男女ともきわめて高く、また制度を実際に利用した人の割合も突出して高い。つまり、政策・制度と実践とのギャップが小さいといえる。

仕事優先の男性の働き方が標準化されてきた就労環境で、正社員の長時間労働が常態化し、祝日や連休と組み合わせずに長期の有給休暇を取得することは困難である。ワーク・ライフ・バランス関連施策が導入され、バランスのとれた働き方をめぐる個人の意識が徐々に高まっていても、社会や職場風土がその実践を阻み、ジェンダーギャップも生じている。就労を継続する女性は、両立支援制度を利用できても、仕事と家事・育児の二重役割をこなさなければならない。一定のキャリアを望むなら、取り組みが進んでいる職場でない限り、バランスの取れた生活を送るのは困難である。男性は、休日だけでなく平日・勤務日も子どもと過ごす時間をもちたいと願っても、帰宅時間が遅いと実現できない。職場での男女への期待が異なる「二重規範」の存在が、男性のワーク・ファミリー・バランス関連制度の利用を阻んでいる（Takahashi *et al.* 2014）。

2　ワーク・ファミリー・バランス研究へのアプローチ

稼得・ケア分担型社会3つのモデル

日本のワーク・ファミリー・バランスの実現を阻む要因の1つ目に挙げた「性別役割分業型社会」からの脱却を図った国として、本書では、スウェーデン、ドイツ、オランダに着目する。

欧州では、１９７０年代半ばから「仕事と家庭生活の調整（reconciliation of work and family life）」という概念が用いられ、93年にＥＵ発足後、90年代終盤に「ワーク・ライフ・バランス」が政策課題として掲げられた。育児休業制度、パートタイム労働環境、子育て支援の整備等の女性就労支援を通じて、労働市場におけるジェンダー平等を推進した。21世紀に入り、男性の育児休業取得やケア責任の分担を促す政策の要請が高まった（Fahlén 2012）。ＥＵ諸国では、就労者が労働時間を選択する権利として、フレックスタイム制度や労働時間貯蓄制度等（第２章と第３章を参照）を導入してきた。

スウェーデン、ドイツ、オランダは、ＥＵ諸国の中でも、ワーク・ファミリー・バランスの実現に向けて先進的な取り組みを行ってきた。これら３カ国のいずれも、男女とも仕事と子育てを担う「稼得・ケア共同型社会」へと転換したが、移行時期と政策戦略には違いがある（本章第３節と第２章から第４章参照）。

ＯＥＣＤが毎年発表している「より良い暮らし指標」２０２０年度版の測定項目の一つ「ワーク・ライフ・バランス」の達成度は、対象国40か国中、オランダが１位で、ドイツは９位、スウェーデンは10位で、日本は36位にとどまる（OECD Better Life Index）。

米国企業Ｋｉｓｉが世界主要50都市を対象として測定した「ワーク・ライノ・バランスに優れた都市」２０２０年度版によると、ドイツの首都ベルリンは５位、スウェーデンの首都ストックホルムは９位、オランダの首都アムステルダムは12位、東京は19位で、都市別とはいえ、ＯＥＣＤによる順位とは異なる。通勤時間も含む仕事に費やす時間が最も少ない都市はアムステルダムで36・１時間、ベルリンで41・３時間、ストックホルムでは43・１時間、東京で44・９時間、とオランダを除く３カ国で大きな差は見られない（getkisi.com）。

ただ、いずれの指標も、各国・各都市でのワーク・ライフ・バランスのあり方の平均像を示すもので、そこに暮らす人々の生活実態を知ることは難しい。実証研究に基づく本書では、これら3カ国の実態を明らかにしていく。日本からは理想的にもみえる社会における子育て期の人々の日常生活に深く迫ることで、稼得・ケア共同型社会それぞれのモデルが抱える課題も導き出す。日本にも生じ得る課題として提起することは、それを回避するための一助になると考えるからである。

促進要因と阻害要因——ケイパビリティ・アプローチから

ワーク・ファミリー・バランスに向けた制度が整備されていても、働く個人が権利を行使し、諸制度を利用できないと、先述のような「ギャップ」が生じてしまう。前節で、日本の問題の2点目として指摘した制度と実践との間のギャップは、日本だけでなく、欧州でも問題視されてきた。スウェーデンをはじめとするEU諸国での労働時間の選択等をめぐる就労者の権利とその権利を行使する個人の能力の間のギャップに着目したジェンダー社会学者ホブソンらは、そのギャップを個人の「ケイパビリティ（capability: 潜在能力）」に因るものであるととらえている（Hobson 2014）。

「ケイパビリティ」は、経済学者のアマルティヤ・センが提唱した概念で、個人がウェルビーイング（well-being: 身体的、精神的、社会的に良好な状態）を追求するにあたり、享受できる自由、と定義される。自己が有する資源（財）や能力を生かすことによって、さまざまな活動の達成水準を高め、自己の望む生き方を選択・実現できる可能性を意味する（セン 1999=2006）。

ケイパビリティという概念について、移動手段である自転車を自己の資源ととらえて考えてみよう。自転車を所有していても、乗り方がわからないと活用できない。乗り方を知っていても、整備された

表2　個人のワーク・ファミリー・バランスに影響を与える要因

家庭領域（ミクロ）	職場領域（メゾ）	社会領域（マクロ）
本人の財（収入・学歴）	企業文化	社会的権利
配偶者の財	職場の風土	国のWLB／WFB施策・各種休業制度
カップル間の仕事・家事・育児分担	マネジメント	地域ネットワーク
権力関係	仕事の柔軟性・自己裁量度・安定性	保育・ケアサービス
家族・友人ネットワーク	職場の男女比	社会セクター
	労働組合の影響	

道がないと、自転車を走らせることは困難である。あるいは、たとえ道が整備されていても、自転車に乗っている人が他に誰もいなければ、単独走行するには勇気がいる。この思考の枠組みを日本の多くの男性の育児休業取得状況に援用すると、次のようになる。育児休業制度は整備されており、就労者に取得の権利は認められていても、取得している男性は周囲にほとんどおらず、実行に移せない。

ワーク・ライフ／ファミリー・バランスの実現を阻む要因を分析したホブソンらは、EU諸国で、男女とも稼得とケア（家事・育児）役割を共同で担うことへの社会的期待が高まる中、個人が自己の置かれた生活状況をどのように認識し、状況を変えるためにどのような働きかけを行っているか、またそれを促す要因は何であるかを探るための分析枠組みとして、ケイパビリティの概念は有効であるとしている（Hobson 2014）。

個別インタビュー調査による実態把握

ワーク・ファミリー・バランス関連制度とその利用状況のギャップが大きい日本では、法制度を整えるだけでは不十分である。制度と実践のギャップの背景要因を解明するには、個人のケイパビリティの側面から分析することが有効であると考えられる。本書では、ケイパビリティ・アプローチをもとに設計した調査枠組み（表2）を用いて次の3つの調査を実施し、その結果を土台にして論じていく。日本、スウェーデン、ドイツ、オランダで実施した個別インタビュー調査の概要を述べておこう（研究の背景と経緯については「あとがき」参照）。

①「日本の共働き世帯調査」

２０１０年に関西圏（大阪・兵庫・京都）在住で未就学児のいる共働き世帯の男性53人、女性51人を対象にインタビュー調査を行い、保育の状況、家庭生活、仕事と職場環境、生活時間のバランスについて尋ねた。インタビュー実施前にアンケート調査を行い、対象者の属性や家族構成、労働時間等の情報を収集しておいた。後述する②と③の調査でも、同じ方法を用いている。日本の共働き世帯の男女を対象にした調査の結果は、第1章で扱う。

②「多様性社会のワーク・ファミリー・バランス調査」

スウェーデン・ドイツ・オランダにおける子育て世代の働き方と家庭生活の実態を探るために、異性カップル世帯で子どもがいる男女各2人・子どもがいない男女各1人、ひとり親世帯の男女各1人、同性カップル世帯の男女各1人の計10人（またはそれ以上）を対象にインタビュー調査を行った。対象者の勤務形態（フルタイム・パートタイム）と職種はできるだけ偏らないようにした。スウェーデン人を対象としたインタビューは２０１７年９月、[04] オランダ人へのインタビューは２０１８年９月と２０１９年８月から９月、ドイツ人へのインタビューは２０１９年８月から９月に実施した。調査は各国語と日本語の通訳を介して行った。

同調査では、3カ国の民間企業での取組みと実践を把握する目的で、16年8月から9月にスウェーデンとオランダ、18年9月にオランダ、19年8月から9月にはドイツとオランダにおいて、ワーク・ファミリー・バランス関連施策を推進している大企業と中小企業（各国2社以上）の人事労務担当管理者などを対象にヒアリング調査を実施した。

3カ国の調査で得られた知見は、第2章から第5章で論じている。

③「駐在員調査」と「元駐在員調査」

「駐在員調査」……日本から妻子と共に、スウェーデン・ドイツ・オランダの3カ国のいずれかに赴任している民間企業勤務の日本人男性を対象として、2013年8月から9月にインタビュー調査を実施し、赴任後の意識と行動の変化を探った。回答者は、スウェーデン9人（調査実施地：ストックホルム、ヨーテボリ）、ドイツ13人（ミュンヘン）、オランダ13人（アムステルダム）の計35人である。

「元駐在員調査」……3カ国いずれかに妻子帯同で駐在した経験があり、赴任前から系列企業に勤務する日本人男性を対象として、2014年9月～15年3月にインタビュー調査を行い、日本に帰国後の働き方や意識の変化に迫った。回答者は、スウェーデン駐在経験者6人、ドイツ14人、オランダ10人の計30人である（調査実施地：近畿、中部、関東）。

3カ国のいずれかに駐在経験のある日本人男性の語りは、第2章から第4章のコラムで紹介している。

3　比較からみるスウェーデン・ドイツ・オランダの特徴

ワーク・ファミリー・バランス関連施策・就労状況

スウェーデン、ドイツ、オランダにおけるワーク・ファミリー・バランスをめぐる取り組みと実態については、第2章以降で論じていくが、ここではこれら3カ国の特徴と位置づけを日本と比較してみていこう。

ＥＵではジェンダー平等とワーク・ライフ・バランスをさらに推進するために、「欧州社会権の柱（European Pillar of Social Rights）」の原則（２０１７年）に基づき、２０１９年６月に「ワーク・ライフ・バランス指令（Work Life Balance Directive 2019/1158）」を公布した。子どもの出生時における10日間の父親休暇と年5日間の介護者休業を新設し、親1人につき4カ月以上の育児休業のうち、互いに譲渡できない期間を1カ月から2カ月に延長した。加盟国は、同司令の内容を２０２２年までに法制化するものとされている。

表3は、日本を含む4カ国でのワーク・ファミリー・バランス関連施策と家族政策等の特徴を示したものである。育児休業制度と労働時間短縮制度はいずれの国でも導入されているが、付与期間と所得保障レベルに違いはある。

社会政策の国際比較研究第一人者の社会学者コルピは、主に１９８０年代におけるＯＥＣＤ諸国の家族政策のあり方をジェンダーと社会階層という不平等の視座から3類型化している。スウェーデンをはじめとする北欧諸国は「稼得共同支援型（dual earner support）」、ドイツやオランダなど大陸欧州は

表3　ワーク・ファミリー・バランス関連施策・家族政策等の特徴：4カ国比較（*上限額あり）

	スウェーデン	ドイツ	オランダ	日本
育児休業	親1人につき240日、所得の約80%*保障。 195日のうち90日はもう一方の親に譲渡不可	1年、もう一方の親が2カ月以上取得すると最大1年2カ月、所得の67%保障	子どもが8歳までに週労働時間の26倍の期間（=26週間）保障（無給・時短と併用可）（2022年8月より9週間、所得の50%保障導入）	1年、うち6カ月は所得の67%、その後は50%保障。 父母が6カ月ずつ取得の場合、1年2カ月（パパママ育休プラス）。
労働時間短縮	子どもが8歳まで25%短縮可	親時間制度：子どもが3歳まで、36カ月分請求可、同時に週30時間以内の就労可能	子どもが8歳まで育児休業制度として利用可	子どもが3歳に達するまで、1日原則6時間勤務が可能となる措置の義務づけ
看護休業 （子1人/年）	12歳未満、60日（特例120日）所得の約80%保障*	12歳未満、10日	短期：週労働時間の2倍まで、所得の70%以上（最低賃金以上）。 長期：12週間以内で週労働時間の50%迄休暇申請可（無給）。	小学校就学前の子1人につき5日、2人以上の場合10日 （無給）
年次有給休暇	25日以上（団体協約で規定）	24日（労働協約で30日が一般的）	20日（労働協約で5～6週間が平均）	10日以上（6.5年以上勤務で20日）（所定労働時間要件有）
家族政策：稼得役割のジェンダー平等推進度	高い	高い	中間	低い
家族政策：ケア役割のジェンダー平等推進度	高い	高い	中間	中間
保育の社会化の実現度	高い	中間	低い	中間
ジェンダーギャップ指数ランキング2021年	5位	11位	31位	120位

「一般家族支援型（general family support）」、米国・英国など主にアングロサクソン諸国は「市場志向型（market oriented）」に属する（Korpi 2000）。各国の政策の変化をとらえた上で、コルピの類型論を検証した政治学者の宮本（2021）によると、ドイツとオランダには変化がみられ、とくにドイツは稼得共同型に近づいているという。スウェーデンでは、稼得役割に加えて、育児関与の共同性も推し進められてきた[05]。

家族政策の特徴をふまえて、稼得役割のジェンダー平等推進度をとらえると、スウェーデンとドイツで高いが、日本では低く、オランダはその中間に位置する。さらに、ケア（育児）役割のジェンダー平等と保育の社会化に着目すると、スウェーデンではいずれの推進度も高い。ドイツでは公的保育の整備状況に地域差がみられ、オランダでの保育の社会化は相対的に遅れている。

各国の就労状況をみると、図1に示したように、幼い子どものいる女性の就業率が最も高いのはスウェーデンで、オランダがそれに次ぐ。週あたりの労働時間が40時間以上の雇用者の割合が最も高いのは、図2にあるように日本男性で、スウェーデン男性がそれに次ぐ。スウェーデンでは5割強の女性が40時間以上働いているのに対し、オランダ女性のほぼ6割の労働時間は30時間未満である。

男女とも労働時間が相対的に長いスウェーデンでは、14歳以下の子どものいるカップルのうち、2人ともフルタイム勤務である割合が突出して高く、7割近くを占める。オランダでは、フルタイムとパートタイム勤務というカップルが5割を占めており、ドイツでは同4割である（図3）。

さらに、家事と育児を含むケア労働（無償労働）に費やす時間をみると、4カ国の女性の間で大差はないが、一番長いのはドイツで1日あたり242分、次いでオランダ225分、日本224分、ス

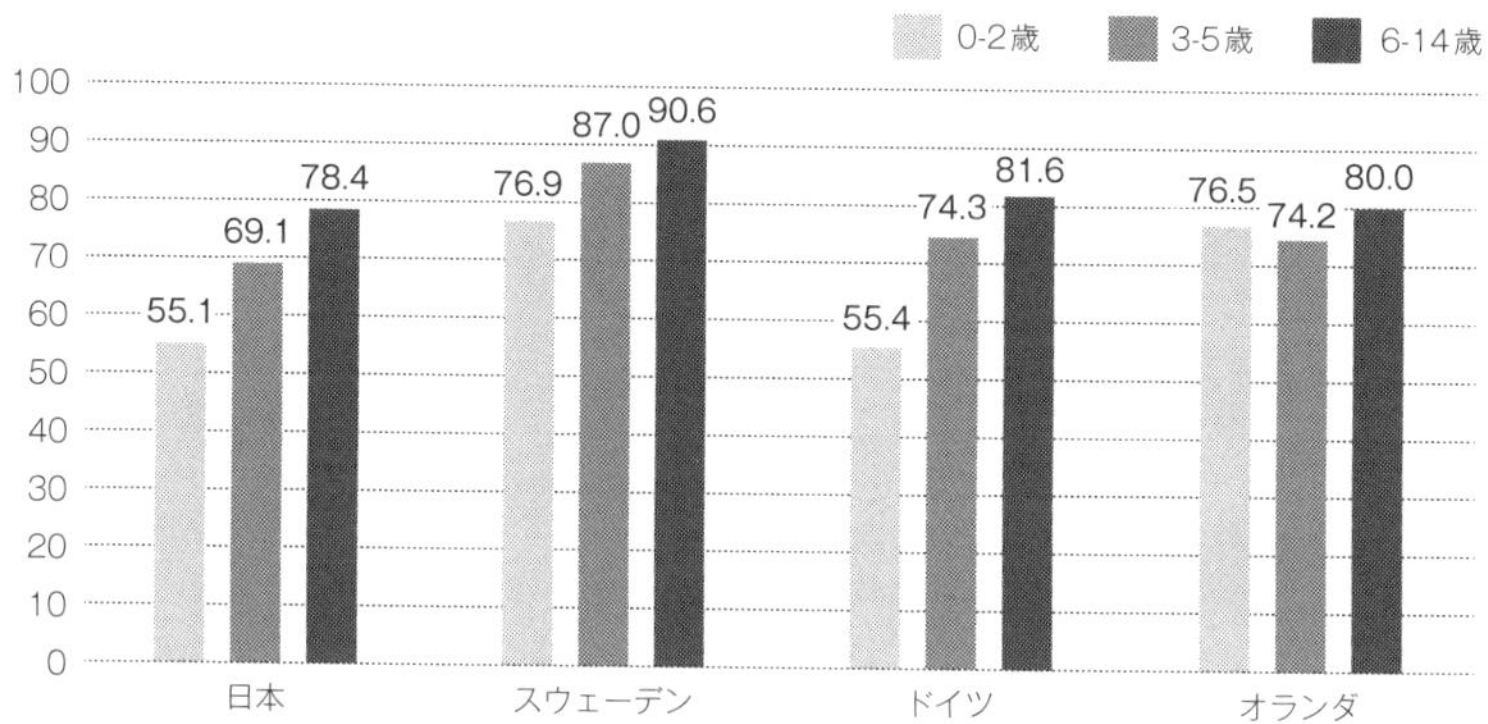

図1　母親の就業率―末子年齢別、2018年（%）
出典：OECD Database. LMF1.2.C.

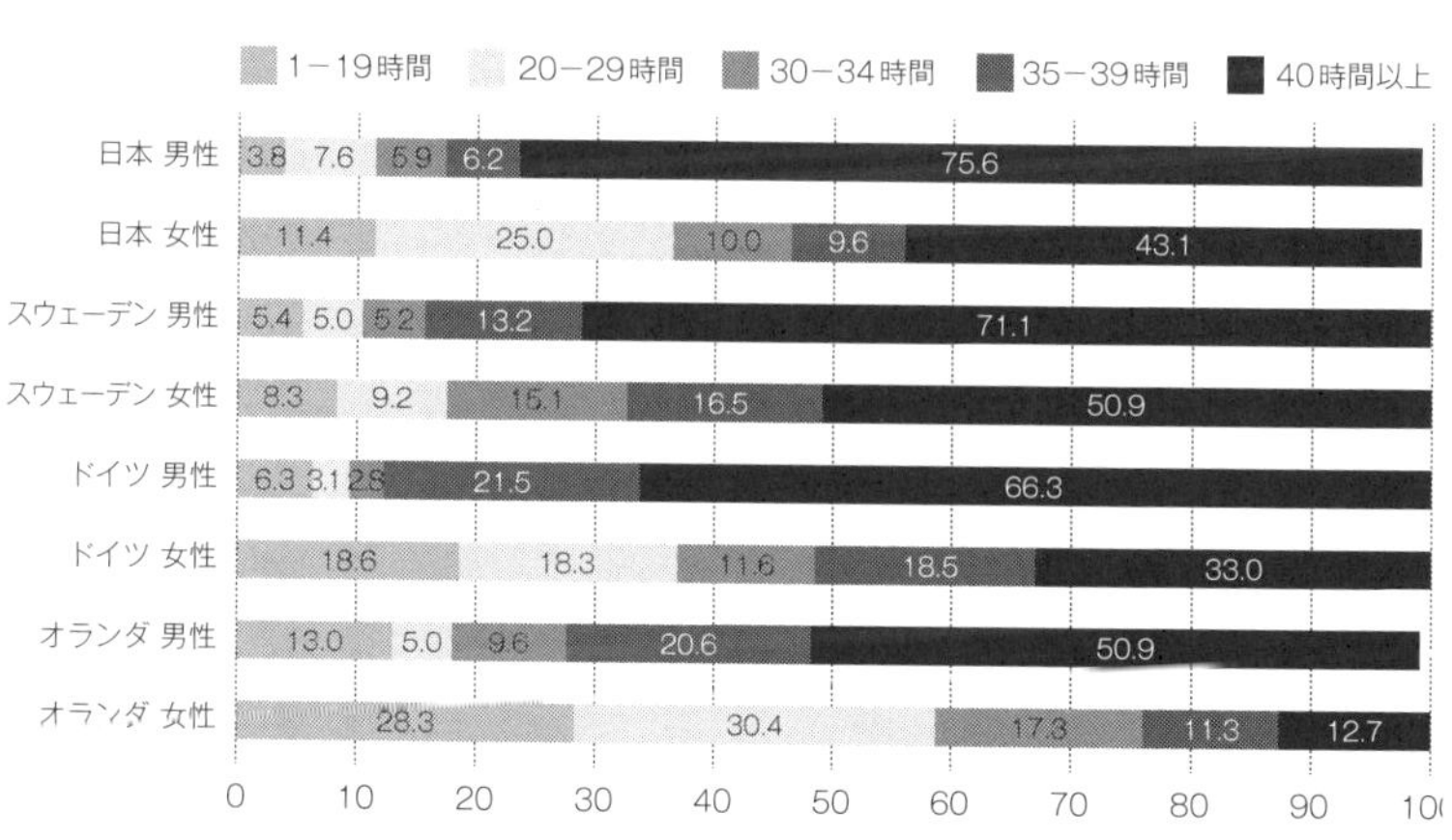

図2　通常の労働時間（週）の分布―雇用者・男女別、2017年（%）
出典：OECD Database. LMF2.1.A.

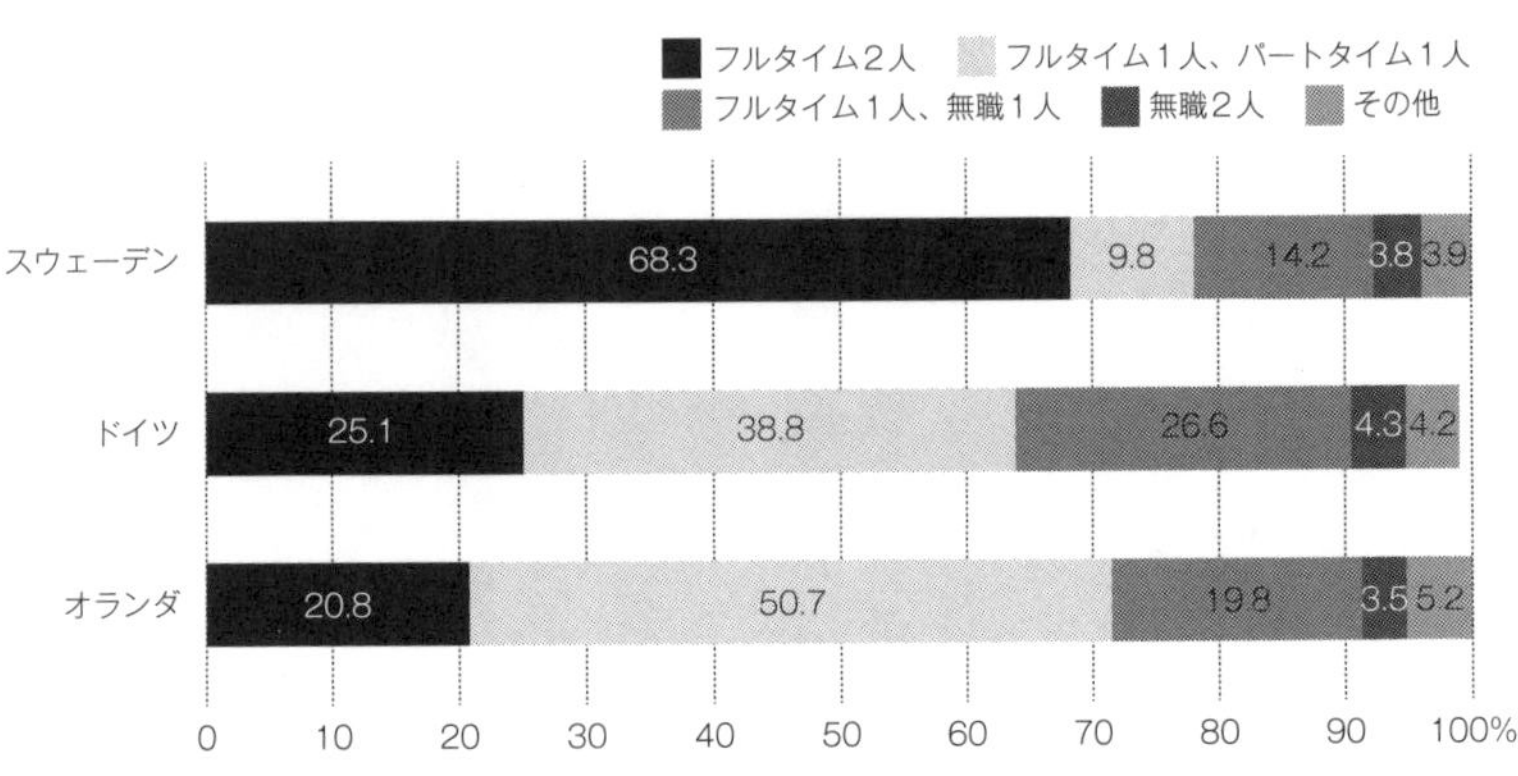

図3　14歳以下の子どものいるカップルの就労形態タイプ、2014年（%）
出典：OECD Database. LMF2.2A.

ウェーデン220分である。男性のケア労働時間が一番長いのはスウェーデンで171分、次いでドイツ150分、オランダ145分で、日本は41分と圧倒的に短い（OECD 2018）。日本では、ケア労働時間のジェンダー差が歴然としている。

3カ国に共通する雇用社会政策・制度

スウェーデン、ドイツ、オランダの雇用システムと雇用社会政策における共通点を概観しておこう。

・雇用システム

欧州そして米国では、賃金が職種で決まる職務給や個人の業績が賃金に反映される成果給が導入されている。日本は欧米型と違い、強い雇用保障と年功賃金制度を核として、いくつかの相互補完的制度をもつにいたったことが特徴である（山口 2017）。欧米型の職務給や成果給は、年功賃金制度と両立しないため、日本では、年功と業績いずれも考慮する独自の職能給制度が生み出された。労働法政策研究者の濱口（2011）は、欧米企業を「ジョブ型」、日本企業を

「メンバーシップ型」と対比している。ジョブ型（ポスト型）では、ジョブ・ディスクリプション（職務）が明確で、勤務地は契約に明記されているが、メンバーシップ型では、ジョブ・ディスクリプションや勤務地は原則的に無限定で、新卒一括採用が行われてきたという特徴がみられる、とする。

・ディーセント・ワーク

「ディーセント・ワーク」とは、「働きがいのある人間らしい仕事」を意味する言葉で、１９９９年の第87回国際労働機関（ILO）総会に提出された事務局長の報告で初めて用いられた。すべての人の権利が保障され、十分な収入を生み出し、適切な社会的保護が与えられる生産的な仕事を意味している。

ＩＬＯは、ディーセント・ワークが実現できる条件として、①健全な労働時間、②ファミリーフレンドリーな労働時間、③ジェンダー平等、④企業の生産性の向上、⑤労働時間の選択・決定への影響力、を挙げている（Messenger 2006）。ＥＵは、仕事と家庭生活のバランスが政策課題となるプロセスで、ディーセント・ワークの実現に向けた取り組みを行ってきた。例えば、１９９３年に制定されたＥＵ労働時間指令により、ＥＵ圏内労働者に対し、１日24時間につき、最低連続11時間の勤務間インターバルを付与し、長時間労働禁止の規定を設け、また年に最低4週間の有給休暇を付与している。

日本でも、２０１９年４月から施行された「働き方改革法」により、勤務間インターバルが努力義務化されているが、導入企業の割合は20年1月時点で４・２％にとどまる（朝日新聞デジタル 2021-5-25）。

・同一（価値）労働同一賃金の原則とパートタイム労働

ＥＣ時代の１９７５年から、職務評価における男女差別撤廃に向けた法制として、男女同一賃金原則がとられている。ＥＵ諸国では、客観的（合理的）な理由がない限り、同一（価値）労働同一賃金の原則が適用され、雇用形態に由来する差別は、不利益取扱い禁止法制がとられている（濱口 2016）。またＥＵのパートタイム指令で、フルタイム労働者との均等待遇原則が規定されている（欧州連合日本政府代表部 2018）。パートタイムはフルタイムより労働時間が短いことを表す言葉であって、正規・非正規といった雇用形態を意味するものではない。第２章以降で論じるように、欧州３カ国では、パートタイム勤務でも正規雇用であることが一般的とされる。

このように、スウェーデン、ドイツ、オランダにおいては、性別や就労形態にかかわらず、働く人が自己の権利を行使できる土壌が熟成されている。日本でも、労働者の権利を保護するさまざまな法律が制定され、両立支援制度も整備されているが、事業者の規模や雇用形態による処遇格差は解消されていない。働く人すべてが無理なく自己の権利を行使できる社会の実現のためには、どのような方策が必要なのか、３カ国の事例を通して、終章で迫る。

4　本書の構成

本書の構成は以下のようなものである。第1章では、本書の問いの背景となる日本のワーク・ファミリー・バランスをめぐる問題点を共働き世帯の生活実態に焦点を当てて論じている。

第２章ではスウェーデン、第３章ではドイツ、第４章ではオランダにおけるワーク・ファミリー・

バランスのあり方について考察している。欧州3カ国が「稼得・ケア共同型社会」に移行した背景とワーク・ファミリー・バランスの実現に向けた取り組みの特徴をとらえ、現地企業での関連施策・制度の実行状況と子育て期にある男女の生活実態に迫る。さらに、そこで生じている課題を明らかにする。

2章から4章の文末には、これら3カ国に現地日系企業の駐在員として滞在中の日本人男性と、駐在員生活を経て帰国した日本人男性の生活体験談を、それぞれ「コラム」として掲載している。

ワーク・ファミリー・バランスに向けた取り組みや関連施策・制度が、多様な家族形態をいかに包摂しているかという視座に立ち、第5章では、スウェーデン、ドイツ、オランダの同性カップルをとりまく状況と生活実態に着目する。

終章では、これら3カ国における実践を振り返り、ワーク・ファミリー・バランスの実現に向けた取り組みと生活実態、課題を比較検討した上で、日本のこれからの方策に向けた提言を行う。

なお、2020年に予期せぬ新型コロナウイルス感染症の拡大による仕事と家庭生活への影響をとらえるべく、3カ国調査のインタビュー協力者を対象として、2020年10月から12月にウェブアンケート調査を実施し、スウェーデン6人（対象者の配偶者含む）、オランダ16人、ドイツ11人からの回答を得た。コロナ禍における3カ国の人々の働き方と家庭生活の変化については、終章で論じる。

注

01 家族社会学の分野でのワーク・ライフ・バランス研究において、少なくとも2010年頃までは、働き方が家族生活に与える影響に焦点を当てるものと仕事と生活を対立関係（ワーク・ライフ・コンフリクト）でとらえるものが主流を成してきた。働き方そのものを変える前提で、所定労働時間を見直す、あるいは両立支援制度等の実効性を高める方策を探る研究は、十分には行われてこなかった（中里 2009）。

02 2005年度から5年毎に実施されている調査で、ドイツは2020年度調査から加わった。調査は4カ国の20歳〜49歳の男女を対象として、2020年10月〜2021年1月に実施された。回答数は以下の通り：日本 1372人、スウェーデン 1000人、ドイツ 1022人、フランス1000人（内閣府子ども・子育て本部 2021）。

03 3つの調査は、筆者が研究代表者として科学研究費補助金（基盤研究B）を受けた3つのプロジェクトによって実施した。詳細については「あとがき」参照。

04 2018年9月にストックホルムで医療従事者（男女各1人）を対象に実施したインタビュー調査は、筆者が研究分担者として携わった「非典型時間帯就労に着目したワーク・ライフ・バランスの国際比較研究」（2017〜19年度 JSPS科研費17H02585 研究代表者：大石亜希子）の助成を受けて行った。

05 宮本（2021）はDual earner supportを「両性就労支援型」と呼んでいるが、本書では、家族の多様性も視野に入れて「稼得共同支援型」と定義する。

エスピン＝アンデルセン（Esping-Andersen 1990）が、福祉国家を「社会民主主義レジーム」（スカンジナヴィア）、「保守主義レジーム」（大陸欧州）、「自由主義レジーム」（アングロサクソン）に3類型化した福祉レジーム論の礎を築いたことを受け、ジェンダーの視点からの類型化も行われるようになっていった。例えば、フレーザー（Fraser）は、福祉国家を「総稼ぎ主モデル」「ケア提供者対等モデル」「総ケア提供者モデル」に3分類している（松田 2012）。

〈付録〉スウェーデン・ドイツ・オランダ・日本の基本情報・統計

	スウェーデン王国	ドイツ連邦共和国	オランダ王国	日本国
人口*	約1039万人（2021.3）	約8319万人（2020.9）	約1741万人（2020）	約1億2555万人（2021.2）
面積*	約45万㎢	35.7万㎢	約4.2万㎢	約37.8万㎢
合計特殊出生率（2019年）**	1.70	1.54	1.57	1.36
高齢化率（総人口に占める65歳以上の割合）（2019年）**	20.2%	21.5%	19.6%	28.4%
家族関係社会支出のGDP比率　（2017年）***	3.40	3.17	1.84	1.79
付加価値税*（2021年）	標準税率：25% 食料品：12% 交通・文化施設入館料・書籍・雑誌等：6%	標準税率：16% 食料品：5%	標準税率：21% 食料品・薬品・書籍・雑誌等：9%	標準税率:10% 食料品：8%
一人当たりの名目GDP*	51,643ドル（2020）	46,564ドル（2019）	52,368ドル（2019）	40,847ドル（2019）
失業率*	8.3%（2020）	3.1%（2019）	3.8%（2018）	2.8%（2020）

出典：スウェーデン・ドイツ・オランダ。
* JETRO, https://www.jetro.go.jp/world/europe/
** Global Note, https://www.globalnote.jp/post-3770.html
*** OECD Family Database PF1.1A

第1章　共働き家族のリアル　日本

松田　智子

日本では、長期安定雇用と年功賃金に守られ、男性が長時間労働に励む「男性稼ぎ主モデル」は制度疲労をおこし、空洞化しつつある。しかし、男性が家族の主たる稼得役割をにない、働き続けることは依然として揺らいではいない。だからこそ、1990年代後半以降に進行した男性労働者の非正規化は、家族の経済格差を拡大させる社会問題として大きな関心を集めた。非正規化の流れは、女性労働者の間では、それよりもかなり前から進んでいたが、女性が家庭役割と両立するためにパート等の非正規で働くことは自明のこととされ、社会的関心が薄かったのである。

ライフコースにおける就労の位置づけは、男女で大きく異なる。男性の就労はライフコース上のイベント（出来事）にほとんど影響を受けないのに対して、女性の就労は、出産や子育てというイベントから大きな影響を受け、就労継続を難しくしている。出産後の子どもの世話は、女性が仕事をやめたり、中断したりすることによって対応するものであることが前提とされてきたからである。

このような女性の就労のあり方は、先進諸国の中ではむしろ少数派である。本書で焦点をあてる欧州3カ国（スウェーデン、ドイツ、オランダ）では、男女がともに就労を継続しながら、家庭役割を分担する共働きが主流となっている。日本では、1990年代以降、少子化に伴う労働力人口減少への対処として、女性の労働参加がかつてないほど叫ばれるようになった。しかし今なお、仕事を続けながら家族生活との両立をはかるにはさまざまな困難が伴うことが明らかになっている。

こうした状況を踏まえ、本章では改めて次のような問いを立て検討を行いたい。第一に、現代日本の子育て期の共働きカップルのワーク・ファミリー・バランスのあり方にはいかなる社会的文脈が存在するのか、第二に、共働きカップルにおけるワーク・ファミリー・バランスの困難とは何か、第三に、仕事と家庭生活の両立をめぐってどのような戦略がとられているのか、という点である。本章では、種々の統計データや両立支援策の推移を分析しつつ、未就学児をもつ共働き男女を対象に実施したインタビュー調査[01]の結果を用いて検討を行っていく。

1　日本の共働き家族の特徴

共働き世帯が倍増

日本の共働き世帯数は、1997年に専業主婦世帯数を上回って以降、増加し続けている。特に2012年以降、増加の勢いが増し、今や専業主婦世帯の2倍強となっている（図1）。ただし、そのうちの約6割は、妻がパートで働く共働き世帯である（内閣府 2020）。子育てにあてる時間を確保するために就労の中断を選択するものの、一旦退職すると正規雇用での再就職が困難になるため、パートタイム等の非正規で働いているのが実情である。

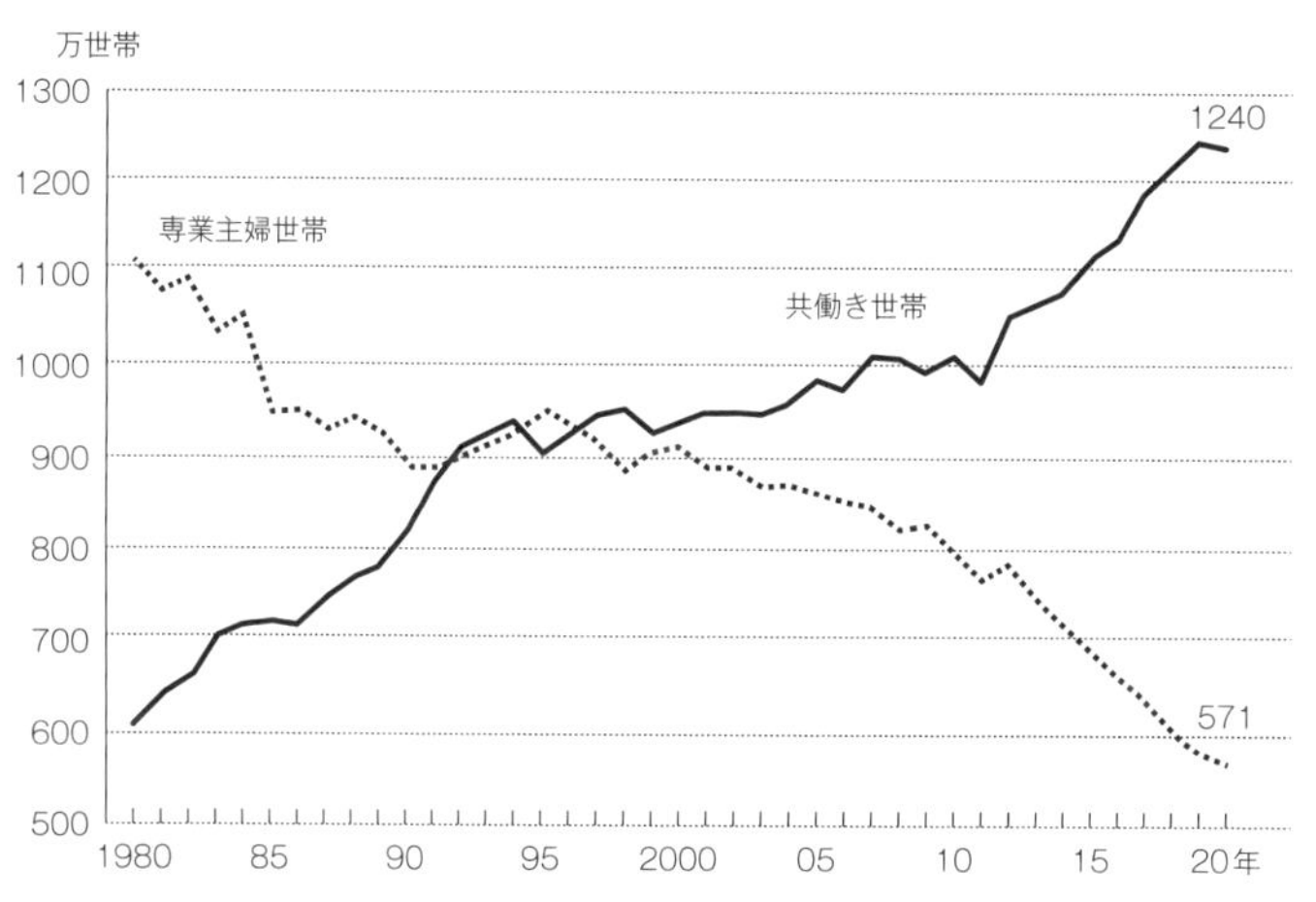

図1　日本における共働き世帯の推移
出典：労働政策研究・研修機構「早わかり グラフでみる長期労働統計（図12）」

他方、近年、就労を継続し正規で働く既婚女性が増加傾向にあることも見逃せない。国立社会保障・人口問題研究所「第15回出生動向基本調査」（2017）によると、第1子出産後の女性の就業継続率は53・1％と5割を超えており、正規雇用者に限ってみると、就労継続者は約7割を占め、2010年の40・3％から大幅に増加している。また、別の調査からも、妻が正規就労者である共働き世帯は495万世帯であり、雇用者の共働き世帯に占める割合は4割強であることが明らかになっている（内閣府 2020）。

共働き世帯が拡大してきた背景には、市場経済のグローバル化によって企業間競争が激化する中、非正規雇用の増加等の雇用の流動化が進み、雇用環境が大きく変化したことがある。男性の稼ぎだけでは、家族を十分に養うことが困難になり、家族の経済的困難や経済的リスクを分散するために、中断再就職や就労継続を選択する共働き女性が増加したと考えられる。また、後に詳しく述べるが、女性の労働力の活用を推進する政策的な流れの中で、育児休業制度の充実や保育所の量的拡大がはかられてきたことは、仕事と子育てを両立しながら就労継続を希望する女性を後押したことはまちがいないであろう。

共働き家族の2つのタイプ

日本の共働き家族には、妻が正規で働き続ける「就労継続型」と、出産・子育てを機に仕事を辞め、後に非正規として再就職する「就労中断型」の大きく分けて2つのタイプが存在する。このような2つのタイプが並存するのは、欧州3カ国にはみられない日本独特の特徴である。

表1は、共働き家族の2つのタイプを5つの指標にもとづいて整理したものである。この二分法的な理念型は、日本の共働き家族のあり方を整理するためのモデルであり、すべての共働き女性がどちらかに明確に振り分けられるわけではない。むしろ、現実の働き方は、それぞれの指標の連続線上に位置づくことに留意が必要である。

表1　妻の働き方による共働き家族の2つのタイプ

	就労中断型	就労継続型
雇用形態	非正規雇用（パート・派遣・アルバイト・嘱託）	正規雇用
経済的自立度	家計補助的・相対的に低い	家計分担的・相対的に高い
仕事と家庭の優先度	家庭重視	仕事も家庭も重視
労働時間	相対的に短い	規定労働時間
家事・育児分担	女性がになう	男女でになう

「就労中断型」タイプは、日本の共働き家族の中で多数を占める。有配偶女性の主な雇用形態はパート、派遣、アルバイトなどの非正規雇用である。性別役割分業を基本的に維持しながら、妻は家計補助的にパート等で働くため、経済的自立度は低い。また、仕事よりも家庭を優先させるため、就労時間は短く押さえられる傾向にある。家事・育児は主に女性がになうことが暗黙のルールとされ、仕事と家庭の葛藤は相対的に少ない。

他方、「就労継続型」タイプは、日本でも増加傾向にあるが、欧州3カ国では典型的な労働パターンである。労働形態は基本的に正規雇用であり、夫の稼ぎに依存せず、夫婦でともに家計を支えるという意識が強い。女性はライフコースを通じて働くことが規範となっており、仕事は家庭と同様にアイデンティティの重要な部分を占めている。労働時間は規定労働時間内とはいえ、短時間労働のパートタイム労働者よりも相対的に長い。また、家事・育児分担に関しては、男女両方でになう指向性が強いといえる。

先に述べたように、日本では現在もなお、仕事時間の融通性、家計補助や子どもの教育費の捻出、家庭役割との両立のしやすさ等を理由に、就労中断型の働き方を選択する女性は少なくない（内閣府 2017）。しかし、近年、職種に限定されず、就労継続を実践する女性が増える傾向にあることは、従来の中断型の共働きとは異なる、もう一つの共働き家族の広がりを予見させるものである。もちろん、就労を継続する層は以前から存在したが、それは公務員や教員などの専門職に限られたものであった。

女性就労をめぐる意識の変化——継続就労型の増加

女性の就労をめぐる意識に着目すると、結婚・出産に関わらず就労継続を支持する層が男女ともに増えている。「第15回出生動向基本調査」によると、女性の理想とするライフコース、予定するライフコースともに、「結婚し子どもを持つが、仕事も一生続ける」の就労継続型が約３割となっており、「結婚し子どもを持つが、出産・子育てを機会にいったん退職し、子育て後に再び仕事を持つ」の中断型と拮抗してきている。男性がパートナーに望むライフコースも、再就職型27・4％、継続型23・9％であり、継続型を支持する比率が増加傾向にある（国立社会・保障人口問題研究所 2017）。また、内閣府の「男女共同参画社会に関する世論調査」においても、女性が職業を持つことに関して「子どもができても、ずっと職業を続ける方がよい」と答えた者の割合は61・0％と最も多く、就労継続への意欲は年々高まりを見せている（内閣府 2019b）。

では、女性たちが妊娠・出産後も正規社員として働き続けることを選択する理由は何であろうか。私たちのインタビューに応じてくれた未就学児のいる共働き女性51名のうち、29名が出産後も正規労働者として就労していた。女性たちが仕事を継続してきた理由として語ったのは、就労継続そのものに意味があること、仕事は「やりがい」や「生計維持」に不可欠であること、であった。たとえば、ソフトウェアの開発を主な仕事としているAさん（女性32歳、子ども2歳）は、仕事を続けることは夫婦両方の希望であり、双方の母親がずっと就労を継続していたこともあり、「ふたりとも、なにかがない限りは、働きましょう」というスタンスをとってきたと言う。Aさんの場合、働き続けることを母親世代から引き継いでおり、「働き続けることは自然なこと」という意識が読み取れた。

小学校教員であるBさん（女性30歳、子どもゼロ歳、育児休業中）は大卒後旅行会社に勤めていたが、仕事のノルマが厳しく3年で辞め、その後通信教育で教員免許を取得し、小学校の先生になったという異色の経歴の持ち主である。Bさんにとって、仕事は「自分を育てる部分もあるし、経済的な面もあるし、喜びもあるし……、生活していく中で欠かせないもの」である。仕事を通して「自分がずっと高まっていたいみたいなのがあるかもしれない」と語り、仕事が自己実現の重要な要素となっていた。

一方、建設会社の営業事務の主任であるDさん（女性42歳、子ども3歳）は、夫婦ふたりによる生計維持を強調した。

今のこんなご時世なので、もう、ひとりが働いていたら安泰とかいうわけでもないので、いつ会社がつぶれるかっていうのも分からないので、とりあえず四輪駆動で走れるところまで走ってこうって、まあ、無理になったらまた考えましょうといって。

厳しい雇用情勢が続く中、Dさんのように、妻も就労継続をすることによって、家計を維持していく必要性を認識しているカップルは少なくないと思われる。

2　ワーク・ファミリー・バランス施策の展開

女性の継続就労を促す両立支援策

子どもをもちながら働く男女のワーク・ファミリー・バランスを支援する施策の変遷をみると、初期においては、女性を対象とした仕事と家庭の両立支援策という性格を強くもっていた。

1986年施行の「男女雇用機会均等法（以下「均等法」と略す）は、国連の「女子差別撤廃条約」に批准するために制定された。その目的は、女性が差別を受けることなく結婚や出産を通じて働き続けることを可能にするとともに、女性の能力が発揮できる雇用環境を整備することであった。具体的には、募集・採用・配置・昇進等における女性差別を是正する努力義務と、定年・退職・解雇に関する女性差別の禁止が規定された。それまで慣例となっていた、女性の「30歳・35歳定年」や「結婚による解雇」を禁止し、性別に関係なく、入職から退職までの雇用を保障するという規定は大きな前進であった。ただし、女性はコース別雇用管理制度の対象となり、総合職と一般職に分けて採用された。女性総合職には管理職・幹部候補への道は開かれたが、配置転換・転勤・残業をいとわず、男性なみに働くことが求められた。

同法はその後改正が重ねられてきているが、中でも1997年の第1次改正は大きな分岐点となった。時間外労働と深夜業等を禁止する「女子保護規定」が全廃され、女性も男性なみに働くことが、雇用の場における明確な規範となったのである。しかし、男性なみの働き方は「男性稼ぎ主モデル」を前提とし、家事・育児・介護を委ねられるパートナーの存在があって可能になるものである。男性の働き方そのものの見直しがないまま、女性が男性なみに働きながら、家庭との両立をはかることは大きな矛盾をはらむものとなった。現在も依然として、この矛盾は引き継がれたままであり、就労と家庭生活の両立を一層難しくしている。

均等法の施行を受けて、育児休業法（のちに育児・介護休業法）の施行や保育所の整備もすすめられた。特に合計特殊出生率が戦後最低となった「1・57ショック（1989年）」を契機に、出生率低下の要因として女性の出産・育児負担があるとされ、就労と育児の両立支援が重要な政策課題として位置づけられるようになった（横山 2002）。

1994年にはエンゼルプランの一環として「緊急保育対策5カ年事業」が策定された。ゼロ歳児から2歳児までの低年齢保育の促進、延長保育・一時保育を含む多様な保育サービスの充実、保育料の軽減、多機能保育所の整備等について具体的な数値目標が定められた。女性による家庭保育のみを強調するのではなく、女性が仕事をしながら子どもを生み育てられるように、子育て支援というかたちで「子育ての社会化」を促す政策の方向性が打ち出されたのである（横山 2002）。

ジェンダー平等志向の両立支援策へ

しかしながら、その後も合計特殊出生率は持続的に低下し、少子化に歯止めはかかっていない。そうした中、２０００年頃を境にして、女性のための両立支援策から、男女がともに仕事と家庭の責任を担うジェンダー平等志向の両立支援策へと転換がはかられるようになった。その重要な契機となったのは、１９９９年に施行された男女共同参画社会基本法である。同法では、基本理念の一つとして「家庭生活における活動と他の活動の両立」が掲げられ、男性の家庭領域への参入を促すことが重点課題として提起された。実際、２００５年に制定された次世代育成支援対策推進法では、「男性を含めた働き方の見直しと多様な働き方の実現」「仕事と子育ての両立の推進」等が基本的な柱にすえられ、事業主に対して、従業員の仕事と家庭の両立等に関する「一般事業行動計画」の作成と届け出が義務づけられた。また、男性の子育て参加や育児休業取得を促すキャンペーンも積極的に展開された。厚生省（当時）が１９９９年に打ち出した「育児をしない男性を父親と呼ばない」という広告キャンペーンや２０１０年から発足した「イクメンプロジェクト」はその代表的なものである。男性の育児休業取得を促すための法律改正も行われ、２００９年には「パパママ育休プラス」が創設された。この制度は、母親と父親の双方が育児休業を取得する場合、２カ月余分にプラスされ、子どもが1歳2カ月になるまで休業期間を延長できるというものである。加えて、２０１０年からは、配偶者の就業状況如何にかかわらず（たとえば、配偶者が専業主婦であっても）、男性労働者は育児休業を取得することができるようになった。

このように、２０００年以降、ジェンダー平等志向の両立支援策へと変化する中で、男性労働者の育児参加や育児休業取得を促す施策の策定に力が注がれてきている。

ワーク・ファミリー・バランスからワーク・ライフ・バランスへ

ところで、日本において、ワーク・ファミリー・バランスが政策用語として登場したのは、『平成16年版 少子化社会白書』においてである。そこでは、夫婦が互いに仕事と家庭のバランスをとりつつ協力しあうこと、父親が育児への関わりを増やすことが母親の育児負担軽減につながり、ひいては出生率の回復、子どもの健全な育成につながると述べられている（内閣府 2004）。

その後、ワーク・ファミリー・バランスは、ワーク・ライフ・バランスという概念に変容していく。2007年には「仕事と生活の調和（ワーク・ライフ・バランス）憲章」および「仕事と生活の調和推進のための行動指針」が策定された。同憲章が提唱する仕事と生活の調和が実現した社会とは、①就労による経済的自立が可能な社会、②健康で豊かな生活のための時間が確保できる社会、③多様な働き方・生き方が選択できる社会、である。ワーク・ライフ・バランスという用語は社会に広く浸透し、大企業を中心に、多様な働き方（在宅勤務、短時間勤務、フレックスタイム、育児休業・介護休業取得の推進等）が推進されるようになった。しかしながら、企業におけるワーク・ライフ・バランスの取り組みは、経営戦略的な観点に立脚したものであり、家族の福祉や生活の質という視点は弱い。個人が望ましいとする仕事と家庭生活のバランスの実現は、基本的に個人の選択と努力という自主性に委ねられているといえる。

3　両立支援制度の概要と利用状況

両立支援制度の多様なメニュー

今日の両立支援策は徐々に整備がすすめられてきた結果、多様なメニューが用意されている。公的な両立支援制度、企業独自のサービス、民間サービスの3つに大きく分けることができるが、やはり中核となるのは公的支援制度である。具体的には、産前・産後休業制度、育児休業制度、育児時間制度、短時間勤務制度、保育所等がある。これらは、労働者の権利として保障されているものであるが、原則として、本人が利用の希望を申し出るという申請方式がとられている。

現行の公的な両立支援制度の概略を述べると、育児休業制度は、子どもが1歳（特別な理由がある場合は最長2歳）に達するまで、育児を目的として労働者が申し出た期間の休業を取得できる制度である。休業中の所得保障に関しては、賃金の67％（6か月経過後は50％）が雇用保険より支払われる。また、短時間勤務制度は、3歳未満の子どもを養育する労働者が、1日の所定労働時間を6時間（5時間45分〜6時間）に短縮できる制度である。なお、これらの制度はパート等の非正規労働者も利用可能であるが、「週2日以上、1年以上の期間、同じ事業主に働いており、出産1年後も引き続き雇用される見込みがある」という条件をクリアしなければならない。

他方、保育所は、児童福祉法によって定められた児童福祉施設の1つであり、親が就業していたり、病気であったりと、親自身が物理的に子どもの面倒をみることができない等「保育に欠ける」乳児または児童を対象とする。親の就業条件に関しては、労働時間の基準を満たしていれば、フルタイムのほか、パートタイム、夜間勤務など基本的にすべての就労形態に対応（一時預かりで対応可能な短時間の就労は除く）するものとなっている（内閣府 2019c）。

性別によって異なる利用状況

では、実際に両立支援制度はどの程度利用されているのだろうか。表2は、国立社会保障・人口問題研究所「第15回出生動向基本調査」（2017）をもとに、正規雇用継続者の男女が、第1子が3歳になるまでにどのような支援制度を利用しているかを示したものである。

まず、保育所の利用率をみてみると、認可・認可外をあわせると約8割であり、母親の就労継続には不可欠なものとなっている。近年、注目を集めている待機児童問題であるが、待機児童の発生は一律ではなく、子どもの年齢や地域によってばらつきがあることが明らかにされている。年齢でいえば、特に育児休業明けの1・2歳の低年齢児保育の需要が高く（厚生労働省 2020）、地域別では都市部の待機児童率が相対的に高くなっている（酒井 2020）。

次に、性別による利用の違いに着目すると、女性の「産前・産後休業制度」の利用率は約9割、「育児休業制度」も8割強と高い比率になっている。これらは、正規の女性労働者の間ではかなり定着していることがわかる。一方、「育児時間制度・短時間勤務制度」の取得率は3割弱であり、育児休業制度と比較するとかなり低くなっている。しかも、企業規模による差が大きく、従業員が300人以上の企業規模では約4割であるのに対して、300人未満の企業では約1～2割と低水準に留まっている。

他方、男性の利用率をみてみると、「育児休業制度」1・2%、「育児時間制度・短時間勤務制度」

表2　両立支援制度の種類と利用者率

		右のいずれかの制度・施設を利用	産前・産後休業制度	育児休業制度（妻）	育児休業制度（夫）	育児時間制度・短時間勤務制度（妻）	育児時間制度・短時間勤務制度（夫）	認可保育所（小規模認可保育所含む）	認定こども園	事業所内保育施設	その他の認可外保育施設（保育室・ベビーホテルなど）・認証保育所	保育ママ（家庭的保育）	ベビーシッター（居宅訪問型保育含む）	ファミリーサポートセンター	一時預かり事業	子育て支援センター・つどいの広場など地域の親子交流や相談の場	どれも利用しなかった	制度・施設利用回数の平均値
総数	(518)	98.1%	90.7	83.6	1.2	28.0	0.8	55.2	7.1	6.9	7.9	1.0	1.2	4.2	6.4	34.2	1.9	3.28
第1子の出生年																		
2000～04年	(186)	96.8	88.2	78.0	1.6	21.0	1.1	49.5	7.0	7.5	5.4	1.6	1.6	3.8	5.4	24.2	3.2	2.96
2005～09年	(218)	99.1	92.7	87.6	0.9	25.7	0.5	60.6	5.5	6.9	8.3	0.9	0.5	3.7	6.9	35.8	0.9	3.36
2010～12年	(114)	98.2	91.2	85.1	0.9	43.9	0.9	54.4	10.5	6.1	11.4	－	1.8	6.1	7.0	47.4	1.8	3.67
妻の出生年																		
1960～69年	(34)	100.0	94.1	85.3	－	26.5	－	58.8	2.9	8.8	8.8	－	2.9	5.9	5.9	20.6	－	3.21
1970～74年	(173)	97.1	90.8	82.7	2.3	28.9	1.7	57.2	6.4	4.0	8.7	1.7	1.7	4.0	5.8	26.0	2.9	3.22
1975～79年	(193)	97.9	88.1	82.4	1.0	24.9	0.5	54.9	7.8	8.8	6.2	0.5	1.0	4.1	6.2	37.3	2.1	3.24
1980～93年	(118)	99.2	94.1	86.4	－	32.2	－	51.7	8.5	7.6	9.3	0.8	－	4.2	7.6	44.9	0.8	3.47
妻の勤め先の従業員																		
規模	(518)																	
（第1子1歳時）																		
1～29人	(80)	90.9	78.8	60.0	1.3	10.0	－	40.0	7.5	0.0	6.3	1.3	1.3	5.0	6.3	31.3	10.0	2.49
30～99人	(57)	100.0	89.5	82.5	3.5	19.3	－	52.6	7.0	3.5	7.0	－	－	5.3	8.8	42.1	－	3.21
100～299人	(87)	98.9	90.8	79.3	－	20.7	－	52.9	8.0	9.2	4.6	1.1	1.1	1.1	3.4	27.6	1.1	3.00
300～999人	(76)	100.0	93.4	94.7	－	40.8	1.3	53.9	6.6	15.8	7.9	－	1.3	7.9	5.3	39.5	－	3.68
1000人以上	(131)	99.2	94.7	88.5	1.5	41.2	0.8	65.6	6.9	9.2	11.5	0.8	1.5	2.3	8.4	27.5	0.8	3.60
官公庁	(73)	100.0	95.9	94.5	1.4	26.0	1.4	58.9	6.8	1.4	6.8	2.7	1.4	6.8	5.5	46.6	－	3.56

出典　国立社会保障・人口問題研究所「第15回出生動向基本調査」（図表Ⅱ-4-16）を加工して作成

0・8%ときわめて低い水準となっている。育児休業の取得期間をみても、女性の取得期間は「10カ月以上」が約7割を占めるのに対して、民間企業勤務の男性では「5日未満」36・3%、「5日〜2週間未満」35・1%であり、女性の取得日数よりもはるかに短くなっている（内閣府 2019a）。2000年以降、政府が積極的に推進してきた男性の育児休業取得の取り組みは、取得率および取得期間の両方においてきわめて限定的な効果にとどまっていると言わざるを得ない。

男性の利用をはばむ要因

男性の両立支援制度の利用が進まない背景には、どのような要因があるのだろうか。三菱ＵＦＪリサーチ＆コンサルティングが2018年に実施したアンケート調査によると、出産や育児を目的として休暇・休業を利用しなかった理由として、男女ともに「会社で育児休業制度が整備されていなかった」「収入を減らしたくなかったから」「職場が育児休業制度を取得しづらい雰囲気だったから」が上位3つに挙がっている（三菱ＵＦＪリサーチ＆コンサルティング 2018）。このアンケート調査の結果を参照しながら、男性の両立支援制度の利用をはばむ要因を掘りさげてみたい。

先に述べたように、育児休業制度は、1歳に満たない子どもを育てている正規労働者であれば、取得の権利が保障されているが、労働者が利用を申し出る申請方式がとられている。したがって、「会社で育児休業制度が整備されていなかった」という理由は、本人の育児休業制度に関する認知度が低いこと、職場での周知が不十分であることを反映している。一方、「収入を減らしたくなかったから」は、現行の育児休業中の給付金の水準とも関係するが（松田 2012）、家計に及ぼす経済的コストを考慮して、育児休業取得を現実的な選択肢として検討する男女が少ないことを示している。

そして、ここで着目したいのが「職場が育児休業制度を取得しづらい雰囲気だったから」という理由である。男性の育児休業制度の利用をはばむ職場環境とはどのようなものか、私たちのインタビュー調査から探ってみると、一つは、男女で異なる基準が適用される「二重規範」の存在、もう一つは「職場への迷惑」が挙げられる。

大企業経理の係長（主任）であるEさん（男性38歳、子ども3歳・1歳）は、育児休業取得に関する二重規範について次のように指摘する。Eさんの会社では、女性は育児休暇を取りやすい雰囲気はあるが、男性で取得した人はおらず、そういう点で男女差が存在する。男性社員に対しては、育児休業に関する説明会を実施し制度の周知をはかっているが、実際に育児休業を申し出たら、いい顔をされるかというと、「ほんとにとるの？」という反応をされるだろうと語る。そして「制度として進めていながら、実際にはどうなんだ」と不満を感じている。

また、小規模の半官半民の会社の事務をしているMさん（男性31歳、子ども9歳・2歳）は、男性が実際に育児休業取得を申し出るとなると、「家に嫁さんがいるんじゃないの、という感じ」で好意的な反応は得られないことが予想されると語る。実際にMさんの会社では、育児休業や短時間勤務等の制度を利用した男性はいない。

日本の職場では、男性が家庭よりも職業生活を優先する「会社第一」の価値が支配的である。そのため、親役割をになう男性労働者の存在は、女性労働者よりも見えづらく、職場での支援や理解が得にくい。

一方、婦人服の営業販売の仕事をしているFさん（男性40歳、子ども9歳・7歳・1歳）は、制度を利用しない理由を次のように語っている。

その人も仕事をしてるんだから、その人にさらに迷惑かけるのは絶対よくないと思う。心がけているることは、人に頼まないで、自分できっちりやること。だから自分がされて嫌なことは僕もしない。育児のための制度は利用しない。

Fさんは、育児休業制度利用の前提条件として、職場の同僚に負担をかけないことを強調している。そして、職場に迷惑がかかるならば、育児休業は取得すべきではないと否定的である。先述のEさんも、男性が両立支援制度を利用するためには、同僚や職場に負担をかけずに休めるかどうかが重要だと語る。

その人が休むにあたって、仕事があかないような仕組みを、会社として作っておく必要があると思いますね。その人がこの間、休みますということで、だれかに負担がかかってしなうということになると、やっぱりブレーキをかける要因だと思いますので。

これらの男性の語りに共通しているのは、育児休業の取得に関して、職場や同僚に迷惑をかけないことが求められる、あるいは求められていると本人が認識している点である。

育児休業取得の可能性を高めるためには、制度に関する周知の徹底、職場や同僚の理解、過度な負担が同僚に及ばない仕組みづくり等、制度利用をはばむ職場環境を変えていく必要があることはいうまでもない。と同時に、ふたりの男性の語りが象徴するように、職場に迷惑がかからないよう、仕事上の責任をしっかりと果たしてはじめて育児休業取得の権利の行使が可能になるという規範意識を（東野 2011）、男性自身が問い直すことがもう一つの重要な鍵となるといえる。

4　ワーク・ファミリー・バランスの困難

時間のやりくりに追われる母親

育児休業制度や保育所は、あくまでも子育てと仕事の両立をサポートする制度である。共働き家族のワーク・ファミリー・バランスにとって重要となるのは、夫と妻の双方がいかに家庭責任を分担していくかということである。しかし、男性の家庭領域への参画はほとんど増えておらず、家事・育児をもっぱら妻がになう構造は強固である。6歳未満の子どもがいる共働き世帯の男性の家事・育児時間は一日あたり平均83分であり、この数値を欧州3カ国の男性と比較すると、たとえば、スウェーデン男性よりも118分、ドイツ男性よりも97分も短くなっている（内閣府 2020）。

男性の家事・育児分担が低調な中、幼い子どもを抱えながら正規労働者として働く母親たちは多忙な生活を送っている。私たちがインタビューをした販売営業職のGさん（女性33歳、子ども3歳・1歳）は、朝8時すぎに家をでて子どもを保育所に送って行き、仕事を終えたあと、急いで子どもを保育所に迎えに行く。買い物は、帰り道にすませるか、子どもたちを家に置いてから、向かいのスーパーですませるかである。帰宅後、急いで夕食の準備をする。掃除や洗濯はほぼ毎日しているが、これらは夕食づくりの前か、後でやる。時間を圧縮するために、多くの家事を同時進行でこなしている。夫の帰宅は早い時もあるが、21時以降になる時もあり一定しない。

フルタイムで働く母親の家庭でのセカンド・シフト（第二の勤務）は慌ただしく、ゆとりがない。しかも、効率性の価値が支配的である職場とは異なり、子育ては、穏やかに子どもと向き合う関係性が重視される。母親たちは、仕事と子育てにおける相反する価値をめぐっても葛藤やストレスを抱える。日本経済新聞社が正社員として働く20～50歳代の女性を対象に行った「働く女性２０００人意識調査」（2018）によると、両立経験のある女性のうち、「仕事と育児の両立中、仕事をやめようと思ったことがある」と回答したのは55・5％であり、その理由として（複数回答）、「時間的な余裕がなく、子どもに向き合えない」46・1％、「家事・育児を一人でこなさなければならず体力的にきつい」37・9％、「精神的な余裕がなく、子どもに向き合えない」32・7％となっていた。多忙な日常の中で「子どもに向き合えない」という母親の悩みは、子どもの育ちの保障という点からも、見過ごすことができない問題であろう。

育児に参加したくてもできない父親

男性の家事・育児参加の水準は依然として低調であるが、近年、特に若い世代において男性の育児参加が重要であるという考え方は広がってきている。東京大学Cedepとベネッセ教育総合研究所が共同で実施した「乳幼児の生活と育ちに関する調査２０１７～２０２０」によると、妻が正規職で3歳児期（3歳6カ月～4歳5カ月）の子どもがいる父親の約9割が「家事や育児を夫婦で分担して行うのは当然だ」と考えている。また、約6割が「子育てをしない男性は父親とは呼べないと思う」に賛成している（ベネッセ教育研究所 2021）。また、日本労働組合総連合会（連合）が同居している子どもがいる25～49歳の有職男性を対象に実施した調査では、仕事と育児のバランスの理想について「仕事を優先」19・１％、「育児を優先」14・１％、「仕事と育児を両立」62・７％と、両立派が６割以上を占めている。ただし、現実のバランスは「仕事優先」56・５％、「育児を優先」６・８％、「仕事と育児を両立」30・４％となっており、実際に仕事と育児を両立できている人は少なく、理想と現実の間に大きなギャップが存在している（日本労働組合総連合会 2019）。

父親本人は育児に参加したいという意向がありながら、その実践をはばむ要因は何であろうか。時系列のデータを用いて父親の育児参加を規定する要因を分析した研究では、男性の労働時間が一貫して強い影響力をもっていること、男性の性別役割分業意識が有意な影響を及ぼすことが明らかになっている（松田 2016）。すなわち、労働時間の長さや伝統的な性別役割分業意識が男性の育児参加にマイナスの影響を及ぼしているということである。

父親の長時間労働

日本男性の労働時間が国際的にも突出して長いことは周知の事実である。ＯＥＣＤ（経済協力開発機構）による15～64歳の男女を対象にした「労働時間の国際比較（２０２０年度）」によると、日本男性の１日あたりの労働時間の平均は４５２分と最も長く、ＯＥＣＤの平均値３１７分よりも２時間以上長くなっている（内閣府 2020）。また、日本独自の統計であるが、週60時間以上働く労働者の割合は30歳代、40歳代の子育て世代では１割強を占めている（内閣府 2020）。近年、長時間労働の是正に向けて、働き方改革[02]を含めさまざまな取り組みが行われてきているが、かんばしい効果はみられていない。

住宅販売の営業職のＨさん（男性30歳、子ども１歳）の週あたりの労働時間は60時間とかなり長くなっている。朝は７時半に自宅を出て、帰宅するのは21時半か22時頃であり、休日出勤も月に１～２回ある。Hさんは、長時間働いて営業成績を上げている同僚をみると、自分のほうの成績が悪いのに「先に帰ります」というのはできないと語る。そして「その人の成績に近づけるようにもっと一生懸命に取り組まなければばない」と感じている。仕事上の要請が家族生活よりも優先され、長時間労働が常態化しているが、こうした状況は例外的なものではない。

労働時間が減らない要因の一つに、時間外労働に対する規制の弱さを指摘することができる。労働基準法32条では法定労働時間は週40時間と定められているが、同法36条（略して「三六協定」と呼ぶ[03]）によって時間外労働が可能となるため、労働時間規制としての実質的な効果は極めて弱い。むしろ、法定労働時間は残業代が支払われるか否かの境界ラインとして機能している側面が大きい。

もう一つの要因として指摘できるのが、日本独特の雇用慣行である。小野（2017）は、日本の雇用慣行の文化的特性として、インプット重視、集団意識と上下関係、曖昧な職務内容等を挙げている。インプットとは労働投入量をさすが、日本の職場における評価制度は勤続年数や労働時間等のインプットを重視する仕組みになっており、長時間労働はその象徴だといえる。また、仕事が終わっても上司や同僚に気を使って帰宅しづらい、いわゆる「付き合い残業」は、集団意識が強く、上下関係が厳しい職場文化が影響している。加えて、日本の職場では、仕事内容や責任の範囲が明確に定義されておらず、会社からの命令であれば、本人が担う基幹業務と直接関係なくても従わなければならない。つまり、職務内容が曖昧であるために、自分の仕事が終わっても、他の人の仕事をカバーしなければならないことも多く、残業が常態化しやすいのが特徴である。職務内容が明確に示された上で雇用契約を結ぶ「ジョブ型」の欧米諸国とは明確な違いがあるといえる。

伝統的な生計分担意識

男性の育児分担に影響を与えるもう一つの要因として性別役割分業意識がある。中でも「男性が主たる経済的な役割を担う」という生計分担意識は男性の長時間労働を補完するものであり、両者は密接な関係にある。男性の稼得力への期待は、長時間労働を許容する意識につながり、結果として男性の家庭役割への関与をはばむことになる。

近年「男性は外で働き、女性は家庭を守るべき」という意識に関しては、これに反対する人の割合が年々増加していることが明らかになっている（内閣府 2019b）[04]。しかしその一方で、男性に家族の主たる稼ぎ主としての役割を期待する意識は衰えていない。たとえば、内閣府（2012）の「『男性にとっての男女共同参画』に関する意識調査報告書」によると、「（結婚したら）夫は家族のために、仕事は継続しなければならない」に賛成する割合（「とてもそう思う」と「ややそう思う」を足した割合）は、男性77・0％、女性80・2％と、男女ともに約８割と高い割合になっている。

私たちのインタビュー調査の事前アンケートにおいても、未就学児のいる常勤共働き男女のうち、「生計を担う最終責任は誰か」という質問に対して「主に夫」と回答したのは、女性では約５割（常勤共働き女性29名のうち15名）、男性では約６割（常勤共働き男性36名のうち22名）を占めていた。父親にもっと育児に関わってもらいたいと願いつつも、稼得役割を果たすために長時間労働になることをやむを得ないと諦める常勤共働き女性は少なくなかった。たとえば、先に取り挙げたＤさん（女性42歳、建設会社の営業事務の主任、子ども３歳）は「あ、もう、あの、ちゃんと働いてお給料もらってきてくれれば、もういいです。」と語り、夫には家事・育児分担よりも、家族を養うための安定した収入を期待していた。

男女の賃金格差が依然として大きいこと[05]、長時間労働が常態化する職場、育児役割に伴うキャリアの断念や中断等を考慮すると、常勤の既婚女性であっても十分な稼得力を得ることは難しい状況がある。日本では、家族の稼ぎ主として経済的役割を担う働き方が、依然として男性の働き方の標準になっており、父親のアイデンティティの重要な構成要素となっている（多賀 2108）。男性に経済力を求める女性側の意識も強い。しかし、夫の経済力に依存する生計分担のあり方は、家庭役割を妻が担うことに合理性を与えてしまい、家事・育児分担をめぐる交渉を難しくしてしまう。女性の経済力の獲得は、夫婦がともに仕事役割と家庭役割を担う共働き家族の広がりを促す上でも重要であるといえる。

5 ワーク・ファミリー・バランスの戦略

育児もキャリアも

では、実際に、子育て期にある共働きカップルは、仕事と育児への関わりをどのように調整しているのだろうか。私たちのインタビュー調査から、正規で働く母親たちの具体的な実践のあり方を探ってみよう。

母親たちが仕事への関わりにおいて用いる戦略として2つのタイプを指摘することができる。1つは、育児と仕事の両方にやりがいを求め、職場の第一線で頑張る「育児もキャリアも」というタイプであり、もう1つは「マミートラック」と呼ばれるコースに乗り、家庭優先で働くタイプである（中野 2014）。

先に紹介したソフトウェアの開発をしているシステムエンジニアのAさん（女性32歳、子ども2歳）は、大卒後同じ部署に勤め続けており、仕事内容にも満足している。夫は家事・育児に協力的で、子どもの送り迎えを含めてほぼ半々に分担している。Aさんは育児と仕事を両立すべく奮闘しているが、子どもの保育所の迎えや世話があるため、仕事に関しては「いつも崖っぷちにいるような」プレッシャーを感じているという。

子供を迎えに行かなければいかない時間が迫っているのに、なんかトラブルが解決しなくてイライラしたりだとか。……まあ、他の人ならば、1回2回（失敗）やれるようなことでも、私は1回もやれないという、そういうような部署で、なんか、いつも崖っぷちにいるようなプレッシャーがあります。他の人だと、労働時間をもっと長くしたりだとか、まあ、何かフォロー立てるために休日出勤したりというのができると思うんですけども。私の場合はできないので。

メーカーの営業企画の仕事をしているJさん（女性33歳、子ども3歳）も、仕事の満足度は高く、自己のキャリアを追求したいと思っているが、幼い子どもがいることで残業を断ったり、引き受ける仕事に線引きをしたりして、仕事をセーブしなければならないことにジレンマを感じている。

やっぱり、子どもがいる分、帰る時間とかが遅く帰るといっても、残り切れない部分があるし、今日は絶対残れないわよという日もあるので、自分から何でもかんでもやりますとは言えない、線引きしてしまう部分があります。あと、明日ほんとに来られるか分からない、子どもがいないなら明日どうしても行かないといけないなら、行けますよね。それがないので、明日がないかもしれないというのがあるかな。

専門性の高い職場においては、量・質の両面においてハードワークが求められる。しかもそれは、子育ての真只中にいる母親においても変わることはない。AさんとJさんはそのプレッシャーを引き受けた上で、担える仕事量や仕事内容を模索しながら、キャリア継続をはかろうとしている。

日本では、1997年の均等法改正以降、長時間労働の男性の働き方を基準として、職場の男女均等化が推進されてきた。インタビューのふたりは「ギリギリ」のところで踏みとどまっているが、男性なみに働くことは、子どもを抱えながら働く女性に過剰な負担をもたらし、キャリア継続がリスクにさらされる可能性が大きいといえる。

「マミートラック」という働き方

マミートラックとは、子どもをもちながら正規で働く女性のもう一つの就労パターンであり、家庭を優先して、仕事内容、労働時間、労働量等の調整をはかりながら働くのが特徴である。企業にとっては労働戦力として期待しづらいため、補助的な職務内容に偏り、昇進・昇格が難しくなることが少なくない。子どもとの時間を確保しながら就労継続を可能にするという点で否定的な評価だけではないが、一旦マミートラックに乗ってしまうと、第一線に戻るのが難しくなったり、仕事に対する意欲を喪失してしまったりする問題が指摘されている（中野 2014）。

商社の営業アシスタントをしているNさん（女性39歳、子ども2歳）は何度か転職を繰り返した後、第1子出産後、現在の会社に常勤として勤務している。子育てとの両立はしやすいが、仕事内容そのものにはやりがいを感じていない。

私の仕事はアシスタントなので、どっちかというとその、補佐的な仕事なんです。営業とかみたいに数字を上げなさいとか、これだけやらないとどんどん給料が下がるとか、そういうポジションでお仕事いただいているわけではないので。今の私の生活の内容とかいろいろ考えるとこれでいいのかなっていうふうには思っています。やりがいの面では、なんか前と比べると全然違うんですけど、でも、もう、それでいいのかなと思っています。

Nさんのように、マミートラックに乗る母親たちは、仕事への不満をもちながらも「(子育てとの両立のためには)これでよい」と自分を納得させている。しかし、そのような葛藤は周囲には理解されにくく、むしろ、家庭優先で働く女性には責任ある仕事を任せられないといった否定的な評価に結びつきやすい。

常勤の薬剤師の男性Cさん(36歳、子ども５歳・ゼロ歳)も、家庭優先の女性の働き方を歓迎していない。Cさんの妻も未就学児をもちながら製薬メーカーに常勤として勤務しているが、子どもをもちながら働く同僚の女性にむけられるCさんのまなざしは厳しい。

ある程度は、(薬剤師を)続けて欲しいというところもあるんですけど、けっこう、やっぱりね、今の続けてる子らは、家庭優先になるんですよ。だから、上がけっこう困ってるところがあるんですよ。きっちりこの時間には帰ります、みたいな態度になると、結局、残った人がやらないとダメになる。

マミートラックの母親たちは、育児休業取得後、職場復帰を果たし、子育てと両立するために家庭優先の働き方を選んでいる。しかし、このような働き方は「ぶらさがり社員」というレッテルを貼られることが少なくない（中野 2014）。つまり、就労継続を促す両立支援制度の利用が、女性の能力発揮や活躍を阻害するという矛盾した結果をもたらしているのである。

週末に集中する男性の育児

現代の父親たちが仕事と育児の調整のために取りうる戦略として、「仕事をセーブせず、育児責任を分担しないパターン」「仕事をセーブし育児責任を分担するパターン」「仕事をセーブせず、育児責任を分担するパターン」の3つがあることが明らかになっている（小笠原 2007）。私たちのインタビューからも、父親の育児への関わり方の度合いによって、「育児への関与が低いグループ」「育児への関与が中程度のグループ」「育児への関与が高いグループ」の3つのパターンが抽出されたが（Matsuda et al 2016）、これらは、先行研究によって導き出された仕事と育児の調整パターンと類似するものである（小笠原 2007; 多賀 2005）。

インタビュー調査の対象となった父親の中で、最も多かったのが「育児への関与が中程度のグループ」（共働き男性53名のうち22名）であった。このグループの父親たちの特徴は、仕事時間や仕事量を削らないで、育児責任を可能な範囲で分担しようとする点にあり、具体的な戦略として用いられていたのは、週末中心の育児とプライベートな時間の削減であった（Matsuda et al, 2016）。たとえば、金融機関の営業の仕事をしているKさん（男性32歳、子ども4歳・2歳）の場合、家を出る時間は朝7時、帰宅時間は21時頃で、平日子どもと過ごす時間は主に朝の1時間程度である。「やっぱり、もうちょっと遊んでやりたいっていうのは、ありますね」と語るが、仕事量の多さや長時間労働が当たり前となっている職場風土が影響して、帰宅時間を早めることは難しい。平日の朝は子どもに食事をさせたり、保育所の送りを行っているが、子どもたちと一緒に過ごしたり遊んだりするのは週末が中心となる。週末にGさんが子どもたちとだけで過ごす時間は平均8〜9時間で、土日のいずれかは妻が片付けなどの家事をするため、必ず子どもたちを外へ遊びに連れていっている。休日はいつも子どもと接しているため「友人と会ったりすることは思いつかない」という。子どもが寝た後に毎日1時間ほど資格取得の勉強をしているが、自分のプライベートな時間は「ほぼゼロ」である。

ワーク・ライフ・バランスや男性の子育て参加が叫ばれる中、父親の育児参加への圧力はかつてないほど高まっている。父親自身も基本的に子育てに関わりたい意思をもっている。一方、家族を養うという経済的責任も父親が果たすべき重要な役割として認識している。こうした相反する役割期待を背負うなか、今日の父親の多くが平日は仕事を優先し、休日は子どもの世話や遊びにあてるという戦略をとっているのである。

会社第一から家族第一へ

私たちのインタビューから導き出された3つのグループのうち、「育児への関与が高いグループ」（共働き男性53名のうち11名）の父親は、労働時間を減らすために残業を避け、多くの時間を家事・育児に振り当て、妻と分担している点に特徴があった（Matsuda et al 2016）。このグループの父親は、所定外労働時間の免除の制度を利用したり、仕事の負担が少ない部署への異動を申し出たり、上司や同僚の理解を得るために頻繁に声かけを行うなど、労働時間が長くならないように職場への積極的な働きかけを行っていた。

大手保険会社の事務職につくOさん（男性32歳、子ども2歳）は、子どもが1歳10カ月になるまで1カ月に約35時間の残業をし、平日の帰宅は21時過ぎになっていた。妻が産後ノイローゼになり非常に困っていたところ、育児休業制度改正で「所定外労働の免除」が義務化されることを知り、法律改正を待って会社に申し入れた。上司との交渉はスムーズではなかったが、4カ月のバトルの末、ようやく会社での最初の利用を勝ち取った。「（以前は）男は外で稼ぐもんだ」という考え方をしていたが、「子どもが生まれ保育所に預けるようになるとそんなことは言ってられなかったんですよ。当然妻も仕事をしてるんで。」と語り、夫婦で子育てを分担するために、男のプライドを捨て、自分自身が変わることを決意した。

教育機関の事務職であるRさん（男性35歳、子ども4歳・2歳）も、以前の部署は帰りが22時になることが当たり前であった。ほとんど家にいなかったので、妻は仕事と子育ての負担でとても大変な思いをしていた。これに危機感を覚え、上司に「辞める」と半ば脅しのようなことを言って、残業の少ない部署に変更してもらうように直訴した。その結果、人事部に異動になり、18時半には帰れるようになった。家庭の事情を上司や同僚に理解してもらうために、常に家庭や子どもの話題を出すように心がけている。また早退するときは、その理由を同じ部署の全員に言うようにしている。現在の部署が人事部ということもあり、「こういう制度があるから取りなさい」と進めており、仕事と家庭の両立をしやすい雰囲気をつくっている「首謀者だ」と語る。現在の仕事に対する満足度は「10％」と低いが、家庭を優先するために、仕事に見切りをつけたことに「後悔はない」と感じている。

OさんとRさんのふたりは、過重な子育て負担を担う妻の不調に直面することによって、仕事に重きをおいていた価値観を問い直し、会社第一から家族第一へと生活のあり方を大きく転換させた。彼らは「出世」とは距離をとり、仕事よりも子育てや家族との生活に幸せを求めていた。Oさんは、子育ての喜びについて「やっぱり子育てはもうほんとに楽しいに尽きますね。子どもの笑っている顔を見たときが一番うれしいですね。うれしそうに笑うときが、もう……、ね。何とも言えない楽しさですね。」と語っている。

このように、男性自身が仕事優先の生活を問い直し、家族第一のライフスタイルを選択することは、従来の硬直的な男性の働き方に変化がみられる兆しとして解釈できよう。

6　日本の課題

日本の共働き家族は「就労中断型」と「就労継続型」の2つのタイプが並存するが、本章では、今後広がりが予見される「就労継続型」の共働き家族に焦点をあて、その実態と背景にある要因について詳しい検討を行った。

私たちのインタビューに応じてくれた常勤共働き女性は、両立支援制度が整備され、女性の就労継続可能性が確実に拡大してきた世代にあたる。彼女たちは、働きつづけることは自然なこと、仕事はやりがいや生計維持に不可欠であると考え、就労を継続することに能動的な意味を見いだしていた。世論調査の結果からも、就労継続を支持する男女は確実に増えてきており、女性が子どもをもちながら正規労働者として働くことは現実的な選択肢として広がりをみせている。しかし、多様な両立支援制度が普及してきたとはいえ、実際の仕事と子育ての両立には多くの困難や葛藤が伴うことはすでに指摘したとおりである。家事・育児の多くを女性が担う構造は依然として強固であり、母親たちは時間のやりくりに追われ、子どもとしっかり向き合えないことにジレンマを感じている。また、育時休業制度を取得して職場に復帰するものの、家庭や子育てを優先するがゆえに「マミートラック」に乗らざるを得ないケースも少なくない。女性の就労継続を支援するはずの両立支援制度が、逆に女性就労を周縁化し、女性の能力発揮や活躍を阻害するという矛盾した結果をもたらしているのである。日本における仕事と家庭の両立支援策は、育児休業制度等の短期的な支援に集中しており、家族のライフステージに合わせて、女性が子どもを育てながらキャリアを展望できる働き方を支援する取り組みにはなっていない。

短期的な両立支援制度の限界は男性にもあてはまる。日本では、２０００年以降、男性の育児休業取得が積極的に推進されてきているが、父親の取得率および取得期間の両方において極めて限定的な効果にとどまっている。父親の中には、仕事優先の生活を問い直し、家族第一のライフスタイルに転換する者もいるが、家族の主たる稼ぎ主として期待され、長時間労働が求められる状況のままでは、職場への迷惑をかえりみず、長期的な育児休業の取得を申し出ることは難しい。また、育児休業を取得したとしても、男性がその後も子育てに関わり続けることができる仕組みは整っていないのが実情である。

日本の両立支援策は、そもそも過重労働の傾向にある男性の働き方を所与のものとして推進されてきた。共働き家族のワーク・ファミリー・バランスを実現するためには、男性稼ぎ主モデルを見直し、長期的視点から、共働き男女が家族のライフステージを通じて無理なく家庭と仕事を両立できる、新たな家族モデルを構築することが求められる。

注

01　インタビュー調査は、2010年に関西に在住の未就学児をもつ核家族・共働きの男女106名（男性53名、女性51名）を対象に実施した。調査対象者の抽出は調査会社に依頼し、属性などの基本情報を得る事前アンケート調査と半構造化されたインタビュー調査を実施した。インタビューには1ケースあたり約2時間を費やした。調査対象者の基本的属性をみると、年齢では30歳代が男女ともに6割以上を占め、学歴では「短大・高専」以上の比率が女性70・5％、男性71・7％であった。また、雇用形態では「常勤雇用者（公務員を含む）」が女性58・8％、男性98・2％と多数を占めた。全体として、男女ともにホワイトカラーの高学歴層が多くなっていた。

02　近年、日本では長時間労働を減らすさまざまな取り組みが行われている。その代表的なものが①働き方改革と②テレワークの推進である。働き方改革は、2019年から順次実施されている国の取り組みであるが、主な内容として3つ挙げられる。第1点として、時間外労働の上限規制を設け、原則として月45時間、年360時間を超えてはならないことを定めた。第2点として、年次有給休暇の確実な取得が義務づけられた。第3点として、フレックスタイム制の積極的な導入がある。また、テレワークの推進は、通勤時間や移動時間がなくなることに加えて、労働者自身が始業・終業時刻や労働時間を決めることが可能であるため、長時間労働の削減を可能にする有効な取り組みとして位置づけられている。

03　使用者が1日8時間週40時間の法定労働時間を超えて労働させる場合には、労働基準法第36条に基づく労使協定（略して「三六協定」）を締結し、労働基準監督署に届け出なければならない。2019年施行の「働き方改革」では、労使が合意すれば上限無く時間外労働が可能な仕組みを改め、三六協定に時間外労働の上限を設定する方針が打ちだされた。時間外労働の上限は、1カ月45時間、年360時間を原則とし、臨時的な特別の事情がある場合でも年720時間、1カ月100時間未満、複数月平均80時間、月45時間を超える特例の活用は年6回までとなっている。

04 男女共同参画に関する世論調査（内閣府 2019b）をもとに、「夫は外で働き、妻は家庭を守るべきである」という性別役割分担意識に関する経年変化をみると、「賛成」は減少傾向、「反対」は増加傾向であることが明らかになっている。2019年調査では「賛成」が35・0％と過去最少になる一方、「反対」は59・8％と過去最多であった。

05 厚生労働省の「令和2年賃金構造基本統計調査」（2021）によると、男性の正社員・正職員350・7千円に対し、女性の正社員・正職員269・2千円となっており、女性の平均賃金は男性の約77％にとどまっている。山口（2017）によると、男女の賃金格差は女性の管理職が少ないこと、女性の多くが一般職（事務職）に配属され年功賃金の恩恵が小さいこと等が要因となっている。男女の賃金格差を縮めていくことは、伝統的な生計分担のあり方に合理性を与えてしまっている状況を改善するためにも重要である。

第2章　男女とも仕事と子育てを両立させる国　スウェーデン

高橋 美恵子

スウェーデンは、半世紀前の1970年代に「男性は仕事、女性は家庭」という性別役割分業社会から、「稼得・ケア共同型（dual earner, dual carer）」社会へと大きく舵を切った。女性の就労と男性の育児促進に向けた長年の取り組みにより、男女格差は相対的に小さい。男性の賃金を100とした場合の女性の賃金は、2019年では90・1で（Medlingsinstitutet 2020）[01]、育児休業全取得日数のうち男性が取得した日数は2020年で30％を占める（Försäkringskassan.se）。

本章では、スウェーデンにおける子育て世代（20代後半～40代）の男女12人を対象に実施した、インタビュー調査と民間企業3社へのヒアリング調査から得られた知見を基に、同国のワーク・ファミリー・バランスに向けた施策がどのように講じられ、いかに実践されているか、またどのような課題があるかについて探る。筆者は1990年代初めから、日本との比較の視点に立ち、スウェーデンの人々の仕事と家庭生活に関する研究に携わってきた。なかでも、スウェーデンに駐在経験のある日本男性を対象とした調査研究（2013～14年。以下「駐在員調査」）を通じて、同国のワーク・ファミリー・バランスを高める要因として、①働き方の柔軟性、②自己裁量度の高さと効率的な働き方、③長期連続の有給休暇、④男性の長期育児休業、に注目している（高橋 2017; cf. 2012）。本章では、駐在員調査の対象となった日本男性（本章末のコラム参照）に大きなインパクトを与え、彼らの労働観と家族観にも多大な影響を及ぼしたスウェーデンの人々の働き方と家族生活をめぐる実態に、深く迫っていく。

1 男女とも「仕事も家庭も」選べる社会

スウェーデンは、「ワーク・ライフ・バランス」が先進諸国で共通概念となる前から、男女双方にとっての「家庭と仕事の両立」というビジョンを打ち立てていた。１９６０年代初めには、従来の性別役割分業を社会構造上の問題として提起し、１９７０年代には、男女機会均等の理念に基づき、仕事と家庭でのケアワークの分担を政策課題とした。

私たちがインタビューを行った現在子育て期にあたる30代前後の人たちは、自身の子ども時代を通じて母親が仕事をもち、父親が育児休業を多少なりとも取得したことがある世代である。ジェンダー平等意識が高く、家事・育児はパートナーと平等に分担するものと考える人が大半を占める（内閣府 子ども・子育て本部 2021）。

3児の父であるAさん（39歳。表1参照）は、民間企業の船舶ナビゲーションシステム開発エンジニアでコンサルタントとして働く。第1子と第2子の出産後は6カ月、第3子の際は5カ月の育児休業を取得している。大手ゼネコンで管理職に就く妻をサポートし、自身の働き方を調整しながら家事と子育ての多くを担う。「妻が上を目指しているので、そうして欲しいし応援したい。家事や子育てをすることに何ら問題はない」と言う。このようにスウェーデンでは、性別に左右されない働き方・生き方が実践されている。それを可能にする社会背景を探った上で、各家庭の実態に迫ってみよう。

働く人すべてを対象とした労働環境の整備

スウェーデンが「稼得・ケア共同型社会」へと移行し、ワーク・ファミリー・バランスを推進するに至るまでの過程には、平等と連帯の理念を基盤とする労働者の権利保障と労働環境の整備に向けた長年の取り組みがあった。

福祉国家誕生の黎明期、1920年に法定労働時間を週48時間と規定し、労使間の協議による「サルトシュバーデンの労使協定」[02]が締結された38年には、最低2週間の年次有給休暇をすべての労働者に保障する体制が整えられた。これによって夏季に有給休暇を連続で取得することが社会規範となる基盤ができたといえる。30年代初頭、出生率の低下が深刻化し、人口問題が国の重要課題と位置付けられて以降、「子どもの福祉」と「雇用の安定化」を両軸に据えた多角的で包括的な政策が講じられるようになった。44年、政府は「完全雇用の実現」、「資源の公平な分配と生活水準の向上」、「生産性の向上とデモクラシーの強化」という目標を掲げた。51年に年次有給休暇は3週間に延長され、57年には法定労働時間は45時間へと短縮された。さらに50年代後半、労働組合が中心となって男女賃金格差の問題を提起し、女性の就労促進に向けた議論が盛んになった。政府は59年に「家庭と仕事」会議を開催し、男女双方が仕事と家庭生活を両立できる労働環境の整備を重要な政策課題として位置付けた。企業の大小にかかわらず、職種別に賃金設定されるという、同一労働・同一賃金を原則とする連帯賃金政策により、相対的に格差が少ない賃金構造が形成されてきたのが、スウェーデンの特徴といえる。

労働組合の取り組みもあり、早いうちから短時間（パートタイム）労働者の雇用条件も整備されており、１９４０年代には週16時間以上働く者にフルタイム労働者と同等の福利厚生（雇用保障、年次有給休暇等）が保障された。当時のスウェーデンのパートタイム労働者の雇用環境は、例えばイギリスと比較しても充実していたといえる（Stanfors 2007）。高度成長期を迎え、国内の経済が大きく発展した60年代には、労働力不足による需要増加もあり、女性の活用策としてパートタイム労働が注目された。それまでは、既婚女性が家庭生活に支障のない範囲でパートタイム勤務で家計をサポートするという考え方が前提だったため勤務時間は週20時間未満が主流であった。

１９６０年代後半から世界的に女性解放の論調が高まり、スウェーデンの雇用政策においても男女平等の理念が中核となっていく。70年、12歳未満の子どものいる国家公務員に労働時間を短縮する権利が与えられたのを皮切りに、男女問わずすべての労働者を対象として同等の権利が保障されるようになった。国を挙げて共働きを標準とすべく、71年には所得税の課税単位を世帯から個人へと移行した。73年に労働時間法（Arbetstidslagen）で制定された週40時間の法定労働時間と78年に有給休暇法（Semesterlagen）で定められた年5週間以上の年次有給休暇は、今日まで継承されている。

年次有給休暇は、夏季6月から8月に4週間連続して取得する権利が保障されている。有給休暇の消化率はきわめて高く、「夏に4週間、クリスマスから年末年始にかけて約1週間の有給休暇を取る」というライフスタイルは、私たちのインタビュー対象者の間でも共通しており、職種、雇用形態、性別、家族形態・子どもの有無にかかわらず、広く一般に浸透している。労働時間法では、時間外労働の上限は4週間で48時間あるいは1カ月で50時間と定められ、24時間につき最低連続11時間の休息時間（勤務間インターバル）を設けることとされている。また、22時から6時の時間帯に3時間以上働く深夜労働従事者に対しては、最長4カ月における平均労働時間は最高1日8時間までに設定するものと規定されている（Arbetsmiljöverket 2018）。詳細な就業規則は、産業別の労働（団体）協約に基づき制定されており、2019年には、国内の雇用者（16〜64歳）のうち90%が、約670ある労働協約のいずれかを締結している企業・団体に勤務している（Medlingsinstitutet 2021）。労働時間と有給休暇の設定は、労働協約に基づき、業種とセクターによって若干の差がみられる。例えば、民間企業のホワイトカラー従業員の場合、所定労働時間は一般的に週37・5時間から39時間である。

中央統計局の労働力調査（Arbetskraftsundersökning）によると、2019年における全労働者（16〜64歳）の平均所定労働時間は、男性が週39・3時間、女性が週36・1時間である。実労働時間の平均値は、男性が週33・1時間、女性が週27・8時間と、所定労働時間より短い。子どもが8歳に達するまで、勤務時間を75%まで短縮する権利が保障され、また育児休業を分割取得して労働日を減らすこともできるため、幼い子をもつ親の実労働時間は相対的に短い。3歳から6歳の子どものいる就労者の平均実労働時間は、男性が週33・2時間、女性が週28時間である（SCB statistikdatabasen）。雇用者全体（15〜74歳）のうち残業した者は、男性21・7%、女性18・5%で、週当たりの平均残業時間は男性1・1時間、女性0・8時間にすぎない（SCB 2020a）。

またスウェーデンでは、全雇用者（16〜64歳）のうち正規雇用者の割合が高く、男性の86・0%、女性の82・8%を占める。同国の雇用保護法は、非正規雇用者に一定の条件（5年間のうち就労期間が2年以上）を満たせば正規雇用に移行する権利を保障している。若年層の正規雇用率は相対的に低く、

20～24歳の男性の60・8％、同女性の48・0％にとどまるが、25～34歳では男性82・2％、女性78・4％、35～44歳になると男性92・2％、女性88・8％へと上昇する。正規雇用率が最も高いのは、男女とも45～54歳（男性94・2％、女性92・8％）で、その状態が65歳の定年（68歳まで延長可）を迎えるまで続くとみられる（55～64歳では男性93・6％、女性92・6％）（いずれも２０１９年の数値。SCB statistikdatabasen）。

稼得共同型社会に向けた改革――女性の経済的自立

長い年月をかけて労働者の権利保障に努め、人として尊厳のある働き方が社会規範となった段階で稼得・ケア共同型社会へとシフトした点が、スウェーデンの特徴であるといえる。１９４０年代から５０年代は「専業主婦の時代」といわれ、既婚女性の多くは仕事に就いていなかった。子ども時代に母親が専業主婦だった割合は、40年代初頭生まれの人では75％だったが、60年頃に生まれた人では35％まで下がっている。70年には、７歳未満の子をもつ女性の約60％が仕事に就いていた（Andersson 1990）。しかしながら、60年代終わりから70年代初めに親となった女性は、出産を機に退職し、子どもが学齢期になってからパートタイムで仕事に就いていた（Näsman & Lundén Jacoby 1989）。70年代には、所得税の課税単位を個人へと移行する税制改革、育児休業制度や勤務時間短縮制度をはじめとする労働環境の整備、さらに公的保育の整備と拡充（詳細は次節参照）といった取り組みにより、女性は次第に仕事を継続するようになり、80年代になると「専業主婦はいなくなった」（Axelsson 1992）といわれる状況になった。性別にかかわらず経済的に自立することは新たな社会規範となった。

幼い子どものいる女性の就業率をみると、２０１９年では、末子年齢が１歳～２歳で75・1％、３歳～６歳では84・1％に達している（男性の数値は、それぞれ93・4％、92・4％）（SCB statistikdatabasen）。

１９８０年施行の男女雇用機会均等法が83年に改正され、女性にもすべての職業への門戸が開かれて以来、女性は多種多様な職業分野に進出し、権限のあるポストに就く者も増え、２０１８年には管理職のうち女性の割合は40％を占めている。なかでも職員の73％を女性が占める公共部門においては、管理職の66％は女性である（SCB 2020b）。仕事に関する男女差は、人々の意識の上でも現実においても縮まってきている。

職場のジェンダー平等

女性の就労継続とキャリア形成の実態についてみてみよう。表１は、インタビュー調査対象者とそのパートナーの就労状況を、表２は対象者のうち子どものいる家庭での育児休業取得状況と職場復帰後の働き方を示している。対象者の家庭で子どものいる女性（本人あるいは対象者の妻・パートナー）は全員、育児休業取得後、職場に復帰していた。

コミューン（基礎自治体）運営のファミリーセンターで女性上司のもと、事務補佐員として勤務する２児の母のＪさん（39歳）の職場では、部署の約30人の職員のうち、６割が女性である。また医療の最前線においても女性の進出は目覚ましい。公立総合病院の外科医師で２児の母のＬさん（38歳）は、男性医師のほうが多い部門はまだ存在するとしながらも、職場での医師の男女比は、「世代によるが、私の世代では男女半々。もっと若い世代では半々か女性のほうが少し多いかもしれない」という。

ゲームソフト開発のベンチャー企業で、財務のビジネスコントローラーとして管理職に就くＦさん（32歳女性）は、「女性だからといって、能力が発揮できないということは感じない」と述べ、キャリアがある程度確立したので、これから「子どもは少なくとも２人は欲しい」と考えている。

表1　インタビュー対象者とパートナーの属性、就労状況、同居・婚姻歴、子ども人数

ケース	性別	年齢*	出生年	学歴	就労状況（週）						婚姻関係・同居開始時	子ども人数
					雇用形態	職種	契約労働時間	労働日数	実労働時間	理想労働時間		
Aさん	男性	39	1978	大学	民間正規	ITコンサルタント	40時間	5日	40時間	40時間	法律婚・同居2000年	3人
パートナー	女性	39	1978	大学	民間正規	経営管理職	40時間	5日	（最長60時間）			
Bさん	女性	35	1982	大学	民間正規	建築士	36時間	5日	32時間（時短）	30時間	法律婚・同居2011年	2人
パートナー	男性	36	1980	高等専門	民間正規	建築エンジニア	40時間	5日	36時間（時短）			
Cさん	男性	41	1976	大学	民間正規	配送員・事務	40時間	5日	35時間	30時間	法律婚2007年・同居2006年	2人
パートナー	女性	40	1977	大学院修士	民間正規	テレビ局プロデューサー	40時間	5日	45時間			
Dさん	女性	35	1982	大学	公務員正規	家族カウンセラー	40時間	5日	36時間（時短）	30時間	サムボ**・同居2007年	2人
パートナー	男性	37	1980	大学	民間正規	研究員	40時間	5日	40時間			
Eさん	男性	34	1983	大学院修士	公務員正規	プロジェクト統括	40時間	5日	45時間	20時間	サムボ・同居2008年	サムボ第1子妊娠中
パートナー	女性	32	1985	大学院修士	財団正規	研究員	37.5時間	5日	50時間			
Fさん	女性	32	1985	大学	民間正規	ビジネスコントローラ・管理職	40時間	5日	40時間	32時間	法律婚2017年・同居2012年	
パートナー	男性	32	1985	大学（3年未満）	民間正規	新聞社編集開発部門チーフ	40時間	5日	45時間			
Gさん	男性	38	1979	大学	民間正規	人事労務コンサルタント	40時間	（5日）	育休中（2週間後80%勤務で復帰）	32時間	法律婚2012年・同居2007年	1人
パートナー	男性	37	1980	大学	公務員正規	高校教諭	36時間	5日	40時間			
Hさん	女性	37	1980	大学院修士	公務員正規	環境エンジニア	32時間（80%勤務）	4日	32時間	24時間	法律婚2017年・同居2014年	第1子妊娠中
パートナー	女性	39	1978	大学	公務員正規	医師（老年科）	40時間	5日	45時間			
Iさん	男性	46	1971	高校	民間正規	経営管理職（営業統括）	37.5時間	5日	50時間	40時間	子が7歳の時離別	1人
Jさん	女性	39	1978	大学	公務員正規	事務補佐員（コミューン）	30時間	5日	30時間	25時間	第2子育休明けに離別	2人
Kさん	男性	29	1988	大学	公務員正規	看護師（夜勤）	32.5時間（100%）	不定	85％勤務（27.7時間）		サムボ・同居2015年	1人、サムボ第2子妊娠中
パートナー	女性	29	1989	大学	公務員正規	看護師（日勤）	40時間	5日	40時間			
Lさん	女性	38	1980	大学	公務員正規	外科専門医	40時間	5日	40時間		法律婚2017年・同居2011年	2人
パートナー	男性	34	1984	高等専門	民間正規	建築コンサルタント	37.5時間	5日	37.5時間			

* 年齢はインタビュー調査時のもの。AさんからJさん（2017年）、LさんとKさん（2018年）。
** スウェーデンでサムボは事実婚を指す。

女性の就労やキャリア形成に対する男性の意識も女性と大差はない。総合病院の人事労務コンサルタントで、1児の父であるGさん（38歳）は、「病院職員には女性が多い。管理職にも女性が多く、組織のトップも女性」という。

インタビュー対象者の間でも、ヒアリングを行った民間企業3社においても、「仕事における評価やキャリアの面で男女差はない」と捉えられている。男女機会均等が進み、女性も男性と同等の権限のある地位に就くことで生じ得る変化もある。妻が第1子を妊娠中で、約4カ月後に父親になる予定の官庁職員Eさん（34歳）の語りは、それを示唆している。

直属の上司は女性で、2つの部門を統括する管理職も女性。2人とも家族があって子どもがいる人なので、今回、妻が妊娠したことについても、（出産後の自身の働き方という点でも）理解してもらえる。そういう社会的な意味では、上司が女性ということは影響があるかもしれない。

働く人すべてのウェルビーイングを保障すべく労働環境が整備されてきたスウェーデンでは、職場のジェンダー平等が進むことで、男女双方のワーク・ファミリー・バランスに配慮する組織風土が醸成されていると考えられる。ただその反面、同国の労働市場では、職域による男女の「水平的な」偏りと職位の男女差という「垂直的な」偏りがあり、これら性別職域分離の解消という課題も残されている。民間企業の従業員に占める女性の割合は37・8%と公共部門と比べて低く、管理職のうち女性は36・3%（2019年）にとどまる（Ekonomifakta 2020）。キャリア形成における女性にとってのいわゆる「ガラスの天井」はいまだ消滅していない。

フルタイム勤務規範

大手産業機械メーカーA社のグループ会社で副社長につくTさんは、管理職登用等における男女間の行動の違いについて、次のように述べる。「男性は10項目のうち7項目を満たしていれば応募してくるが、女性は10項目すべてを満たしていないと応募しない。だから女性も応募しやすいように配慮している」。女性のそのような行動の背景には何があるのかについても、注視していく必要があるだろう。

育児休業明けの女性の場合、勤務時間短縮制度（時短制度）を活用し、いわゆる「パートタイム」で働くケースが多いとされてきたが、近年その割合は減少傾向にある。働く女性に占めるパートタイム労働者は、１９８７年には45％であったが、２０１５年は29％に下がっている。その一方、男性のパートタイム労働者率は、同期間で6％から11％へと、わずかではあるが増加している（SCB 2016）。

前述のA社でも、「実際はほとんどがフルタイム勤務で、子どもがいても勤務時間を短縮している人は少ない」（Tさん）という。自動車部品メーカーC社では、幼い子どもをもち、時短制度を活用して75％勤務をしている社員もいるが、管理職の場合、「問題が生じたら、他の仕事をしてもらわなければならないこともあり得る」（人事総務担当・副社長Uさん）。民間企業でキャリアアップを視野にいれる場合、勤務時間を短縮するのは容易ではない側面があることがうかがわれる。

社員のうち多数がコンサルタントとして働く不動産会社B社でも、時短制度が誰にでも、またどの職種にも活用できるものではないと捉えられている。かつて80％勤務（週4日勤務）を希望した女性社員を会社としても応援しようとしたが、顧客との打ち合わせ業務が多いため、実現しなかった。B社はヨーロッパにおける「働きやすい職場」ランキングで上位に入るなど働く環境が整った会社であるが、乗り越えるべき壁はまだあることがわかる。

国際ビジネスの第一線で、裁量労働制で働く上級管理職にとって、週45～50時間労働は決して珍しくない。本節冒頭で紹介した3児の父であるAさんの妻は、繁忙期に子育てをしながら、テレワークも含めて週60時間働いたこともあったという。厳しい競争の原理が働いている産業界で、キャリアを優先させるのであれば、スウェーデンでもごく当然のようにフルタイム勤務が求められる。

生活保障の基盤

ここに挙げた職場事情の背景には、スウェーデンの雇用市場でフルタイム労働が規範とされる傾向がある点が指摘できる。近年、政策課題として注視されるのは、「意に反してパートタイム労働を余儀なくされている労働者」の存在である。パートタイムで働いている理由として、「適当なフルタイムの仕事がないから」ということを挙げている人が男女とも最も多く、また女性のほうが顕著に多い。

現雇用大臣エヴァ・ノードマルクは、自身の公式ホームページで「生計を立てられる安定した仕事に就く権利は、我々の社会の強固な基本である。雇用市場においては、フルタイムが規範である。労働時間を増やしたいすべての人にその機会が与えられなければならない」と表明している。２０２１年8月時点で現政権を担う社会民主党がフルタイム労働の規範化を唱える背景には、男女労働時間格差の解消、家族と子育ての責任分担の公平化、有期契約のパートタイム労働者の雇用条件の改善という目標があり、後者は就労環境がとりわけ不安定なブルーカラー層の女性を念頭に置いたものである（Nordenmark 2019）。ジェンダー平等問題としての「フルタイム労働の権利」を掲げた先駆けであるリベラル党（現野党）は、２０１７年、同権利を労働協約に加えるべきであると提言していた（Wingborg 2018）。

それでもスウェーデンの労働市場におけるキャリアパスは複線的で、学校教育は基礎学校（小中学校）から大学まですべて無償化されており、また職業専門教育制度も整備され、学び直しやり直しができる。国の就学支援金は56歳まで、貸与型奨学金は47歳まで受給できる。同国では最低賃金制度は導入されていないが、法定労働時間内の労働で生計を立てられる賃金体系が整備されている。子どもがいる場合、児童手当（所得制限なし。16歳からは本人に就学支援金として支給）と住宅手当（所得制限あり）が支給される。こうした生活保障の基盤があるため、ライフステージの一時期に子育てや家庭生活に比重を置いた働き方を選択することが可能である。最短ルートでキャリアアップを目指すか、別のルートで少し時間をかけて進むかは、性別にかかわらず、個人の自由な選択に委ねられている。

ケア共同型社会を支える制度――世界初の男性の育児休業導入

スウェーデンの父親役割の変遷を、「父親政策（Pappapolitik）」の視点から捉えた子ども学研究者のクリントは、同国が目指したジェンダー平等とは、従来の性別役割からの男女双方の解放であったと指摘する（Klinth 2005）。女性は就労を通して経済的に自立し、男性は積極的な家庭参加を通じて対等な親となることで、それが実現するとした。1972年に政府が設置した家族政策委員会が、父親の子育てへの積極的な関わりの必要性を唱えたことも契機となり、74年に両親保険制度が導入され、世界で初めて父親にも育児休業を取得する権利が与えられた。同じ頃、親の労働時間と子どもの保育時間についても盛んに議論が行われた。幼い子どもをもつ親が1日8時間も働くのは適切かという問題意識が、勤務時間短縮制度の導入へと繋がった。

1995年に両親休業法を制定し、働く親の権利保障をさらに強化し、いわゆる「パパクォータ制」を導入することで、両親それぞれに譲渡できない１カ月の割当期間を設けた。同割当期間は２０02年には60日に、２０１６年にはさらに90日へと引き上げられた。この一連の取り組みにより、男性の育児休業取得が促進された。現在では、出産・育児に伴い18カ月まで休業する権利が付与され、育児休業給付金である「両親保険」の支給期間はそのうち４８０日間（約16カ月）である。３９０日間は所得の約80％（ただし上限１日１０１２クローナ。２０２１年８月時点１クローナは約13円）、残りの90日間は日額一律１８０クローナが補償される。出産予定日の10日前（出産前は母親のみ対象）から子どもが12歳（２０１３年以前の出生児は８歳）に達するまで、時間単位で分割取得できる（最小単位は１労働日の８分の１。１日８時間労働の場合１時間）。４８０日を２分割した２４０日ずつが両親それぞれに付与され、そのうち90日は先述のように相手に譲渡できないことになっている。両親保険の主な財源は、雇用主が負担する社会保障拠出金（両親保険への拠出は従業員給与の２・６％分）である。また２００６年には、育児休業等を利用とする不利益取扱いを禁止する規定が導入された。

２００９年に婚姻法の改正で同性婚が認められたことで、育児休業制度においても、「父」「母」の代わりに、性別に中立な「親」という表現が使われるようになった。出産に伴い父親に付与されていた10日間（所得の約80％保証）の「父親休暇」は、性別に中立な制度として「10日休暇（10-dagar）」へと改称された。両親が30日間を上限に同時休業できるようにもなっている。

１９９５年生まれの子どもをもつ父親のうち、子どもが８歳に達するまでに育児休業を取得し、両親保険を受給した者の割合は89％であった（SOU 2005: 73）。このように男性の大半が育児休業を取得しているスウェーデンで、過去四半世紀にわたる議論の対象は、育児休業取得日数に占める男性の取得割合である。１９７４年の制度導入当時はわずか０・５％であったが、89年には６・９％、99年は

10・6%と緩やかに上昇し、2020年には30・0%となっている。社会保険庁の統計データによると、子どもが3歳に達した時点での平均取得日数は、2013年で女性289日、男性74日であった(Försäkringskassan Statistik)。学歴が高く、また女性の占める割合が相対的に高い職業に就いている男性の間では、育児休業取得日数が多い傾向がみられる。

父親業の実践

父親のほとんどが育児休業を取得するということは、私たちのインタビューでも明らかになった。対象者のうち子どもがいる家庭で、すべての父親(男性対象者・対象者のパートナー、または元パートナー)が育児休業を取得していた。カップル世帯で未就学児をもつ父親に焦点を当てると、表2にあるように、育児休業期間は、5カ月から8カ月半である。

先述のAさんの家庭では、第1子と第2子出産後、まず妻が10カ月、Aさんはその後6カ月休業している。第3子の出産では、妻が育児休業をフルタイムで取得した(両親保険100%受給)のに対し、Aさんが育児休業として取得したのは5カ月で、あとの1カ月は夏の有給休暇と組み合わせていた。彼自身子どもの頃は母親が仕事で忙しく、父親が家で自分の面倒をよくみてくれたと回顧するAさんにとって、子育てに積極的に関わることはごく自然な選択だった。

(育休について妻と)特に何か話し合ったというわけではなく、就学前学校に子どもが通い始める時期がいつなのか。(学校は)8月から9月始まりなので、それに合わせてというふうにして、自然でした。どちらが何カ月取るかっていうのも、状況に合わせて。

表2　インタビュー対象者の育児休業取得状況と働き方の変化

ケース	子ども	母親・親1（本人／対象者のパートナー）			父親・親2（本人／対象者のパートナー）		
		育児休業期間・両親保険受給方法	短時間勤務制度利用	生活の変化・特記事項	育児休業期間・両親保険受給方法	短時間勤務制度利用	生活の変化・特記事項
Aさん（父親）	第1子	10カ月（100%）	×		5カ月（100%）（＋有給休暇1カ月）	×	子どもができて自分の時間がなくなったことを実感
	第2子	10カ月（100%）	×		5カ月（100%）（＋有給休暇1カ月）	×	
	第3子	8カ月（100%）	×		5カ月（100%）	×	
Bさん（母親）	第1子	11カ月（最後の1カ月半を夫と同時取得。9カ月半は分割取得）	○	2年半前に過労で6週間休職。90%の時短（36時間勤務）	8カ月半（最初の1カ月半は妻と一緒に、7カ月は分割取得）	○	第1子出産後に90%に時短し週36時間労働に
	第2子	8カ月（100%）、＋2カ月半を夫と一緒に（50%）	○	前週から時短で80%勤務。1日6.4時間勤務を5～7時間で調整	7カ月半（100%）＋2カ月半妻と一緒に（50%）	○	
Cさん（父親）	第1子	7カ月（100%）	×	就学前学校入学後、労働時間増	7カ月（100%）	×	現職場で約1年4カ月勤務
Dさん（母親）	第1子	10カ月（自営コンサルサント兼務）	×	過労で休職。2019年初めから90%勤務で隔週水曜休み	12カ月（就学中で分割取得）	×	
	第2子	12カ月（休学で100%取得）	○		未取得（研究職で柔軟に対応可能）	×	
Gさん（父親）	第1子	（生物学的・法的父親）9カ月（最初の1カ月半は有休休暇）	○	調査の2週間後に80%勤務に移行	（法的父親）7カ月（後半）（最初の1カ月半は有給休暇）	○（2週間後から）	調査の2週間後に80%勤務で職場復帰
Iさん（父親）	第1子	12カ月強			約1カ月	×	子どもが小さい間は仕事を持ち帰っていた（前の職場）
Jさん（母親）	第1子	12カ月（100%）＋2カ月（50%）	（転職を繰り返す）	75%勤務（前職は90%）	約1カ月（50%）（2カ月の予定実現せず）	×	父親は移民2世（両親は南欧出身）で母親と家族観・ジェンダー意識の違いがある
	第2子	12カ月（100%）＋1カ月			1カ月（100%）	×	
Kさん（父親）	第1子	12カ月（ほぼ100%）	×	病棟勤務から、平日・日勤のみの外来に転職	6カ月（分割取得。うち2カ月は有休併用）	×	シフトのある日勤から夜勤へ移行
Lさん（母親）	第1子	9カ月（100%）	×		7カ月（100%）	×	
	第2子	8カ月（100%）	○	9カ月目から毎週金曜育休取得（80%勤務）	8カ月（80%取得で毎週金曜勤務）	×	

すべてのケースで出産前後からは母親、その後は父親が育児休業を取得

スウェーデンの就学前学校（保育所）の対象年齢は1歳以上であり、他のインタビュー対象者の家庭でも、8月後半から9月という入学時期を目途に両親間の育児休業期間を調整している。就学前学校の開始時期を見据えて出産計画を立てるというカップルも少なくない。父親は育児休業と夏の有給休暇とを合わせて3月から9月の間で連続で取得するというパターンが一般化している。Aさん夫妻の第3子は5月生まれであることから、就学前学校の開始時期に合わせて、妻は8カ月、Aさんは5カ月育児休業を取得している。

公立総合病院の看護師で3歳児の父親であるKさん（29歳）の家庭では、子どもの母親であるサムボ（sambo: スウェーデンでは事実婚やそのパートナーはサムボと呼ばれている）が12カ月休業し、同じ時期のうちの2カ月はKさんも有給休暇を調整して一緒に休み、あとの4カ月はKさん一人で休業した。6カ月間仕事を休んだのはAさん自身の希望によるもので、「息子との絆、良い関係性を築くためにも取りたいと思いました」と述べている。

ヒアリングを行った企業3社でも、男性社員が6カ月程度休むのは一般的になってきている。ただその内実は「育児休業5カ月、有給休暇1カ月」である場合が多く、休業中でも両親保険を全期間フルタイムで受給しているとは限らない。B社では、幼い子どもの父親である社長自らが、午前中出社して午後は休むといった分割取得で調整しながら業務をこなしていた。それでもA社の副社長Tさんは「スウェーデンで育児休業制度が整備されていることが、ワーク・ライフ・バランスを高める大きなきっかけになっている。男女差がなくなってきている」と指摘する。

父親の育児休業期間が延びてきたとはいえ、両親間で同じように取得されていないことは、休業中の所得補償のあり方にも関係している。育児休業中に社会保険庁が支給する両親保険には上限額が設定されており、収入の高い者が休業する場合、所得損失が大きい。スウェーデンでも、男性のほうが相対的に女性より収入が高いことから、男女カップルでは経済的な理由で女性の育児休業の取得割合が高くなる傾向があるとの見方もある。子育て期に女性が勤務時間を短縮して収入が減ることは、男女の生涯賃金格差、ひいては将来の年金格差に繋がるとの指摘もある（Carlson *et al.* 2017）。

その一方で、今日では多くの事業主が、労働協約により育児休業中の収入の損失分（給与額と両親保険額との差額）を補塡する制度を導入している。例えばC社では、労働協約により、給料の90％に相当する額までの補塡を、勤続年数が２年以上なら６カ月間、２年未満なら２カ月間保障している。B社では、休業中の収入が月に５万クローナとなるように、両親保険との差額分を補塡している。社会保険庁が支給する両親保険の上限月額は２万８２６０クローナ（ヒアリング調査時の２０１６年）であることから、B社の最高補塡額は月２万１７４０クローナにも及ぶ。同社では、「子どもがいて家族をもち育児休業経験がある人は、広い視野から物事を考えることができ、有能であるように思う。そういう意味でも、育児休業を取得して、戻ってきてもらうことは重要」と捉えているという。社会保険庁（Försäkringskassan）の委託で企業の人事部門を対象に２０１４年に実施されたデジタル・アンケート調査（送付先３千社のうち有効回答数７７８社）によると、「採用の際、育児休業取得経験は有利になる」と回答した企業は、44％を占めていた。

民間企業の建築士として都市計画事業に携わるBさん（35歳）は、同じ会社に勤務する建築エンジニアの夫と綿密に計画を立てて育児休業を分担した。第１子の際は、まず１カ月半を夫妻同時に取得して外国で過ごし、その後、Bさんが９カ月半休業（両親保険は部分受給）してから、夫が７カ月間休業（満額受給）した。第2子の出産は予定日を超過したこともあり、Bさんが出産前1カ月、出産後7カ月休業（満額受給）してから、夫妻同時に2カ月半休み（半額ずつ受給）、その後、夫が7カ月半休業（満額受給）した。Bさんによると、建設業界では男性も長期の育児休業を取得するようになっているという。夫がほぼ均等に育児休業を分担したことについて、「私たちは収入が大体同じなので、そういうふうになりました。一般的には、男性の収入の方が少し高いので、平等にはならないように思う」とBさんは語る。

妻が出産を控えているEさん（34歳）は、夫妻で9カ月ずつ均等に育児休業を取ろうと考えている。国家公務員で専門職のEさんには、休業期間中の受給額が給与の90%に達するよう差額が補塡される。妻の勤務先である財団法人が補塡する額は給与の10%分に留まり、両親保険と合わせても給与の90%には届かず、Eさんが休む方が損失は少ない。「妻が長く休むと家計にも響くので、それをどういう風に調整していけばいいか。ものすごく複雑なんです」と語るEさん自身の父親は、育児休業を取得したが、休業中は家のリノベーションをしていたという。Eさんの世代では、父親は母親と同じように家事と育児をこなす。スウェーデンの人々のライフスタイルは一世代で大きく変化したといえる。

性別役割規範の名残

しかしながら、インタビューでみえてきたのは、育児休業の分担は、経済的合理性だけで決められるわけではないということである。ジェンダー平等社会においても、内面化された性別役割規範やアンコンシャス・バイアス（無意識の偏見・思い込み）が見え隠れする。勤務医のLさん（38歳）の家庭では、育児休業として、第1子の際、Lさんが9カ月、夫は7カ月取得した。第2子の際、表向きは夫妻とも8カ月ずつ休んだとするものの、内実は、その間、夫は週1日ペースで仕事を続け、残りの4日は休むという80％取得であった。つまり、Lさんがまず8カ月の育児休業を取得し、仕事に復帰してからの8カ月間は、週1日休みを取っていた。当時、夫が民間企業でコンサルタントの仕事を続けるためには、百パーセント仕事を離れることはできなかった。やむを得なかったとはいえ、ジェンダー平等を重視するLさんは、「今でも苛立ちを覚えます」と言う。育児休業は両親で均等にシェアすべきと考えて、夫の分担取得を促したLさんは、「私にとってはとても重要でしたが、彼はそうは思っていませんでした」と振り返り、「他の多くの女性に比べて、私の育児休業は短かったですね。私のごく身近な友人たち以外では。そういう気がします」と語る。

スウェーデンでも育児休業期間をパートナー間でほぼ均等に分けるBさん夫妻のようなケースはまだ多数派とはいえない。公共部門の事務補佐員でひとり親のJさん（39歳女性）は、別れた元夫が、第1子、第2子いずれの時も育児休業を約1カ月間部分的にしか取得しなかったことを残念に思っている。元夫はスウェーデン生まれだが両親は南欧出身で、Jさんが思うような一般的なスウェーデン男性と同等には家事育児に関わっていなかった。スウェーデンで社会規範とされていることが、常に実践されているとは限らないことを指摘する。

面白いのは、子どもがまだいない女性が妊娠すると、仕事には大体8カ月から9カ月ぐらいで戻ってくると結構みんな言うんです。私もそうでした。8カ月、9カ月休んで、あとは父親のほうに任せるという風に。それで女性のほうが実際に8カ月、9カ月休んでみて、子どもと絶えず一緒に関わると、8カ月や9カ月だとまだ小さいので、子どもを手放したくないと、自分が見たいという気持ちがすごく強くなって、結局1年とか1年半に延ばしてしまう。そういう傾向があります。

このJさんの語りは、スウェーデンでジェンダー平等社会の実現を目指して推進されてきた施策と、人々の行動との間にギャップが存在することを示唆している。政策、制度面では、性別役割分業型社会からの脱却が図られたが、稼得とケア役割のジェンダー平等はまだ道半ばといえるのではないだろうか。

2 公的保育と家庭保育のバランス——「子どもの権利」の視点から

スウェーデンでは、育児休業取得をめぐる両親間の調整や、出産後の働き方を決める上で、公的保育のあり方がもつ意味は大きい。子どもが幼い時期に家庭生活に比重を置いて働き方を調整することは、性別にかかわらず、個人の選択に委ねられている。

Bさんの場合、子ども2人が就学前学校（förskola: かつての保育所 daghem）に通い始めた年齢について、「1歳半です。2人とも3月生まれで、就学前学校はちょうど夏に始まるから」だったという。先述のとおり、Bさんは育児休業期間を夫と綿密に調整し、第1子が就学前学校に入ってからは夫妻とも勤務時間を10%短縮し、週36時間に変更した。インタビュー当時はちょうど第2子（1歳6カ月）が就学前学校に通い始めたところで、Bさんは勤務時間をさらに10%短縮して週32時間（80%）に変更したところだった。就学前学校への送迎は、夫と協力し合い、また自分の両親の助けも得て行っている。

子どもたちを迎えに行く日は、14時30分には退社するという。
スウェーデンの公的保育の整備状況と子育て期の人々の働き方や保育観はどのように関係しているのかを、考えてみよう。

公的保育の位置づけと親役割

スウェーデンでは、学校政策、家族政策、福祉政策、保健政策、雇用政策、ジェンダー平等政策といった複数の政策領域の連携により、子どものウェルビーイングを目指す「子ども政策」を発展させてきた。公的保育制度はその一環として整備されている（Lindgren & Söderlind 2018）。

労働環境の整備に着手した1930年代、ほぼ時を同じくして、公的保育の整備の必要性が説かれ始めた。当時は、母親が就労している低所得家庭の子どもを対象とした「託児所（Barnkrubborna）」と主に富裕層の子どもを対象とするフリードリヒ・フレーベルの教育理念に基づいた「幼稚園（Barnträdgården）」とが存在する二重構造の状態があった。やがて、後者の理念を踏襲する形で「保育所（Daghem）」という幼保一元化された形に変化していった。1962年、就学前保育に携わる「就学前学校教諭」養成コースが国の管轄に置かれることになり、75年には「就学前学校法」が施行され、77年、就学前学校教諭養成コースが大学の教育課程となった（Richardson 2010）。

子どもの社会的保育のニーズに関する考え方の変化と共働き型社会への転換による母親の就労率の上昇に伴い、1970年代には、公的保育は社会的権利と捉えられるようになった（Lindgren & Söderlind 2018）。保育収容人数は1970年には7万人だったのが、2000年には70万人へと10倍もの増加を遂げた（Socialdepartementet 2001）。

待機児童ゼロの社会

1995年の新保育法により、コミューン（基礎自治体）が、就労中あるいは就学中の親をもつ子どもに保育の場を提供する義務を負うことになった。96年7月、保育政策の管轄組織は社会省から教育省に移管され、就学前「保育」を「教育」に位置付け、従来の保育所は就学前学校と呼ばれるようになる。この改革の目的は、学校教育の準備期間としての就学前保育を公教育の一環とし、子どもの知識と能力を培うことであった（Socialdepartementet 2001）。98年、「就学前学校教育指導要領」が導入され、就学前学校は生涯学習の出発点とみなされるようになった（Lindgren & Söderlind 2018）。

今日では、学校法に基づき、コミューンに対し、1歳から12歳の保育の必要のある子どもに就学前保育と学童保育の場を提供する義務を課しており、待機児童はいない。就学前保育は「子どもの権利」であるという視点に立ち、親が求職中や（年少の子の）育児休業中でも、子どもには就学前学校に通うことが認められている。

2020年には、1歳から5歳までの子どもの85・7%と、4歳児と5歳児の95・4%が、就学前学校に在籍している（Skolverket.se）。基礎学校（9年制）入学前年の子を対象とした「就学前クラス（förskoleklass）」は、18年8月から義務教育に組み込まれている。就学前クラスの6歳児（5歳入学も可）から10歳までの児童の大半は、学童保育である「余暇活動センター（fritidshem）」を利用している。後者は放課後と始業前の早朝も開かれている。10〜12歳の学童を対象とする「余暇活動クラブ（fritidsklubb）」といった、年齢に応じた子どもの居場所も提供されている。

3歳児から5歳児には、週15時間（年間525時間）の就学前保育は無償化されており、それ以外の費用は各コミューンで、保育時間と世帯所得、子どもの人数に応じて決められる。ストックホルム・コミューンの場合、保育費は、週30時間以上で子ども１人の場合、世帯所得の３％（30時間未満では同２％）、２人目は２％（同１％）、３人目は１％（同１％）と設定されているが、自己負担額の上限も設けられている。１人目の上限月額は１５１０クローナで、２人目は１００７クローナ、３人目は５０３クローナで、４人目以降は無料である（Stockholms stad 2021）。

育児休業制度により、子どもが１歳に達するまでは親による家庭保育が前提となるため、ゼロ歳児を対象とした公的保育は整備されていない。その代わり、無料で開校されている「オープン就学前学校（öppen förskola）」は、ゼロ歳児も対象で、育児休業中の親たちの交流の場ともなっている。子どもが病気の際に利用できる看護休業制度の整備により（通常子ども１人につき年60日・所得の約80％補償）、病児保育は提供されていない。

現在整備されている保育施設の運営形態はコミューン（公立）と民間の二種類があり、後者には親たちが運営するコーポラティブ（協同組合）も含まれる。いずれの施設も国・コミューンの運営交付金により運営されるため、保育料は運営形態にかかわらず一定である。

就学前学校は１歳半から

インタビュー対象者の子どもは総数15人だが、うち14人は就学前学校に通っており、あとの１人（１歳２カ月、Ｇさんの第１子）は調査の２週間後に入学することが確定していた。入学年齢は１歳２カ月から２歳だが、１歳６カ月が10人と最も多い。

「就学前学校に通わせるのは、１歳半ぐらいがよいという考え方がある」というＫさんは、出産後

「母親が1年休んで、父親が半年ほど休む」とそのくらいの年頃になるからだと、自身の経験からも、「1歳6カ月説」の背景を語る。就学前学校入学のタイミングは、出産後の家庭保育の長さと、両親の育児休業分担のあり方に影響を受けているものと考えられる。

2人の息子を1歳6カ月から就学前学校に通わせた母親のLさんの周囲の家庭でも、1歳6カ月入学が最も多いという。Lさんの第2子（3歳）は就学前学校に通い、第1子は就学前クラスの後は余暇活動センターで過ごしている。これら2つの施設は隣接している。勤務医のLさんは仕事を16時に終え、16時半には子どもたちを迎えに行く。公的保育は貴重な人間形成の場であると捉えている。

もうすぐ7歳になる上の子は、私が迎えに行くと、「もうちょっと遅く来てくれないかな」とよく言うのです。余暇活動センターが楽しくて仕方がないようで。下の子は3歳ですが、就学前学校が楽しくて気に入っています。2人ともそこが好きで、多くのことを学んでいます。

就学前学校の入学時期は、スウェーデンの年度初めである8月中旬（秋学期）が多いが、子どもが1歳に達していて受け入れ先があれば、春学期開始の1月中旬でも入学可能である。公的保育と家庭保育のバランスについてのシミュレーションは、出産前から始まる。インタビュー時に、約3カ月後に妻が第1子を出産する予定だったEさんは、入学時期について、1歳半あるいは2歳でと考えており、インタビューの翌月（10月）に第1子出産を控えたHさんは、翌々年1月、子どもが1歳2カ月を迎える時に就学前学校に入学させる予定である。

就学前学校は、月曜から金曜の間で利用日数や時間を選択することができるが、週5日利用するのが一般的で、インタビュー対象者の子どもたちも、基本的に週5日通っていた。開校時間は、7時から18時までの学校が多い。余暇活動センターも、早朝と放課後のほぼ同じ時間帯に開所している。[03] インタビュー対象者のうち、調査時に就学前学校あるいは余暇活動センターに通う子どもがいた9ケースの利用時間帯は、それぞれ表3の通りである。

2児の母Bさんの家庭の例にみられるように、カップル世帯では、両親が協力して勤務時間を調整し合い、就学前学校等への送迎を行っている。子どもを迎えに行く時間は15時から17時の間で、16時台が最も多い。18時まで開校しているとはいえ、17時を過ぎてまだ残っている子どもはほとんどいないという。

コミューンの家族カウンセラーで2児の母であるDさんは、朝8時30分頃、車で子どもたちを基礎学校に送って9時に出勤する。研究員であるDさんのサムボは、Dさんと子どもたちが起きる前の朝7時には家を出て早朝から仕事を始め、15時半から16時に子どもたちを迎えに行く。Dさんの仕事は、16時頃に終わる日もあるが、家族相談を行う日は職場を出るのが18時半頃になるため、余暇活動センターへの迎えはサムボが主に行っている。

公的保育の利用時間が最も長いAさんの家庭でも、17時には必ず夫妻どちらかが子どもたちを迎えに行く。スウェーデンの親たちは、公的保育機関に厚い信頼を寄せている。その一方で、子どもを毎日早朝から夕方遅くまでの長時間にわたり家庭外で過ごさせるのは好ましいとは考えていない。親たちは、公的保育と家庭保育とのバランスを考えて、働く時間を調整している。

表3　インタビュー対象者の子どもの就学前学校（保育所）・余暇活動センター（学童保育）利用状況

ケース	同居家族	子どもの年齢		就学前学校利用状況		余暇活動センター利用状況	子育てネットワーク
				開始年齢	利用時間	利用時間	
Aさん	妻と子ども	第1子	7歳	1歳6カ月		7:30～就学前クラス始業まで、同終業から17：00まで	妻が育児休業中にオープン就学前学校*を利用。日常のサポートはAさんの母親、妻の母親と姉にも頼める。
		第2子	6歳	1歳6カ月	7:30～17:00		
		第3子	2歳	1歳6カ月	7:30～17:00		
Bさん	夫と子ども	第1子	4歳	1歳6カ月	8:30～15:30		双方の両親が週1回就学前学校に迎えに行く。第2子は入学したばかり。
		第2子	1歳6カ月	1歳6カ月	8:30～15:30		
Cさん	妻と子ども	第1子	7歳	1歳2カ月		終業から17：15まで	Cさんの母親にサポートを頼める。同年代の子どもがいる友人もいる。
Dさん	サムボ（男性）と子ども	第1子	9歳	2歳	9:00～15:30（Dさんとサムボは当時就学中）	学校＋就学前クラス終業から16:30まで	Dさんの母親が週1回程度就学前学校に迎えに行く。同年代の子どもがいる双方の姉たちにも頼める。
		第2子	7歳	1歳3カ月			
Gさん	同性のパートナーと子ども	第1子	1歳2カ月	1歳2カ月（予定）	調査の2週間後に就学前学校入学確定		
Iさん	子ども	第1子	13歳	1歳6カ月			サポートはIさんの母親と妹に頼める。必要なら息子の母親も可能。
Jさん	子ども	第1子	7歳	1歳6カ月		学校終業から16:20まで	必要な場合は子どもたちの父親に頼める。Jさんの母親は就労中。Jさんの妹たちとも交流はある。
		第2子	3歳	1歳2カ月	8:30～16:30		
Kさん	サムボ（女性）と子ども	第1子	3歳	1歳6カ月	9:00～15:00		サムボの母の家は徒歩数分の距離なので頼める。
Lさん	夫と子ども	第1子	6歳	1歳6カ月		学校就業から16：30まで	夫の両親（離婚して新しいパートナーがおり二世帯）にも頼める。
		第2子	3歳	1歳6カ月	8:00～16:30		

＊就学前学校に登録していない子どもであれば利用できる（無料）

子どもと過ごす時間の確保――時間のパズル

このように公教育の一環としての就学前学校や余暇活動センターは、子どもの社会化における学びの場として重要な役割を果たしている。それと同時に重視されているのは、親が子どもと一緒に過ごす時間と家庭生活の質である。２００９年にスウェーデンはＥＵ議長国を務めた際、子どもの視点から親のワーク・ライフ・バランスを実現する必要性を提起した。子どもにとって両親と過ごす時間はかけがえのないものであり、また両親にケアされることは子どもの権利であると唱えたのである。

家族社会学者ネースマンらは、１９８０年代後半のスウェーデンの子育てカップルの日常生活を「時間のパズル（Tidspusslel）」（Näsman & Lundén Jacoby 1989）と表現した。その後２０００年代になると、ホワイトカラー労働組合連名（ＴＣＯ）の報告書（２００２年）で用いられた『生活のパズル（Livspusslel）』という概念が広く浸透するようになった。この間に社会の様相は大きく変わっていないようにもみえるが、それぞれの家庭の実情に迫ると、社会情勢の変化やライフスタイルの多様化により、パズルはさらに複雑なものになっていると思われる。

スウェーデンの親たちは、子どもの健全な成長のために何が必要かを意識し、仕事と家庭生活のバランスをとるよう努めている。平日の日中勤務の場合、仕事から帰った後、家族全員で夕食をとり、子どもの就寝までの時間を一緒に過ごし、子どもが幼いうちは夜早めに寝かせるのが、ごく当然のこととされている。子どもの視点に立って家庭生活を優先させる働き方が受け入れられる社会では、ワーク・ファミリー・バランスの実現のために、親として認められている権利を行使し、ケイパビリティ（序章参照）を発揮できる土壌が整っているものと考えられる。

表４に示したとおり、子どものいるインタビュー対象者の平日の夕食開始時間は、17時から19時の

表4　インタビュー対象者の仕事と家庭生活時間

ケース	同居家族	平日の仕事時間				平日の家庭生活時間			特徴
		出勤時間	帰宅時間	通勤手段	勤務時間	夕食時間	起床時間	就寝時間	
Aさん（男性）	妻と子ども3人	週16:00間在宅、出社週1日以外は社外でミーティング．17:00に就学前学校へ		車10分	子どもを送る日は7:30頃に就学前学校へ、その後17:00まで仕事	18:00〜18:30に家族全員で	6:30	22:00（下の子を20:00までに、上の子と7歳児を20:30までに寝かせる）	オフィスでの仕事は週1日程度で、柔軟性が高い
Bさん（女性）	夫と子ども2人	7:00頃	15:30頃	自転車40分	8:00〜14:30頃	子どもたちは17:00、大人は18:30	6:00〜6:30	23:00頃（21:00に子どもの寝かしつけで寝入ること多い）	月曜は通勤途中で就学前学校送り
Cさん（男性）	妻と子ども2人	不規則：早い日は朝6:00	平日は16:30退社、17:15に学童へ迎えに	自転車30分	前日夕方確認。早出は14:00〜15:00終業。土日勤務あり。	18:00〜18:30に家族全員で（妻はときどき残業）	4:30〜6:30（仕事時間による）	21:00〜24:00（翌日の始業時間による）	元ジャーナリストだが健康上等の理由で転職
Dさん（女性）	サムボと子ども2人	8:00頃子どもと一緒に	17:00〜19:00	車15分	9:00〜16:30（家族相談日18:30）	17:30〜18:00に家族全員で（本人残業時は父子で）	6:30〜7:00	上の子も20:30には自分の部屋に行かせる	子どもの送りはDさん、迎えはサムボ
Eさん（男性）	サムボ	月〜水の出勤日は7:20	出勤日は17:45頃（途中買物）	公共1時間45分	週2日（16時間）在宅勤務。オフィス勤務9:00〜15:30と車中2時間	19:00に2人で	出勤時は6:20	21:30〜23:00	サムボの通勤時間40分で起床は6:50。妊娠中なので早めに就寝
Fさん（女性）	夫	8:30〜9:00	19:00〜19:30	公共25分	9:00／9:30〜18:00／19:00（コアタイム11:00〜15:00）	20:00に2人で	7:30〜8:00	23:00	隔週金曜3時間掃除代行サービス利用
Gさん（男性）	同性パートナーと子ども1人	（育休前）7:20	（育休前）17:00	公共15分	7:45/8:00〜16:45	18:00に家族全員で	7:00	24:00〜25:00	7カ月の育休中で2週間後職場復帰
Hさん（女性）	同性パートナー	8:00	18:00	車20分	8:30〜17:30（コアタイム9:00〜15:00だが柔軟に対応）	週1〜2回コレクティブハウスの住人と一緒に（18:30頃）	7:00	22:00〜23:00	一般の集合住宅形式のコレクティブハウスに居住
Iさん（男性）	子ども1人	7:45	17:30〜18:00	車15分	8:15〜17:00頃、出勤途中で子どもを学校に送る	18:30〜19:00に子どもと	7:00少し前	24:00（22:00に子どもが寝た後に必要な仕事をする）	ひとり親。3週間に1回掃除代行サービス利用
Jさん（女性）	子ども2人	8:30頃	17:00少し前	自転車20分	9:15〜16:00、行き帰りに子の送迎	18:00頃に子どもと	6:15〜7:00	23:30（20:00頃子どもが寝たら家事をする）	養育費は国の基準額を別居の父親が支払う（1人1573クローナ）
Kさん（男性）	サムボと子ども1人	20:00	翌朝8:00	バス20分	21:00〜翌朝7:15	18:00に家族全員で	6:30〜7:00	勤務日は8:00帰宅で14:00起床（15:00に子どもの迎え）	子育てのために2年前から夜勤を選択
Lさん（女性）	夫と子ども2人	7:00頃	16:30〜17:00	自転車25分	日勤7:30〜16:00、休日勤務は年4日程度、夜勤は5週に1回（平日2晩か土日1晩）	17:30に家族全員で	6:15（家族全員で朝食）	22:00〜23:30（下の子は19:00、上の子は20:00に寝かせる）	送迎は夫妻交替で行う

間である。幼い子どもたちに先に食事をさせるBさんの家庭以外、基本的には毎日家族全員で夕食をとっている。ふたり親家庭では、「子どもを迎えに行かなかった方が夕食の買い出しをして、大体午後6時から6時半くらいに夕食を食べます」というAさん夫妻のように、両親間で家事・育児を分担して家庭生活を営んでいる。

2児の母であるDさんの家庭では、普段は17時30分頃に家族全員で夕食をとる。午後遅めにカウンセリングの仕事が入っていて帰宅が19時頃になる日は、先に帰宅しているサムボが子どもたち（9歳と7歳）と夕食を済ませる。社会福祉士と就学前学校教諭の資格を有し、就学前学校での勤務経験もあるDさんは、子どもにとって規則正しい生活と十分な睡眠時間が重要であることを意識している。

食事をした後は、私とサムボのどちらかがキッチンの片付けをして、その間もう1人が子どもと一緒にテレビを見たりします。でもある程度の時間になったら、テレビは消すようにしています。その後、家の中でゲームをしたり、お喋りしたり、少し散歩に出ることもあります。（中略）下の子は午後7時半から8時ぐらいに寝かしつけます。

就寝時間をもう少し遅くしてほしいという9歳児の意見に耳を傾け、親子で話し合った結果、20時半までは居間で過ごしてもよいことにした。その後は自分の部屋で就寝の準備をさせる。母方はスウェーデン系だが、父親は南欧出身であるDさんは、子どもを寝かしつける時間がスウェーデンでは相対的に早いと認識している。「朝、睡眠不足だと子どもたちの機嫌が悪かったりして、大変な状況になる。子どもにとって睡眠は大切なので、ちゃんと寝かせないと」と語る。

他の家庭でも、子どもの就寝時間は相対的に早い。Bさんの家庭では1歳児は19時半で4歳児は遅くとも21時で、Lさんの家庭では3歳児は19時で6歳児は20時に寝かせる。親が子どもを寝かしつける際、本を読み聞かせることが多く、両親間で、その間の他の家事を分担し調整している。

子どもが大きくなるにつれ、学校の宿題をみるなど、親子が向き合う時間の性質も変わる。パートナーと離別し、今はひとり親であるIさんは、車のリース会社の経営管理職として仕事に追われていても、父親として毎日決まった時間に帰宅し、18時30分から19時にはひとり息子（13歳）と夕食をとり、子どもが起きている間は一緒にテレビを見たりして過ごすようにしている。翌日までに処理しなければならない急ぎの案件がある場合、子どもが就寝した22時以降に対応している。

公立総合病院に勤務する看護師カップルであるKさんとサムボは、ひとり息子が1歳半となり、交代で取得した育児休業が明けて就学前学校に通い始める時期を迎えた時、働き方について話し合い、互いに勤務時間を変更することに決めた。出産前は二人とも病棟でシフト勤務であった。

> 就学前学校の送迎など、どうするかについて話し合いました。その時、僕が夜だけ働いた方がいいと思ったのです。そうすると息子は、就学前学校でそれほど長い時間を過ごさなくてもいいのではないかと。（中略）子どもが小さいと一緒にいる時間が必要ですが、夜働くことで、そういう時間がとれますから。

Kさんは21時から翌朝7時15分の深夜シフトに移行し、夜勤の場合のフルタイム週32・5時間を85%に短縮して週26時間働いている。勤務時間は短いが、諸手当が付くため、日勤のフルタイム勤務の給料とほぼ同水準となる。サムボは平日・日勤のみの外来診療科に転職した。平日の朝、サムボは7時に出勤し、Kさんが夜勤明けでない日は、9時に息子を就学前学校に送ってから、必要な家事を日中にこなし、15時に息子を迎えに行く。17時にサムボが帰宅し、18時に3人で夕食をとり、20時までには交代で息子を寝かしつけ、Kさんは20時に家を出て職場に向かう。夜勤明けの日は、朝6時45分にサムボと息子は家を出る。Kさんは帰宅して睡眠をとり、15時に息子を迎えに行く。

子どもの成育環境を第一に考え、仕事と子育ての時間パズルを組み合わせる方法として、夜勤という非典型時間帯就労を選択したKさんは、仕事自体には満足している。しかし週末やクリスマス等の祝日も勤務日となり、家族3人で過ごす時間が少ないことに加え、長期的に夜勤を続けることによる肉体的な負担も憂慮している。サムボは第2子を妊娠中で、その子が生まれ、就学前学校に通い始める頃、つまり数年後には、Kさんも平日・日勤の看護職に転職しようと考えている。

親たちは、公的保育をめぐる社会規範を踏まえ家庭保育とのバランスを考えて、働く時間を調整している。子どもに規則的で健全な生活時間を保証するためにも、親のワーク・ファミリー・バランスの実現は必要不可欠なのである。

スウェーデンでは、大人になって生活の目途が立つと親元を離れて自立するのが社会規範であるが、独立後の親子関係は総じて緊密である。子育てにおいても、表3に示したように、自分やパートナーの親を中心とする親族ネットワークからサポートを受けているケースが多い。離婚を経てひとり親となったJさんの2人の子どもは定期的に元夫の元で過ごしているが、それ以外の子どものサポートを元夫が行うこともある。スウェーデンでは、子どもの権利の視点から別居親に養育費の支払いを課し、親子の関係性の育みを支える仕組みを整えてきた。そのことは、ひいては、同居親が子育てをひとりで抱え込み、経済的貧困や時間的貧困に陥るのを抑止することにも繋がっているといえるのではないだろうか。

3　ワーク・ファミリー・バランスの実践と展望

ここまで述べてきたように、長い年月をかけて労働環境の整備に努めてきたスウェーデンでは、官民いずれにおいても、子育て中の就業者だけでなく、子どもがいない人たちにとってもワーク・ライフ／ファミリー・バランスが図れるよう、関連施策が講じられている。

妻と2人暮らしのEさんが勤務する官庁では、所定労働時間は40時間で、部門によりテレワークが認められている。気候変動に関わるプロジェクトの統括を行うEさんは、毎週木・金曜の16時間は在宅で、月・火・水曜は出勤してオフィスで1日6時間働く。職場はストックホルムから約90キロ離れた地方都市にあるため、往復2時間の通勤列車内でシステムにログインして業務にあたり、勤務時間に換算している。出勤義務のあるコアタイムは10時から15時で、7時から10時と15時から18時の時間帯は柔軟に出退勤できるフレックスタイムとなる。「自由度は高いけれど、責任をもって仕事をする必要があります。（時間などは）自分でコントロールできますが、結果を出すことが重要です」とEさんは語る。

次は、こうしたオフィスワーカーにとって、多様で柔軟な働き方が実践できる仕組みはどのようになっているのかを分析しよう。

職場環境の多様性と柔軟性

フレックスタイム制やテレワークといった制度は、労働協約で取り決めるため、業種・職種によって導入の有無やその度合いは異なる。労働協約は締結せずに企業独自の制度を導入している場合もある。スウェーデンの職場で一般的なフレックスタイム制の場合、例えば、朝7時から9時、16時から18時という枠が設定され、その時間内であれば柔軟に出勤・退勤が可能である。事業主側から従業員への勤務時間スケジュールの変更通知は、2週間前までに行うものとされている。フレックスタイム枠で働いた時間をためておくことができる「フレックスタイム・バンク」の対象期間が週単位か月単位かについても、当該制度の協定で規定される。フレックスタイム・バンクにためた時間は、あくまで時間単位で消化するものとなっている（Unionen.se）。

ヒアリングを行った企業3社のうち、労働協約を締結しているA社とC社でフレックスタイム制を導入していた。A社でのコアタイムは9時から15時であるが、従業員の多くは、8時から16時30分の時間帯に勤務している。両社はテレワークも認めており、例えばA社では、自動車通勤の場合、朝の交通渋滞を避けて10時頃に出勤する社員もいる。同社では2016年に従業員の固定席をなくし、個別にロッカーのみ提供し、働く時間と場所を自由に選べる「アクティビティ・ベースド・ワーキング（activity based working）」というオランダ発祥のワークスタイルを導入した。A社内では、集中して静かに仕事をしたいときは「仕事ゾーン」、少人数で作業ができる「小グループゾーン」、会議用の「ミーティングゾーン」と、それぞれ赤、黄、緑で色分けされ、多様な働き方の実現と仕事の生産性の向上が図られている。

C社では、シフト勤務制のある製造部門以外の勤務時間は、月曜から木曜は8時から17時、フレックスタイムは7時から9時と16時から18時で、金曜日のみ14時30分終業が認められている。フレックスタイム・バンクには100時間までためることができ、1～2日前に直属の上司に確認した上で、1時間単位で利用できる。

不動産業であるB社でもアクティビティ・ベースド・ワーキングを導入している。従業員は全員コンサルタントとしてクライアント対応業務を行っており、出退勤時間は個人レベルで決められるが、「オフィスで同僚と交流することによって、仕事の質が高まる」という考え方により、1日に1度は出勤するものとしている。その一方で、働き方は個人の裁量に任せ、「会社として、何時間オフィスにいるかではなく、結果を出すことが重要」であるとしている。

すべての働く人のための仕事と生活のバランス

スウェーデンにおいて職場レベルで導入されている働き方の柔軟性を高める取り組みの特徴は、子どもの有無にかかわらず、従業員すべてに向けられている点にある。夫と2人暮らしのFさんが勤務するゲームソフト開発会社もフレックスタイム制を導入しており、コアタイムは11時から15時である。財務の管理職であるFさんは裁量労働制で働いているが、実労働時間は週40時間で、自らの意思で仕事の持ち帰りは一切していない。通勤時間は公共交通機関で約20分、毎朝9時から9時半の間に出社して、通常18時頃まで仕事をし、遅くとも19時には退社する。同社は労働協約を締結しておらず、残業手当の代わりに有給休暇を規定より1週間多い6週間付与している。Fさんの夫はジャーナリストで大手新聞社の編集開発部門チーフとして、1日平均1時間程度残業し、週45時間働いている。夫妻の平日の夕食時間は大体20時で、子どもがいる家庭よりは相対的に遅い。有給休暇6週間のうち、4

週間は必ず夏に続けて取っている。私たちがインタビューした年は1週間自宅で過ごし、2週間は外国旅行に出かけ、最後の1週間はFさんの姉のいるスウェーデンの西海岸地方で過ごした。「フレックスタイム制があるので、とても柔軟です。私はまだ子どもはいませんが、子どもがいたら早く帰るでしょう」と語るFさんの職場は、近年ベビーブームであるという。子どもをつくることを考え始めたというFさんは、柔軟な働き方が可能であることを体感しているからこそ、家族が増えた後のワーク・ファミリー・バランスを展望できるのはないだろうか。

コミューンの環境エンジニアであるHさんは、大学院（修士）修了後、約5年間、民間派遣会社に登録し、あるコミューンでコンサルタントとして働き、その後、別のコミューンで正職員として1年ほど勤務した後、約1年半前に現在の職場に転職した。上下水道システムのインフラ整備に携わるフルタイムのエンジニアの求人であったが、労働時間を20％短縮して働きたいと自ら申し出て交渉し、週32時間勤務（80％）の正職員として採用された。職場ではフレックスタイム制が導入され、9時から15時がコアタイムで、在宅勤務も認められている。通常は朝8時に家を出て車で職場に向かい、8時半から17時半までオフィスで仕事をして、18時には帰宅する。

フレックスタイム制があり、実際かなり自由で、自分の仕事をきちんとしていれば、柔軟に働けます。会議がなければ、家で仕事ができます。今妊娠中なので、1日家で仕事をすることもあったり、例えばある週は半日家で仕事をすることもあったり、といろいろです。

自身の経験と実績でケイパビリティを発揮し、希望する働き方を実現させたHさんは、同性のパートナー（詳細は第5章参照）との間に子どもを授かるべく生殖補助医療を受け、現職に就いてから妊娠した。出産後は、勤務医であるパートナーと育児休業を調整し合い、二人でできるだけ長い期間、自宅で子どもを育てたいと考えている。Hさんの仕事は長期的なプランニングに関わるものなので、計画を立てておけば、長期休業することは難しくないと捉えている。

理想と現実のはざまで――子育て期の日常生活

スウェーデンの人々の多くは、自身の職場環境について子育てと仕事の両立がしやすいと評価している。日本の内閣府が２０１５年に行った「少子化社会に関する国際意識調査」で、「あなたの職場は、仕事と育児を両立しやすい職場ですか」という問いに、スウェーデンの就業者のうち「とてもそう思う」と回答した人の割合は60・４%で、「どちらかといえばそう思う」と答えた人と合わせると90・３%に達している。

スウェーデンで子育て期にある人々は、自身の働き方と生活時間について、実際のところどのように認識しているのであろうか。インタビュー対象者12人の契約労働時間は、週30時間から40時間で、実労働時間がそれより長い人はEさんとIさんの２人だった。２人とも男性で契約時間はEさんが40時間、Iさんが37・５時間で実労働時間はそれぞれ45時間（Eさん）と50時間（Iさん）である（表１）。

オフィスワーカー10人に焦点を当てると、理想と考える労働時間は、週20時間から40時間で、１人を除き、契約時間より短い時間を理想と捉えている。Aさんだけが、契約時間と実労働時間、さらに理想の労働時間のいずれも40時間で一致している。

コンサルタントで３児の父であるAさんは、週２日（16時間）は自宅で仕事をし、週２日の割合でクライアントとの会合のために国内各地に出向く。職場は自宅から車で10分ほどの距離にあるが、出社するのは週1日程度である。担当するプロジェクトにおいて、「自由に、それぞれが責任をもって」働く。現在の働き方に「とても満足しています」というAさんの日常生活を少し詳しく紹介してみよう。

管理職であるAさんの妻は、平日6時半に起床し、3人の子どもに身支度をさせ朝食の準備をする。Aさんも7時には起きて、家族で朝食をとり、7時30分に夫妻いずれかが了どもたちを基礎学校と就学前学校に送って行き、仕事場に向かう。朝夕の送迎は夫妻交代で行い、17時にどちらかが子どもたちを迎えに行き、もう一人は夕食の買い出しをして、18時から18時30分の間に家族全員で夕食をとり始める。上の子2人は週2日テニス教室に通っているが、それぞれ別の曜日になる場合があり、夕食時間が前後することも多い。テニス教室への送迎も夫妻交代で行う。Aさんが夕食の後片付けをしている間、妻が20時までに2歳児を、20時30分には7歳児と6歳児を寝かしつける。その後、夫妻でテレビを見るなどして過ごし、22時頃には就寝する。子どもたちが起きている間、広い敷地のAさん宅は賑やかである。柔軟な働き方を実践し、労働時間も週40時間となるよう自己コントロールできることから、「仕事と家庭生活のバランスは、うまく機能している」としながらも、子どもが小さいため、日常生活で自分のための自由な時間を確保することは難しいと感じている。

子どもが生まれる前は、夫婦であちこち遊びに行っていた。例えばセーリングやスキーに出かけたり、旅行に行ったりとかなりアクティブな生活をしていたのが、1人目の子が生まれた時点からそれが全然できなくなって、まず自分の時間がとれなくなった。自分の自由な時間がない状態というのは、まったく想像できませんでした。

それでもAさんは日々の生活において、30分程度ひとりでジョギングに出かける時間は捻出できる。そのほかに年2回、友人たちと週末のゴルフ旅行に出かけられるように計画を立てて調整している。

ワーク・ライフ／ファミリー・バランスは、仕事と子育ての両立のみにとどまらず、「健康で豊かな生活のための時間の確保」も目指しているが、子育て期は、「時間のパズル」を組み合わせる生活になることが多い。そして、そこには少なからず、ジェンダー間の差がみられる。女性の社会進出が進み、男性の育児・家事分担度が高いスウェーデンでも、ストレス度は相対的に女性のほうが高いといわれている（TCO 2020）[04]。

建築士で2児の母のBさんは、前職に就いていた2年半前に過労（バーンアウト）で倒れ、6週間病気休暇を取った。Bさん夫妻は第1子の育児休業から復帰後、勤務時間を10％ずつ減らし36時間として、家事も平等に分担していたが、Bさんのほうが体調を崩してしまった。「今、小さい子どもがいる若い女性で、過労で倒れてしまう人が多いんです」とBさんは語る。第2子の育児休業明けとほぼ同時に転職後も36時間勤務を続けていたが、インタビュー調査の前週から80％勤務（32時間）に移行した。日によって5時間から7時間の間で調整して働いている。仕事自体の責任は重く、32時間勤務に短縮することについて、Bさんの上司は当初あまり好ましく思わなかったようだが、最終的には理解を得られた。働くうえで重要なのは、時間の長さより「時間の質」であると、Bさんは捉えている。

（80％勤務は）家庭生活と仕事をやりくりするということが理由で、やはりもうちょっと子どもと過ごす時間をとりたいっていうことで。それに労働時間が長いと、子どもに関わるのは、例えば午前中は私、午後は夫、というふうになり、夫と２人で過ごす時間もなくなるので、そういったことも考えてです。それと、常にとても疲れているという状態にならないように、自分自身の時間として、トレーニングや運動する時間もとりたいという理由からです。

Ｂさんは健康のためにもボルダリングを趣味にしているが、自分だけの時間を確保することについては、「家族との時間が減ることになるので、罪悪感をもってしまうというか、とても難しいところです」と述べている。この言葉は、スウェーデンでかつて論じられていたこと――「仕事が理由で子どもに十分な時間をかけられない場合、罪悪感をもつのは母親のほうで父親は同じようには感じない」――が、根強く残ることをはからずも示している。

家族カウンセラーで２児の母のＤさんも、これまで２度ストレスから体調を崩してしまい、勤務時間を調整した経験がある。１度目はしばらく仕事を休み、20％勤務で復帰し、次は50％へと段階的に増やして、１年かけて１００％に戻した。２度目はインタビューの前年11月で、完全に休職はせず、２カ月の間、勤務時間を50％に減らして体調を整えてから、90％勤務（36時間）に移行した。それ以降、隔週水曜日を休みにしており、勤務時間を短縮することでストレスはかなり和らいだという。

まず90％勤務にしたことで、状況はずいぶん改善されたと思います。でも、もし可能なら80％勤務にしたい。そうすれば週１日、例えば毎週水曜日は休める。そうしないのは経済的な理由。お金に余裕があれば80％に減らしたい。

Dさんの家庭では、家事・育児全般は、研究職に就くサムボと均等に分担し、子どもの生育環境を2人で協力し合って整え、週末も長期休暇も家族一緒で円満に暮らしている。身近には何かあれば頼れる親族ネットワークもあり、職場であるコミューンの福祉部門では管理職は女性が多く、仕事と家庭との両立には理解が得やすく、一見、恵まれた環境にあるようにみえる。

1970〜2010年のスウェーデンの労働市場の特徴として、労働社会学者のルグランドとトリーンは、①社会階層の底上げと男女格差の縮小、②仕事の質が改善した一方で負担が増加、③教育過剰、④若年層の雇用減少、の4点を挙げている。②に関しては、女性のほうが精神面の要求性が高く自律度が制限される福祉サービスや教育分野の職業に就く傾向が高いために負担が増えているという（le-Grand & Tåhlin 2017）。Dさんもストレスの主な原因は、福祉行政の現場での業務量が多すぎることにあると指摘する。個人差はあるにしても、今日のスウェーデンで女性のほうが男性よりストレスからバーンアウトに陥る傾向がみられることについて、Dさんは次のように分析する。

職場で何か組織的な問題が起きているとすると、自分の責任範囲ははっきりしているので、男性の同僚の場合、「あ、それは仕方ないね。でもこれは自分ができるよ」と、自分が責任をもてる範囲の中で何かしようとする。でも女性は全体像をみて、あれもこれも、「何とかできるんじゃないか」と、とにかくすごく時間をかけて、やろうとしてしまう。それは職場でもそうだし、家庭においてもそうです。いろいろなところに責任を感じて、それをすべてうまくきちんとこなそうとしてしまうので、今、多くの女性が、バーンアウトになってしまうのではないかと思います。

Dさん自身、自分だけの時間を定期的には確保していないが、必要なことがあれば、サムボと話し合って調整し、柔軟に対応するように心がけている。今は何より子どもと一緒に過ごしたいと考えており、「本当に自分だけの時間をとりたいというふうにはあまり思いません」と語る。

スウェーデンにおいて、社会構造は変化し、制度上のジェンダー平等は進んできたが、実際の現場で男女それぞれがどのように仕事に対応しているかを探っていくと、女性のほうが多くを担わざるを得ない構造的な問題がみえてくる。「旧来のものが残っているところもある」とDさんが指摘するように、問題の根は想像以上に深いのかもしれない。

働き方の展望——ライフプランとのバランス

本書序章で述べたように、スウェーデンや他のEU諸国では、いわゆるジョブ型（ポスト型）雇用が主流で、職務によって人材が雇用され、それぞれの職務と責任が明確化されている。労働市場では即戦力が求められ、高校や大学を出たばかりで就業経験の浅い若年者の多くは、派遣社員や契約社員といった非正規雇用を経て経験を積んだ後に正規雇用の職に就く。キャリアアップを目指すのであれば転職する。インタビュー対象者12人全員が1回以上の転職を経て、現職に至っている。

複線的なキャリアパスがあり、学び直しややり直しができるスウェーデンでは、ライフイベントやライフコースに合わせて自分の時間配分の重点を変えるという「人生時間設計」が可能である。個人が自分の責任のもとに成果を挙げることが要請される職務では、働き方をめぐる柔軟性も自律度も高く、働く時間をコントロールする（3章で論じる「時間主催」の概念に近い）ケイパビリティを行使することも可能となる。

先述した日本の内閣府の「少子化社会に関する国際意識調査」２０２０年調査における「今後1年間に失職したり、仕事がみつからなかったりする心配はどの程度あると思いますか」という問いに対し、「全くない」と答えた人の割合が対象国中最も高いのはスウェーデンで52・1%を占め、「あまりない」と回答した人を加えると79・9%に達している。日本で「全くない」と回答した人は22・4%（「あまりない」を加えると56・5%）、ドイツ34・5%（同67・7%）、フランス21・0%（46・0%）である（内閣府 子ども・子育て本部 2021）。同調査がコロナ禍において行われたことを考えると、この結果は興味深い。社会への信頼感と職業経験が将来的にも活かせるという自負が、スウェーデンの人々の安心感の高さの背景にあるのではないだろうか。

柔軟で自由度の高い働き方が可能となっていることには、個人が自律して責任をもち、求められる成果を効率的に出すという前提条件があるといえる。今後、社会全体で働き方がより多様化して柔軟性が高まり、労働時間をコントロールできる幅が広がっていくとしたら、人々の働き方はどのように変わっていくであろうか。

インタビュー対象者のなかには、理想とする労働時間の長さを考える際にその基準として「集中できる時間」を挙げている人が複数いる。契約労働時間と実労働時間がいずれも週40時間であるFさん（女性・財務管理職）が理想として挙げた労働時間は週32時間である。

もっと効率的に仕事ができるのではないでしょうか。例えば今1日の労働時間8時間のうち、仕事にフォーカスして働けるのは7時間ぐらい。それぐらいなら集中できるけど、その時間を超えるとそこまでは集中できないので、同僚と雑談したりしてしまう。集中して本当に効率的に働ける時間となると、週32時間です。

週2日テレワークをしているEさん（男性・官庁職員）が理想とする労働時間はさらに短く週20時間である。

例えば1日8時間労働とすると、ほんとうに効率的に仕事ができるのは4時間。それ以外の4時間というのは、人と話をしたり、会議に出たりといった社会交流（ソーシャル・インターアクション）の時間で、中断（インターラプト）される時間でもあります。

ホワイトカラーとして専門職に就くEさんとFさんが展望する働き方は、ディーセントワーク（働きがいのある人間らしい仕事）の概念に基づき所定労働時間の枠内で仕事を調整するスウェーデンのマネジメントのあり方が土台となっていることに留意する必要がある。プライベートと家庭生活の時間を確保し、仕事の効率性も高める働き方を実践するためには、仕事と生活の境界決定の自律性（森田2013）とともに、仕事が生活時間を侵食しないよう、個人個人のケイパビリティが求められるだろう。

4　スウェーデン社会の課題

本章では、家庭生活を重視する働き方が可能なスウェーデン社会の仕組みと、子育て世代の男女の生活実態について分析してきた。同国でワーク・ファミリー・バランスが向上してきた基盤になっているのは、①男女とも仕事と家庭を両立させることができる労働環境が整備されている、②子どもの権利の視点から公的保育が整備され、子どもの成育環境を整えることが社会全体で重視されている、③多様で柔軟な生き方・働き方が選択できる、ことにあると思われる。①と③については、子どもの有無にかかわらずすべての労働者に提供されているので、あらかじめワーク・ファミリー・バランスが実現可能な制度が設計されていることが強みになっていると考えられる。子育て世代の男女は、労働者として保障されている権利を理解し、それを行使して生き方・働き方を選択していることが、本章の分析からも明らかになったといえよう。

その一方で、子育て世代の人々の日常生活に迫るなかで、相互に関連し合ういくつかの課題がみえてきた。世界で最もジェンダー平等度が高い国の一つでありながら、本章で明らかとなった同国の課題を考えると、ジェンダー平等がいまだ達成されていないことに関わるものであるといえる。

第一に、子育て期の女性の間でストレス度が高い傾向がみられる点である。スウェーデンの女性は男性とほぼ同等に社会参画しているが、企業組織におけるガラスの天井はまだ消滅していない。家庭生活には男性も参画しているとはいえ、家事・育児に費やす時間は女性のほうが長く、いわゆる配慮労働・情緒労働の多くを女性が担っている。家事・育児全般について、男性には選択の余地があり、「楽しい」あるいは「得意」と思うことを優先的に行っているとの指摘もなされている。女性には選択の余地はなく、仕事と家事・育児の「ダブルシフト」をこなさなければならない。バーンアウトで体調を崩したBさんとDさんの経験は、子育て期の女性に特有の問題だといえる。職業人・母・妻（パートナー）という役割すべてにおいて、相対的に高い目標を自ら設定しているようにもみえる。母親であるBさんが自分の時間を確保することに抱いた罪悪感を男性も同様に抱くであろうか。キャリア形成において、フルタイム労働規範が強いことも少なからず影響を及ぼしているのではないかとも思われる。「仕事と家庭の両立」という視座からみると、スウェーデンの達成度は他の多くの国々よりもきわめて高いが、ワーク・ファミリー・バランスについての課題は残されている。

第二に、育児休業取得と子育て期の労働時間短縮制度利用の男女間での不均等の問題がある。いずれも女性の利活用率が高く、そのため女性に所得損失が生じる。それが大きくなると生涯賃金の男女格差を生むという問題を孕んでいる。労働協約によって育児休業中の所得補塡を充実させている職場も多く、また職場復帰後にも不利益が生じないように配慮されている点で、同国の両立支援制度の充実度は高い。しかし、育児休業制度や労働時間短縮制度の利用による所得の損失を最小限に抑えるために、カップルで所得が低いほうの者がこれらの制度を利用する傾向がある。男性より女性の所得が相対的に低いため、両立支援制度の平等な利活用にはなかなか至らない。子育て期の所得格差がさらなる所得格差へと繋がってしまうのである。性別にかかわらず家庭生活を重視する働き方を選びつつ、希望するキャリアを維持・形成でき、生涯賃金格差も是正する仕組みづくりが求められるのではないだろうか。多くの国々よりも先を行くスウェーデンが抱えるこれら２つの課題には、ジェンダー平等規範を強く打ち出しているにもかかわらずジェンダー役割規範が内面化してしまうという問題が通底している。今後スウェーデンがこの問題にどのように対処していくかについても注視していく必要があるだろう。

注

01 2019年の平均賃金（月額）は男性で3万7200クローナ、女性は3万3500クローナであった（Medlingsinstitutet 2020）。

02 全国労働組合連合（LO: Landsorganisationen）とスウェーデン経営者連盟（SAF: Svenska arbetsgivareföreningen）との間で、1938年12月20日に締結された条約。解雇に関連する退職条件等の労働問題に関し、基本的に法律によらず、労使が交渉や協議を通じて解決するという労使自治の原則が構築された（Svenskt Näringsliv 2018, cf. 西村 2014）。

03 休日や夜間・深夜の時間帯に働く親をもつ子どもを対象とする「非典型時間帯保育（Barnomsorg på OB-tid）」も政府の補助金を受け、コミューン単位で整備されている。学校監査局が2016年に全国290のコミューンを対象に実施したウェブ調査によると、回答のあった277コミューンのうち、190コミューンが1歳から5歳児を対象とした非典型時間帯保育を提供していた（高橋 2019）。

04 日本の内閣府が行った「少子化社会に関する国際意識調査」2020年データをみると、12歳以下の同居子がいる就労者に焦点を当てた場合、スウェーデンにおけるワーク・ファミリー・コンフリクト（仕事と家庭の両立葛藤）には、男女差はほとんどみられない。「疲れ切ってしまって、しなければならない家事や育児ができなくなっていると感じる」かという問いに対し「そう思う」と答えた女性は8・0%、男性は6・7%で、「どちらかというとそう思う」と回答したのは女性は35・8%、男性は38・0%である。「仕事に充てる時間が長すぎるために家事や育児を果たすことが難しくなっていると感じる」に「そう思う」と答えたのは女性の9・0%、男性の6・8%、「どちらかというとそう思う」は女性の30・8%、男性の33・5%である。いずれの問いに対しても、「そう思う」と答えた者の割合が、対象国4カ国中、最も高い日本とそれに次ぐドイツでは、男女差はスウェーデンより大きい（高橋 2021）。

スウェーデンでは、家事代行サービス利用への税控除制度が2007年に導入されたが、利用者は高所得者層に限られ、「ポリティカル・コレクトネス」の見地から、平等意識の高い人々には受け入れ難い面があるともいわれている。私たちのインタビュー対象者のうち、掃除代行などの家事代行サービスを利用していたのは2ケースのみである（表4参照）。

コラム

スウェーデン人の働き方から学ぶ上司の姿勢とオンオフの使い分け

大手電子部品メーカー勤務20年の藤原さん（仮名・45歳）は、2年の研究職を経て営業部門に移り、5年前にスウェーデンに赴任した。部長として営業企画と顧客対応を担う。藤原さんの上司はドイツ人で、ドイツにある同社の欧州本社に所属している。スウェーデン支社の社員30人の大半はスウェーデン人で日本人は藤原さんただ一人。東京本社でも営業と海外サポート業務に従事していたので、両国での業務内容に大差はない。

スウェーデンでは、裁量労働制で週約45時間働く。妻と2人の子ども（13歳と11歳）とともに市街地の集合住宅に暮らし、オフィスまで車で20分で通勤する。朝7時40分に家を出て8時頃出社し、19時頃退社する。毎晩19時半に家族全員で夕食をとり、妻と1時間ほどお酒を飲みくつろぐ。「子どもと一緒に食べて、今日どうだったんだよ、とかって話をして」、テレビを見たり本を読んだりして23時頃には就寝する。

日本では、朝7時に家を出て1時間15分ほどかけて8時過ぎに出社し、21時半頃に退社していた。「平日は、子どもが起きる前に家を出て、寝てから帰ってきて、という日々でした」という藤原さん。土日は子どもと過ごしていたが、家で資料作成等を行うこともあった。

日本の組織では、自分の上に多くの階層が存在し、さまざまな部署から「あれの資料作ってくれ」と突発的に言われるのが日常茶飯事で、「時間を取られることが結構あった」。だから仕事量が多かったのではないかと今になって思う。しかも「明日までに」という急な要求に対して「ノー」とは言えなかった。

藤原さんは、両国の決定的な違いを上司との向き合い方に見る。日本では上司は「報告」する対象で「議論」の相手ではなかった。スウェーデンでは、上下関係や年齢差に関係なく議論する。上司は、部下が自分の仕事に対して誇りをもっていることを理解し、意見が違えば反論するが、「お前、おれの言うことがわからんのか、という態度は絶対取らない」。

フレックスタイム制で働く現地社員の多くは、朝8時台に出社し、17時半には退社する。彼らの「集中するときのパワーのかけ方というのはすごいと思うし、日本でもそういう人はいるけれど、一緒に仕事をしてきた人間と比べると、オンオフの使い方というのはやはりうまいな、という気がしますね」。

スウェーデンでは共働きが主流なので、子どもが病気の場合、男性でも「今日は家で仕事します、ということが本当にものすごく多い」。オフィスマネージャーのスウェーデン人男性も子どもや家庭の事情による早退や在宅ワークをすることが多く、部下の働き方にも配慮している。「部下の裁量に任せ信頼している。仮にオフィスに来なくても、皆自分で仕事をしている、と。実際きちんと仕事をするし、そういうところの信頼関係からだと思うんです」。

スウェーデン暮らしを通して、藤原さんの人生観は変わった。「スウェーデン人を見ているから理想が上がった。日本ではワーク・ライフ・バランスの理想など想像もしていなかった。こういうことで成り立っている国が先進国の中にあって、心が豊かな生活をしているところがあって、と考えると、日本に戻って、正直、昔みたいな仕事はしたくないって思う」。日本に帰ったら「オンとオフの使い

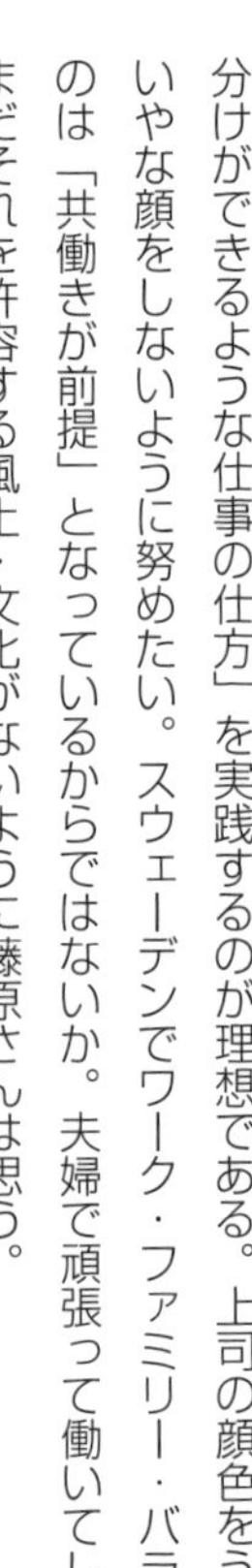

分けができるような仕事の仕方」を実践するのが理想である。上司の顔色をうかがい、部下に対していやな顔をしないように努めたい。スウェーデンでワーク・ファミリー・バランスが成り立っているのは「共働きが前提」となっているからではないか。夫婦で頑張って働いてしっかり休む。日本ではまだそれを許容する風土・文化がないように藤原さんは思う。

仕事の時間の使い方と働く父親像に見る日本との違い

大手製造メーカーで商品企画課長（技術職）を務める村田さん（仮名・51歳）は、妻と子ども（赴任時10歳）を伴いスウェーデンに赴き、3年間の駐在員生活を経て1年3カ月前に帰国した。会社がスウェーデンの多国籍企業の傘下に入った経緯もあり、組織風土は変化しつつあるが、本国の労働環境と比べると差は大きい。

スウェーデンでは、朝8時に家を出て、帰宅は18時から19時で、週40時間労働が実現できていた。現在、家を出る時間は朝8時だが、スウェーデン勤務時より片道の通勤時間は15分増えて45分、労働時間は1日2時間増え、帰宅は21時である。スウェーデン赴任前は、今より毎日1時間以上長く働き、帰宅は22時から23時半だった。日本での勤務地と住まいは変わっていない。

いずれの職場でも同じ仕事に携わってきた村田さんは、両国の違いは時間の使い方にあると捉えている。スウェーデン人の上司と同僚に囲まれて働く中で、彼らは「この時間で仕事を終わらせようと思ったら、余計なところに手を広げず、きちんと絞って、期限までにできる形を定義してアウトプットを出す」ことに気づいた。長時間働けばよいという文化ではなく、むしろそれは仕事ができないという評価に繋がりかねない。責任の所在が明確で、「就いたポジションで仕事のすべての権限がついてくる」。

日本では、仕事が手いっぱいになっている人がいれば、できない分を引き受けてあげ、お互いカバーし合うのが仕事の礼儀のようになっている、という村田さんは、明確な区切りがない働き方を「アメーバ式」と表現する。「スウェーデンでは、できないものはできない。日本では、ちゃんとやりましたと出したいから、余計なところに手を広げて時間ばかりかかっている。選択の仕方、集中

ストックホルムの日常風景（筆者撮影）

の仕方が違う。悪い言い方をすると、割り切り方が違う」。

妻は英語が苦手なため、現地では勤務日でも村田さんが子どもの学校や病院関係の対応をしていた。会社を早退する理由を告げると、家族のことが一番大事と考えるスウェーデン人の同僚からは「おお、行け行け、それが大事だ。そこに行かずして、どこに行くんだ」と背中を押された。

スウェーデンで印象的だったことは数多い。ベビーカーを押した父親が集まる公園の風景、申請しておくと子連れ出勤が認められるため、同僚男性が子どもの面倒を見ながら仕事をしていた職場、会議のチェアマンが自宅からオンラインで会議を仕切る背景で子どもの声が聞こえても、皆の対応がごく自然だったこと。上司が替わるたびに自宅に招かれた経験も印象深い。夫婦一緒の集まりでない限り、同僚でチームを組み皆で料理を作るルールで、上司たち（男性）の妻はほぼ不在だった。彼らが妻に気を遣わせないように配慮していることに対して「ある意味、奥さんを大事にしているなって、すごく感じたんですよ」。

仕事観については、「全部変わりましたよね。もう少しわがままになってもいいんじゃないのって思いましたよね」。家族観については自分だけでなく夫婦の間で変化があったという。「あそこで違う生活をしたということで、お互い家族に対する考え方が変わっていますよ、間違いなく。ちゃんと生活とか子どもをどうするかと、真面目に話をするようになった」。帰国後は家庭生活優先の働き方を意識し、会議時間を短縮しようとしたりと気を配っている。それでもスウェーデン時代のライフスタイルは維持できておらず、「不思議なくらい、普通に戻ってしまっている」という。グローバル化が進む中、スウェーデンで身に付いた「仕事に使う時間の考え方」を実践できる日を待ち望んでいる。

第3章　労働未来論から稼得・ケア共同モデルへ　ドイツ

斧出　節子

ドイツは世界的に見て労働時間が短い国として知られている。ドイツの年間労働時間は１３８６時間と日本の１７２６時間に比べて３４０時間も短い（OECD 2021a）[01]。しかもドイツは労働時間に対する労働生産性が非常に高いことで知られている。

また、序章でも述べた米国企業Ｋｉｓｉが、２０２０年に世界主要40都市におけるワーク・ライフ・バランス推進状況を、４分野（労働状況、社会と制度、都市の居住性、新型コロナウイルス感染症）と19項目から評価したランク付けによると、４位ハンブルク、５位ベルリン、６位ミュンヘンとドイツの３都市が上位にランキングされており、ワーク・ライフ・バランスの良好な地域が多く存在することがわかる（Kisi 2021）。

他方、ドイツは世界的に見ても少子化傾向が著しい国とされてきた。１９７０年代頃から急激な少子化が生じ、１９９０年代後半以降は日本やイタリアと並んで低出生率を保持してきた。これら３つの国に共通する特徴として、家族を福祉資源として用いてきたことがあげられる。ドイツ、イタリアはエスピン－アンデルセンの福祉国家の類型化によると「コーポラティズム」に属し、男性稼ぎ主モデルといった性別分業を基盤として、福祉の担い手としての家族の役割が強いタイプとされてきた（Espin-Andersen 1990=2001）。しかし、２０１０年代に入り変化がみられるようになった。移民を多く受け入れていることからその影響も示唆されているが、合計特殊出生率は２０１５年には１・50、２０１６年には１・59まで回復した。

このように、労働時間の短さとともに、著しい少子化傾向から脱しつつあるドイツの背景には、雇用のあり方や２０００年以降のワーク・ファミリー・バランスに関する政策、つまり仕事と家庭の両立支援を中心とする包括的な子育て支援策への転換が考えられる。そこで本章では、雇用政策やワーク・ライフ・バランス政策の流れをふまえながら、子育て世代（20歳代後半～50歳代）にある働く男女11人を対象としてドイツで実施したインタビュー調査（ベルリン）と、民間企業３社へのヒアリング（ベルリン・ミュンヘン）から、同国の人々が働くことと家庭生活をどのように調整しているのか、またその実態をふまえて、どのような課題があるのかについて明らかにしたい[02]。

1　生活保障をめざした雇用政策と「柔軟な働き方」

ワーク・ライフ・バランスを実践するための必要最低条件は、まずは安定した雇用である。戦後の西ドイツは完全雇用に近い労働市場であったが、１９９０年の統一後のドイツは旧東ドイツの影響のもと失業率が増し、安定的であった制度が２０００年代前半にかけてゆらいできた。このため労働の規制緩和が進み不安定な就労層が増加してきた[03]。派遣労働、有期雇用、ミニジョブ[04]などの非正規雇用が増大したが、同時に市場と生活保障のバランスをとるために、失業問題の緩和・縮小に労働政策の重点が置かれた。そこで「ハルツⅣ法」と称する改革の中で、失業手当と生活保護を統合し、職探しをするという条件をもとに、社会的・文化的な生活の基礎保障が提供された。その一方で、「労働未来論」により、雇用労働のあり方をケア労働などのほかの労働との関係で位置づけなおす議論もなされてきた（田中 2015）。

１９９０年代後半から２０００年代にかけて盛んに議論されるようになった労働未来論では、育児やケア労働、地域でのボランティア活動などさまざまな労働が稼得のための雇用労働と同等に位置づけられた。「これまで収入労働と家事や育児を分離し、社会的位置づけに差（男女差を含む）を設けてきたことを反省し、それらを同格に置いた上で、必要に応じて様々な労働の間を相互移動できるようにし、一人一人の労働と時間を可変的に人生の中で分配できるようにしようという議論が行われた」（田中 2009: 39）。この労働未来論はその後の雇用政策やワーク・ファミリー・バランス政策への布石となっている。

このように労働の規制緩和とともに生活の不安定化に対する対策として、生活保障を整備する方向性をもって雇用政策が進められてきたことと、すべての男女が稼得のための就労と家事や育児などのケア労働を両立することを可能にする社会の構築に向け、「柔軟な働き方」の実現を目指してきたことが、ドイツにおけるワーク・ライフ・バランス実現に向けた柱となっているといってよい。それでは、どのような施策が行われ、人々の生活状況はどのように変化してきたのかをみてみよう。

失業対策にみる生活保障

２０００年代前半に失業者が増加してきたことに対する対策として、ゲアハルト・シュレーダー政権の諮問機関であるハルツ委員会が雇用対策の改善策を法制化したのが、ハルツ改革である。２００２〜０３年に成立・施行されたハルツⅠ・Ⅱ法による労働規制緩和の結果、非正規雇用が拡大し、社会的格差を招くこととなった。そこでハルツⅣ法により対策がなされ、結果として失業問題は解消の方向に進んだ。この法律のもとでは、働くことはできるが仕事がない人や、低収入で生活に困窮している人に対して、職業相談、職業紹介だけではなく、家庭・債務・住宅・心理面・医学面など各種カウンセリングをワンストップでサービスが受けられるようになった（田中 2020c、橋本 2014 など）。つまり、非典型雇用形態も認められたが、労働にさまざまな選択肢が設けられ、失業者を出さないように労使が協調・協力の体制をとり、失業者に対しては以前よりも広い範囲で幅広く生活を保障する制度がつくられた。

ベルリンでのインタビューにおいて、ハルツⅣ法の恩恵を受けたFさんという女性がいた。現在ひとり親の母Fさんには8歳のふたごの子どもがいる。仕事で日本に移り住み、妊娠時も日本で働いていたが、退職しアジア人の夫（現在は離婚）と２０１１年にドイツに戻り、その後出産した。当時夫は失業状態で、彼が職を得るまでの6カ月間、生活保護を受けていた。

ドイツで働いた経験がなく、何もしてないということで、ハルツⅣという、いわゆる生活保護をもらっていました。

私も彼も失業者でした。でも住宅を探して、それにかかる費用は国から出ました。ドイツはすごく充実していると思います。ですから心配することもなく、十分にそういうサポート、金銭的なサポートは、国の制度でもらいました。ぜいたくなものではないですが、基本的な住居とそれから食べ物もちゃんと普通に、買い物もできるような、生活ができるように支えてくれました。

Fさんは夫とともに日本からドイツに帰国し、夫が仕事に就くまでの6カ月間は普通に生活ができたと驚きをもって語ってくれた。外国人である夫に対しても仕事に就くまでの間、手厚くサポートが提供されたおかげで、失業状態を乗り越え、生活を安定させるための雇用を得ることができた。

雇用制度にみる柔軟な働き方――労働時間口座、パートタイム雇用、テレワーク、有給休暇

２０００年代初頭に労働規制緩和政策をとった結果不安定な雇用が増加したため、前述のように失業者を抑制する政策がなされてきた。もともとドイツは２０００年以前から柔軟な働き方のシステムを構築してきた歴史があるが、その柔軟性はますます高められている。それらはどのようなものなのか具体的にみてみよう。

労働時間口座は、残業や休日出勤などの所定外の労働をした場合にその時間を貯めておき、それを休暇に用いたり、早退などに使ったりすることができるシステムである。これは１９８０年代後半に導入され、現在まで広く普及している。貯まっていない場合でも、前借りしてあとで埋め合わせができるという仕組みで、リーマン・ショック時には労働時間削減の手段としても用いられ、失業を避けることができたといわれている（田中 2015、橋本 2014）。ドイツ労働市場・職業研究所（ＩＡＢ）の統計によれば、２０１１年の時点でこの制度を使うことができる労働者は54%、導入企業は34%となっており、すでに半数以上の労働者が制度を利用できる状態だった（Ellguth, Gerner und Zapf 2013）。長期的にこの制度を用いることで育児休暇を延長したり、サバティカル[05]、早期退職など、さまざまな理由で活用できる（Bundesministerium für Arbeit und Soziales 2021）。

パートタイム雇用は、日本では非正規雇用を意味するが、ドイツの場合はパートタイムも基本的に正規雇用で、勤務時間が短いだけの雇用形態というところに特徴がある。昇進や昇給、福利厚生などもフルタイム正社員と同等に扱われる。２００１年のパートタイム法によって、従業員がパートタイムを希望した場合、経営者は断ることができなくなり、誰でも希望すればパートタイム勤務に変更する権利が与えられるようになった。また、２０１９年には、一定期間パートに移行していた場合、元の労働時間に復帰する権利も与えられるようになり、パートタイム雇用にさらに融通が利くしくみとなった（労働政策研究・研修機構 2019a、田中 2020a）。

また、管理職の働き方改革としてタンデム方式を新たに採用する企業が増えてきている。責任が重く仕事量が多い管理職ポストを二人のパート勤務でジョブシェアリングするタンデムという方式が一部の企業で実践されている。個人のライフスタイルに合わせた働き方の選択を可能にする対象は、管理職にまで広げられようとしている（田中 2020a）。

在宅勤務（テレワーク）についてはこれを規定する法律はない。ドイツ労働省の調査ではコロナ感染状況にある２０２０年7月から8月に労働者の36%が在宅で勤務したことがわかった。1年前の24%から大きく上昇しており、87%が「とても満足」「満足」と答えたという。しかし在宅勤務率が高いホワイトカラーとそれが困難なブルーカラーの格差の拡大を、どのように解消するかが課題となっている。コロナ禍にある2020年10月には、労働大臣がすべての労働者に対して24日間の在宅勤務権を認めるための法整備を提案し、議論となっているところである（日本経済新聞電子版 2020）。

有給休暇については、連邦休暇法により原則として、月24労働日（土曜を含む）で年に一度は12日間連日取得できると定められており（JILPT 2019b）、企業により日数が多いところも多い。日本とは違い、有給休暇はすべての日数分休むのが当たり前となっている上に、法律で決められているように2週間連続で取得する権利があり、多くの人は最低年に一度は長期の休暇を取得している。

以上のような雇用制度を用いながら、実際にはどのような働き方をしているのかについて、ベルリンで行った11人のインタビューからみていこう。インタビュー対象者とそのパートナーの属性と就労状況をあらわしたものが表1である。

残業時間は労働時間口座へ

まず労働時間であるが、11人の対象者とそのパートナーを含め計19人のうち契約労働時間は週20時間から40時間となっていた。契約時間よりも実労働時間が多い人が約半数の10人にみられた。残業時間は多い人で週15時間、少ない人で週0・5時間となっていた。労働時間が他国と比べて短いとはいえ、やはり残業はある。

最も実労働時間が長かったのは警察事務職員のGさん（40歳男性）である。契約時間は雇用側と労働組合が取り決めた39時間24分となっている。所持している資格などを勘案するとこのような複雑な数値になったという。実労働時間は週55時間なのでおよそ15時間半と長い残業時間である。賃金に換えることもあるが、たいていは残業の分は休暇に換えている。

表１　インタビュー対象者およびパートナーの属性、就労状況、子ども人数・年齢（2019年調査実施）

ケース	性別	年齢	学歴	就労状況（週）							子ども数
				雇用形態	職種	契約時間／週	契約日数／週	実労働時間／週	理想労働時間／週	有給休暇／年	
Ａさん	男性	54	大学院	公務員正規	精神科医	38時間	不定	40時間（当直を加味）	30時間	34日	３人（娘18歳、息子５歳、息子３歳）
パートナー	女性	39	大学院	福祉団体正規	ソーシャルワーカー	38時間	４日	40時間			
Ｂさん	女性	39	大学	民間正規	プロジェクトマネージャー	20時間	４日	20時間	20時間	30日	３人（息子16歳、息子12歳、息子９歳）
パートナー	男性	40	大学	公務員正規	チーム責任者 副職（音楽家）	40時間	４日	45時間			
Ｃさん	男性	32	実科学校	民間正規	スーパー食品課	34時間	５日	34時間	30時間	30日	１人（息子４歳）
パートナー	女性	28	実科学校	民間正規	ドラッグストア店員	30時間		30時間			
Ｄさん	女性	27	実科学校	民間正規	建設現場作業員	40時間	５日	40時間	35時間	36日	１人（息子２歳）
パートナー	男性	28	実科学校	民間正規	自動車整備	40時間	５日	45時間			
Ｅさん（子なしカップル）	男性	35	大学	民間正規	薬剤師（研究者）	37.5時間	？	48時間	30時間	30日	なし
パートナー	女性	35	大学	民間正規	医師		？	50時間			
Ｆさん（子なしカップル女性）	女性	34	大学院	公務員正規	研究者	39時間	５日	42時間	39時間	30日	なし
パートナー	男性	41	大学院	公務員正規	研究者	39時間	？	45時間	39時間		
Ｇさん（同性カップル）	男性	40	大学	正規	警察事務職	39時間24分	５日	55時間	30時間	30日	なし
パートナー	男性	38	高校	民間非正規	フィットネストレーナー	20時間	？	20時間		20日	
Ｈさん（同性カップル）	女性	37	大学	公務員正規	経営管理職	39.5時間	５日	45時間		30日	なし
パートナー	女性	44	大学	自営	カメラマン	なし	？	30時間			
Ｉさん（ひとり親）	男性	38	大学	正規雇用	小学校教師	授業28時間（契約労働時間ではない）	５日	45時間		30日	１人（娘５歳）
Ｊさん（ひとり親）	女性	42	大学	民間正規	社長アシスタント	40時間	５日	40時間	30時間	25日	２人（男女ふたご９歳）
Ｋさん（ひとり親）	女性	28	実科学校	非正規雇用者	コーチング	28時間	不定	38時間	15時間	20日	１人（息子１歳８カ月）

また、1歳の子どもをもつひとり親の母Kさん（28歳）も実労働時間が長い。コーチング関係の資格を多く取得し、エージェンシーから委託されたプロジェクトを現在は一人で受け持っている。今回の対象者でただ一人、非正規雇用であった。契約時間は子どもの世話のために週28時間と短くしているが、それを10時間超えており、これまでに200時間も契約外の労働時間を貯めている。

そのうち半分はお金で換金してもらい、あとの半分は休暇ということで解決しました。だから、1カ月分のお給料をもらって、あとの3週間は、自由にまだ取ってませんけれども、休日でもらうということで（中略）とてもフレキシブルなかたちで私が思うようにちゃんと雇ってくれます。

これまでにも1カ月有給休暇をとり、子どもと会社の保養施設で過ごした。子どもとの生活を最優先に位置づけ、仕事時間をうまくアレンジしている。

インタビューの対象者たちは、契約時間以上勤務した場合に休暇などに振り替えることについては当たり前のこととして語っており、最終的には契約時間を上回ることはほとんどなかった。また、振替の休暇を有給休暇と合わせて用いることも珍しくない。有給休暇については週に何日働くかという労働日数をもとに最低の日数が決められており、勤務日数が少ないからといって有給休暇が少なくなることはない。対象者のほとんどは年間30日程度の有給休暇をすべて消化していた。そして、法律で定められた、年に一度は2週間連続の休暇をとる権利を、例外なく行使していた。

医師でクリニックの院長（公務員）をしている父Aさん（54歳、子ども3人）も17歳の長女が学校を卒業し、長男が小学校に入学した節目の年だったので、夏に4週間の休暇をとったという。いずれの職場でも有給休暇を取得する日程は、おおよそ1年から半年前くらいに雇用者との間で話し合われ、子どもがいる家族の希望が優先されるというのが一般的である。

家族の事情で選べるフルタイムとパートタイム

次にパートタイム雇用で働く人をみてみよう。正規雇用であるが、パートタイムで働いているのが3人の子どもを持つ母Bさん（39歳）である。現在団体のプロジェクトマネージャーとして働いている。Bさんはこれまで期限付きでおおよそ1〜2年のプロジェクトに加わり働いてきた。末子が2歳の時に働き始め、週25時間まで増やしていった。8カ月前から就いている現在の仕事は週30時間から始めたが、9歳の息子が学童保育に行きたがらないため週4日20時間に減らしながら仕事と子育てのバランスをとっている。月曜から木曜まで出勤しているが、必要であればもう1日出勤したり、テレワークをすることもあり、フレキシブルに働いている。

今のところ20時間というのがすごくあってると思うんですが、私が年金をもらうことを考えたら、それがいいかどうかわかりません。でも今、家庭の状況から見たら、この20時間はあっていると思います。

将来の年金の額も心配であるが、子どもとの関係をうまく保つためには現状の労働時間が適当であると考えている。趣味のコーラスやスポーツもし、また家庭農園で様々な作物も作り、ゆったりと暮らしている。就労モデルとしては、従来の女性労働と同じく家計補助的な働き方ではあるが、短時間ながらある程度の収入を得、夫妻とも趣味の時間や家庭生活の質を確保し、今後キャリアを積み上げていくことも視野に入れている。

また、ひとり親で公立の小学校教員としてドイツ語と英語の授業を担当している父Iさん（38歳）も、正規雇用であるが短時間勤務にしている。Iさんは週28時間の授業を担当する契約であったが、5歳の娘を保育所に送るために90％勤務にしたので25時間授業となり、7時45分出勤から8時45分出勤に変更している。娘は8時半から15時まで保育所で過ごしている。Iさんは大学卒業後はIT関連会社に勤め、その後独立しフリーになったが、不規則な仕事だったので、娘が生まれたのを機に子育てのために規則正しい現在の職業に転職した。

以前は規則的な仕事ではなく不規則でした。だから計画を立てることもなかなかできない。例えば、週に80時間とか2倍くらい多く働いたこともあったし、ひと月ほとんど仕事をしなかったりという不規則な状況でした。そのような不規則なかたちだったら予定も立たない、何もできない、子育ても大変だということで、ちゃんと規則正しい職業をということで教師に変わったのです。

教師になるために2年間の研修を受けた。子どもの母親とは友人関係であり同居したことはなく、現在彼女は女性と暮らしている。恋愛関係がなくても子どもを作って育てる共同養育（co-parenting）[06]という形がベルリンではめずらしいことではないという。Iさんはゲイなので、典型的な家庭を作ることはこれまで考えてこなかったし、さらに子どもを持つことは思いもしていなかった。子どもの母親はもともと仕事の同僚であり友人で、彼女は息子を育てていたので自分は父親役をしていた。子どもは2人いたほうがいいということで、友人関係を保ちながら彼女はEさんとの間に子どもをもうけたという。

娘は母親である友人とIさんの間を行き来してすごしており、Iさんのもとには木曜夕方から月曜朝まで4泊すると、次の週は木曜から金曜まで1泊するという周期で、いっしょに過ごしている。このような形で子育てが可能となるように仕事の調整をしている。

このように、人生のステージや家族の状況により労働時間を自在に調整しバランスをとることが、法律によって支えることで、実現している。

家庭生活を円滑にするテレワーク

また、テレワークも家庭生活を支える手段として広く用いられていた。11人の中でテレワークをしていないのは、スーパーで働く父Cさん（32歳）、建設現場で働く母Dさん（27歳）のみで、仕事にデスクワークが含まれる場合は全員テレワークを利用していた。

前出の父Aさん（54歳、子ども3人）もテレワークをうまく使いながら家庭と仕事のバランスをとっている。Aさんは対象者のうち最年長で、前の結婚で生まれた娘と、現結婚でもうけた2人の息子がおり、ステップファミリー、つまりドイツでいう「パッチワーク・ファミリー」である。現在勤務する病院には医師が3人いるが、看護師や作業療法士などのスタッフ30人ほどは、ほとんどがパート勤務である。Aさんは、職場での勤務時間を自分で決め、月・水曜は集中的に患者を診察し、火曜は家でデスクワークをしている。一人の医師は常時病院にいる体制をとっているが、勤務状況はかなり自由に決めている。Aさんは、「父親をする」ために、仕事のスケジュールをコントロールし、保育所の送り迎えはパートナーと２日ずつ担当し、もう１日はベビーシッターを雇っている。

子どものいないEさん（35歳男性）もテレワークを用いている。Eさんはアメリカに本社がある製薬会社に勤務しているホワイトカラーである。テレワークは50％認められておりEさんは週４日勤務にしている。急に在宅勤務をしたいときはどのようにするのかを尋ねると、

普通は許可を受けてですけれども、私の場合はもう長く勤めていますから、私のポジションではもう自分で決めて、（上司に）聞かなくても、許可がなくても大丈夫です。ミーティングがある場合はそれはできませんけれども。

テレワークを利用するためには、会社や組織において勤務状況を調整しやすい環境が整っている必要がある。このインタビューの対象者は調整しやすい良好な環境をもつ人ばかりであった。

このように、ドイツでは柔軟な働き方を支える各種の制度が法的にも組織的にも整備され、それらを確実に用いることで仕事と家庭のバランスがとれるという実態がある。しかし、雇用における働き方の柔軟さだけでは、ジェンダーを超えたあらゆる人のワーク・ファミリー・バランスを実現していくことはむずかしい。特に子育てといったケア労働はこれまで家庭内では母親である女性に偏ってきた。そこで、そうした課題を克服するための政策として出現してきたと考えられるワーク・ファミリー・バランスに関する政策と、それがどのような実態につながっているのかについて、みていくことにしよう。

2　持続可能な家族政策――ワーク・ファミリー・バランス政策

ドイツにおけるワーク・ライフ・バランス政策は、「家族と仕事の調和（Vereinbarung von Familie und Beruf）」や、「家族と仕事の両立（Vereinbarkeit von Familie und Beruf）」と呼ばれるが、そのほかにも「ファミリー・フレンドリー」「家族政策」「男女平等」などの言葉も用いられている（田中 2009: 37、大重 2011: 2）。個人を中心としたワーク・ライフ・バランスというよりは、家族を単位としたワーク・ファミリー・バランスという意味合いが強い。また、これらの政策は労働社会省ではなく、連邦家族・高齢者・女性・青年省（以下、家族省と表記）が担っており、今やワーク・ファミリー・バランスは、少子化を見すえたドイツにとって、社会経済システム変革のトップテーマとなっている。

前節で労働未来論についてふれたが、そこで強調されたのは「時間主権（Zeitsouveränität）」と「人生生活設計（Gestaltung der Lebenszeit）」という概念である。時間主権とは個々人が自分の状況に応じた労働時間を決定する権利のことを指し、人生生活設計は、ひとりひとりのライフイベントやライフコースに合わせて自分の時間配分を変えていくことができるということを指している（田中 2020a）。このような考え方は政府の政策とともに企業においても浸透している。

それでは、まずどのような政策が展開されてきたのかを具体的に見てみよう。2003年の家族省諮問委員会報告書や家族省が2006年にまとめた第7次家族報告書では、女性労働力の未活用、ドイツの若者のOECD諸国内での相対的学力水準低下、グローバル市場でのドイツの経済競争力への不安等に言及されていた（田中 2009）。それらの課題をふまえ、第7次報告書では家庭生活領域での

表2　親時間（Elternzeit）の制度

対象労働者（子の年齢）の範囲	・原則3歳（36カ月）まで（片方の親のみ、両親同時に取得、時期をずらして双方が取得のいずれも可能）。 ・36カ月の親時間の期間のうち24カ月を限度として、子が満8歳になるまで別の期間に親時間を持ち越すことも可能。 ・要件を満たす労働者は親時間中、週30時間までの短時間勤務が可能。
取得可能回数とその要件	・各親とも3回に分割して取得することが可能。
取得の手続	・取得開始7週間前（満3歳から満8歳までの間は13週間前）に書面で使用者に申請。
雇用形態による取得の要件、手続の差	・なし。

＊Elternzeitを親時間と表記しているが、両親休暇と訳されることが多い。ここではあえて、ドイツの政策の変化をより明確に表すために親時間という表記を用いる。
＊本表は飯田（2018）と厚労省「2019年海外情勢報告」をもとに筆者が作成。

「男性を含む支援」を視野に入れた「持続可能な家族政策」として、再分配政策、時間政策、そしてインフラ整備が打ち出された（魚住2007）。

多様な子育てと就労スタイルを可能にした親時間・親手当の制度

家族政策において、再分配政策と時間政策で示された課題が具体的な形となったのが親時間と親手当の制度である。親時間という制度は親が子どもと過ごす時間を保障するもので、2001年に創設された。先に述べた労働未来論は、賃労働を、家事労働やケア労働、ボランティアなどの社会的労働といった他の労働と同等の関係にあると位置づけており、子どもを育てる親が確保すべき社会的時間として親時間の制度が設けられたのである。このような流れの中で、これまでの育児休暇を親時間という名称に変更している（田中2015）。

親時間の制度の概要は表2に示している。子と同一世帯で生活し、ケアや養育を行いながら労働する親は、子が3歳（36カ月）になるまで親時間を取得できる。そのうち、24カ月を限度として子が8歳になるまでこの休暇を持ち越すことができる。両親は同時にまたは時期をずらしてでも、親時間をとることができる。この親時間は、

表3　親手当（Elterngeld）の制度

対象労働者（子の年齢）の範囲	・原則として子の出生後12カ月まで（もう1人の親も取得する場合はパートナー月で2カ月延長され、最大14カ月）。 ・両親手当プラスの導入（2015年）により、最高14カ月の両親手当受給期間を半額受給で最高28カ月まで受給できる。 ・ひとり親世帯の場合は、最初から14カ月。 ・両親同時に受給する場合は各々7カ月ずつ
取得可能回数とその要件	・親1人につき、原則として1回限り。
取得の手続	・申請を行った月から3カ月前まで遡及して受給が可能。
雇用形態による取得の要件、手続の差	・なし。
給付の内容	・子の出生前1年間の平均月間所得（手取り）の67%が支給される。 ・支給額は月額300ユーロから上限1800ユーロまで。 ・最低月額の300ユーロは、出生前の所得がない（未就業）親にも支給される。

＊本表は飯田（2018）と厚労省「2019年海外情勢報告」をもとに筆者が作成。

どのような雇用形態においても取得可能である。また、休暇中に要件を満たす労働者（従業員が16人以上の事業所で、6カ月を超えて勤続した被用者対象）は週30時間までの短時間勤務が可能である（飯田 2018a、厚労省 2020a）。取得回数については、各親は親時間を3回に分割して取得することもできる。この制度が設けられたことにより、親が親時間を用いながら各々に適した就労時間を設定することが可能になった。

再分配政策では、親手当が導入された。子どもがいる家庭の経済的負担を軽減するための支援である。両親手当制度の概要は表3に示すとおりである。１９８６年の育児休業制度では、子どもが2歳になるまですべての親に月額３００ユーロが育児手当として支給されていた。しかし、支給額が少なく父親の休業が事実上不可能であり、長期にわたる母親の育児休業は復職が困難であることから、それに代わるものとして２００７年に親手当の制度が創設され、支援の内容が大きく変更された（飯田 2018a）。

親手当は、子の出生前1年間の平均月間所得（手取り）の67%が支給される。所得が高い場合は最低でその65%、所得が低い場合は１００%まで支給されるというように、所得によって支給率は変動する。最低保証額は月額３００ユーロ、上限は１８００ユーロで、子どもの出生から12カ月まで支給される。未就労で所得がない場合でも最低保証額が支給されるしくみになっている。

また両親ともに２カ月以上子育てに参加し、就労所得の減少が生じる場合は、２カ月分上乗せされ（パートナー月）最大14カ月取得することができるようになった。プラス２カ月は「パパの月」と呼ばれ、父親の取得促進を狙ったものである。スウェーデンでは早くから割当制を導入した結果、父親の休暇取得率が上昇しており、それにドイツもならった。ひとり親の場合は、最初から14カ月取得できるようになっている（厚労省 2020a、飯田 2018b）。

２０１５年には、早期復帰を希望する親のインセンティブを高めることを目的として、時短勤務をしても親手当を満額受給できる「親手当プラス」の制度が導入された。時短勤務をする場合、親手当の受給月数を通常の半額にし、その代わりに通常14カ月までの受給期間を28カ月まで延長できる。これにより、時短勤務をしても満額受け取ることができるようになった。従来の親手当でも時短勤務との併用で受給することはできたが、時短勤務で得た収入分だけ親手当が減る仕組みだった。

このほかに、両親が同時に手当を受給している最中にどちらかが最低４カ月間にわたって週25〜30時間の時短勤務をする場合には、パートナーシップボーナスとしてそれぞれが再度４カ月受給することができるようになっている。非常に複雑な制度設計であるが、親手当プラスとパートナーシップボーナスにより、親がさまざまな受給方法を組み合わせることができ、多様な方法で子育てと就労を両立することができるのが特徴である。

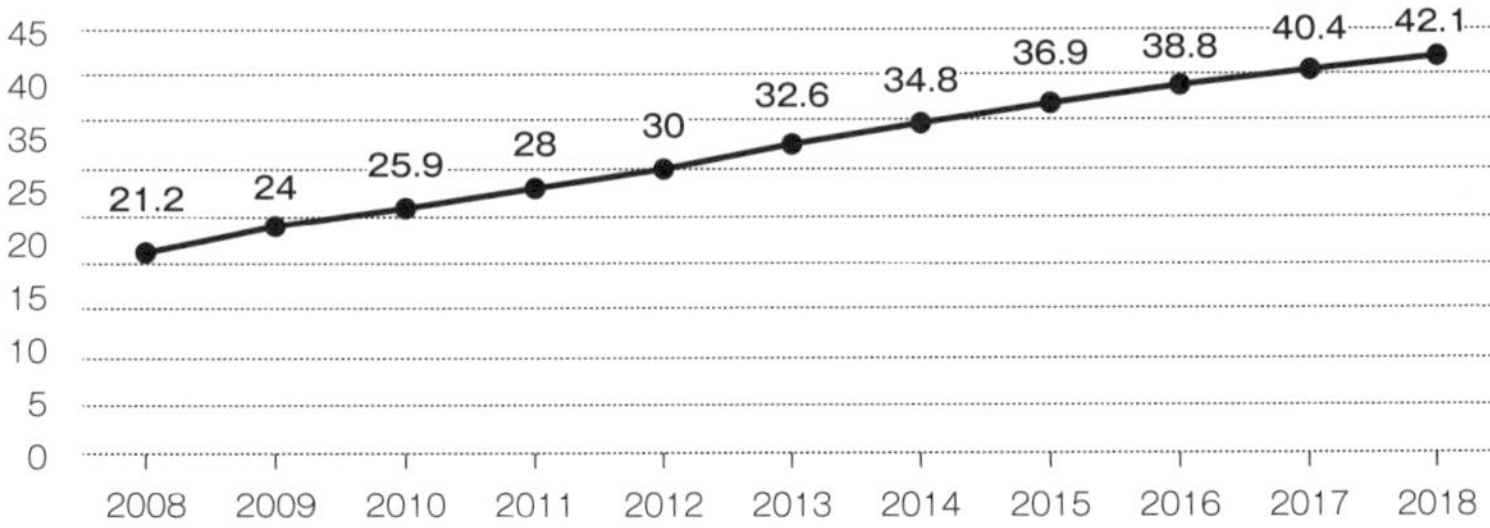

年	2008	2009	2010	2011	2012	2013	2014	2015	2016	2017	2018
%	21.2	24	25.9	28	30	32.6	34.8	36.9	38.8	40.4	42.1

図1　2008年以降に生まれた子どもの父親の親手当を受給した割合（%）

数値は、当該年に生まれたすべての子どものうち、1回でも親手当を受給した父親の割合を指している。

出典：Statistisches Bundesamt 2021b.

大きく伸長した父親の育児休業取得

親手当の受給状況については、２０１９年には約１９０万人の男女が親手当を受け取り、前年比較で２・０％増加したことが報告されている。そのうち、男性は５・３％増加して約45万６０００人となった（Statistisches Bundesamt 2020a）。また、図１は２００８年以降に生まれた子どもの父親が親手当を受けた割合を示したものだが、２００８年に21・２％だったのが、２０１８年には42・１％と、約10年の間に倍増している。父親の親時間取得の増加、つまり父親の育児休業取得率の伸長には目覚ましいものがあることがわかる（Statistisches Bundesamt 2020b）。また２０２０年のデータでは、受給者全体に占める父親の割合は24・８％を占めており、父親の存在感は大きくなっている（Statistisches Bundesamt 2021a）。

親手当プラスは女性の34・７％が選択しており、男性の14・２％よりかなり多い。親手当プラスを用いることで、女性は男性よりも短時間勤務に変更している人が多い。女性の収入が男性に比べて低い傾向にあることから、世帯収入を勘案した結果、女性が短時間勤務を選択しているとみられる（Statistisches Bundesamt 2021）。

親時間と親手当の制度は、母親の早期職場復帰とともに父親の育児参加を促す目的があり、その成果が認められるが、ジェンダー間格差については課題となっている。

　このほかに、子どもの看護のための看護休暇を1人の子どもにつき10日（ひとり親の場合は20日）取得でき、平均賃金の70％が健康保険から支給されるようになっているので、家庭での子育てが多様な方法で可能になっている。

保育施設の不足

　インフラ整備の点では保育施設の整備が現在の大きな課題である。１９９１年青少年支援法改正により、3歳以上の就学前の幼児に保育施設に通う権利を保障し、各州に保育施設の整備を義務づけたが、3歳児未満の子どもを対象とする保育施設は特に統一前の旧西ドイツでは未整備であった。統一前の旧東ドイツでは社会主義政権下で女性の就業継続が奨励され早くから保育施設の整備が進んでいたが、旧西ドイツでは男性稼ぎ主モデルが主流であり、子どもの養育については日本と同様に、三歳までは母親が家庭で子どもを育てることを良しとするいわゆる「三歳児神話」が強く、専業主婦規範が定着していた。ドイツには古くから「カラスの母親」という言葉があり、「悪い母親」や「子どもの面倒をきちんと見ていない母親」という意味で用いられており、家庭外での保育には消極的であった。このような状況下で２００２年時点では、3歳児未満の児童数に対する利用可能な保育提供数の割合は、西部地域で2・4％、東部地域では37％と東西の格差が際立っていた（魚住 2007）。

　２００５年には保育設置促進法が施行され、共働き、ひとり親、職業訓練中もしくは教育期間中で3歳未満児をもつ親のために、保育の質に配慮した柔軟な保育を整備することが、州および地方自治体の責務とされた。年間15億ユーロを投入して保育施設、保育ママ・保育パパ制度を拡充し、２０１０年までに新たに23万人分の保育を確保することが目標とされた。

3歳未満の子どものうち、２０２０年3月のデイケア利用の子どもは35・０％と、前年よりも１・３％増加しているが、保育所不足の解消にはほど遠く深刻である。しかも、西部地域と東部地域ではその割合にはなお大きな差がみられ、東部が52・７％であるのに対して西部は31・０％にとどまっている（Statistisches Bundesamt 2020b）。

子育て家族のワーク・ファミリー・バランスの実践

ドイツにおいては近年の傾向として、父親もかなり育児休業（親時間）を取得するようになってきていることがわかったが、実際にどのように取得しているのだろうか。表4は両親時間とＫｉｔａ（Kinderragesstätte の略で「キタ」と読む。3歳児未満の子どものケアをする幼稚園や保育所の総称）の利用について、子どものいる調査

表4　育児休業（親時間）とKita（保育所・幼稚園）の利用状況

対象者	子どもの年齢		両親時間（育児休業）	Kita利用状況		学童保育の利用状況
				有無	開始時期	有無
父Aさん	第1子	18歳	×誕生後1年失業、その後20～30時間就労	○	?	?
	第2子	5歳	○半年取得で週に15時間就労	○	13、14カ月	―
	第3子	3歳	×妻の収入がなかったので取得せず	○	1歳	―
母Bさん	第1子	16歳	×無職（学生）で対象外	○	1～2歳	?
	第2子	12歳		○	1～2歳	?
	第3子	9歳		○	2歳	○
父Cさん	第1子	4歳	○3カ月取得（失業中に取得）	○	1歳	―
母Dさん	第1子	2歳	○1年取得	○	2歳	―
ひとり父Iさん	第1子	5歳	○2カ月（教員資格取得の研修中に取得）	○	1歳	―
ひとり母Jさん	第1子	9歳	×無職で対象外	○	保育ママ、Kitaを利用	○
	第2子	9歳		○		○
ひとり母Kさん	第1子	1歳8カ月	14カ月	○	1歳	―

対象者にたずねた結果だ。対象者の父親３人全員に育児休業取得の経験があり、また対象の全７家族がＫｉｔａの利用を１歳から２歳の間に利用し始めているのがわかる。

父Ｃさん（32歳、子ども１人４歳）は２年前からスーパーの生鮮食品部門の責任者として勤務している。通常は平日５時30分〜13時30分、土曜は10時から19時と非典型的な勤務時間で、この勤務体制を利用しながら、フルタイム就労の妻と子どものケアのやりくりをしている。妻が朝に子どもをＫｉｔａへ送り、ＣさんがＫｉｔａからの迎えと帰宅後の世話をしている。

Ｃさんは前職では倉庫会社に勤めていたが、現在４歳の息子が生まれた前後は１年間失業しており、その間、最初の３カ月に育休を取得した。妻はＫｉｔａに１歳から預けると決めていて、近くの保育所にコネがあったので入ることができた。しかし実際には保育所を利用するのはかなり難しいという。

保育施設の不足については他の人も口をそろえて述べている。建設現場で塗装の仕事をしている母Ｄさんも次のように語った。

ずっと探してたんですけど、とっても難しくて。Ｋｉｔａに行くと決めたときの２カ月前に初めて空いたという知らせが来て。何かぎりぎりでしたけど。大変でした。（中略）知った人がいて、その関係からやっともらったような。（中略）保育園をもうちょっと増やさなきゃいけない。あまりにも少なすぎます。

ひとり親の母Ｊさん（42歳、双子８歳）も42カ所に申し込んだというくらい、Ｋｉｔａの不足は深刻である。また父Ｃさんは保育施設の必要性を述べるとともに、保育施設で過ごす年齢は１歳以上が望ましいと、次のように考えている。

（ベルリンの）Ｋｉｔａは今は無料になりました。最初のころは支払っていましたが。Ｋｉｔａに入ることができるなら、それだけで大きな助けになります。本当にすべてが簡単になります。（中略）子どもが歩くようになって、遊んだり話ができるようになったら、Ｋｉｔａに行ってもいいけれど、そういうことができないうちは行かせないほうがいいと思う。

両親は子どもが2歳までは仕事を減らして、そのあと子どもをＫｉｔａに通わせ、2歳になったらまた仕事に戻るのがいいと思います。私は、自分自身が大家族で育ったので、ひとりで子どもがぽつんとしているというのもそれはかわいそうな気がします。周りにいっぱい人がいるほうがいい。

このように、Ｋｉｔａを利用しながら子どもが2歳になるまでは家庭生活を充実させ、その後にフルタイムで仕事に戻るという考え方が一般的となっているようである。伝統的な3歳児神話がみられたのは、今回のインタビューでは子どもがいないカップルで製薬会社に勤める男性Ｅさん（35歳）のみだった。

（子どもができた）場合は実際に（パートナーと）話したんですけれども、1人は家にいて、1人は基本的に家にいる。職場の状況、子どもの状況で、許す限りは1人が家にいると。（中略）でもパートナー（医師）が出世してとても手が抜けないという状況になれば、パートナーのほうが職場の条件がいい、お給料がいいとなれば、3年間私が代わりに子どもを育てるというのもありかと思います。

Eさんは3歳までは家庭保育がよいと考えているが、家庭で保育をするのは母親でなければならないという考えはもっていない。三歳児神話があるといっても、母親と子育てを結びつけないところに新しさがみられる。他の対象者は実際にＫｉｔａを利用し始めた年齢が1〜2歳であり、子育て規範が幅広く変化していることがうかがえる。

稼得・ケア共同モデルの提唱

持続可能な家族政策を土台にしながら、親時間や親手当の拡充、デイケアの充実を進め、現実の生活は変わりつつあるが、２０１７年にはさらに家族省が第二次平等報告書で「稼得・ケア共同モデル」を提示した（BFSFJ 2018、田中 2020b）。旧来のモデルである一方が稼得し他方が主にケアをする「稼ぎ主モデル」、一方が主に働き他方が補助的に働く「稼ぎ主＋就労補助モデル」、両方ともフルで働く「両者フルタイム就労モデル」にかわって、両方とも就労時間を減らした分、ケアに時間を費やし、プラス外的ケア（営利的・私的ケア、その他の人のケア、例えば祖父母のように子ども以外のケア）を用いる「稼得・ケア共同モデル」が推奨された。図2が示すように、就労もケアもジェンダー差をなくすということであり、男性の育児休業取得促進もこのモデル推進の一端を担っている。男性がケアワークを担うことを強く推進している。

家族省の現大臣であるフランツィスカ・ギファイは、仕事をもつ母親の割合を2030年までに80%にすることを目標に掲げ（BFSFJ 2020）、これまで長期にわたって定着してきたドイツにおける「男性稼ぎ主モデル」の転換を積極的にはかっている。

しかしOECDによれば、ドイツの1日の有償労働時間は男性290分、女性205分、無償労働は男性150分、女性242分（OECD 2021b）と、やはり女性の有償労働時間は男性より短く、無償労働時間、つまりケア時間は男性に比べかなり長くなっており、ジェンダー間格差は大きい。

インタビュー対象者はパートナーとの労働分担をどのようにしているのだろうか。表5はパートナー間の家事分担と育児分担がどのように行われているのかをたずねた結果をまとめたものである。パートタイムで働く母親Bさんは主に家事・育児を担当しているが、そのほかのケースはパートナーと同等に分担（濃い網掛け）、もしくは男性の分担が多くなっている（薄い網掛け）という回答が多く、女性に偏っているとは認識されていなかった。一方、「家事」「子どもの世話」「しつけ」「生活費を稼ぐ」について分担のあるべき姿をたずねてみると、すべてにおいて全員が「男性と女性が同じくらい」するべきと答えており、ジェンダー平等の価値規範は内面化されている。

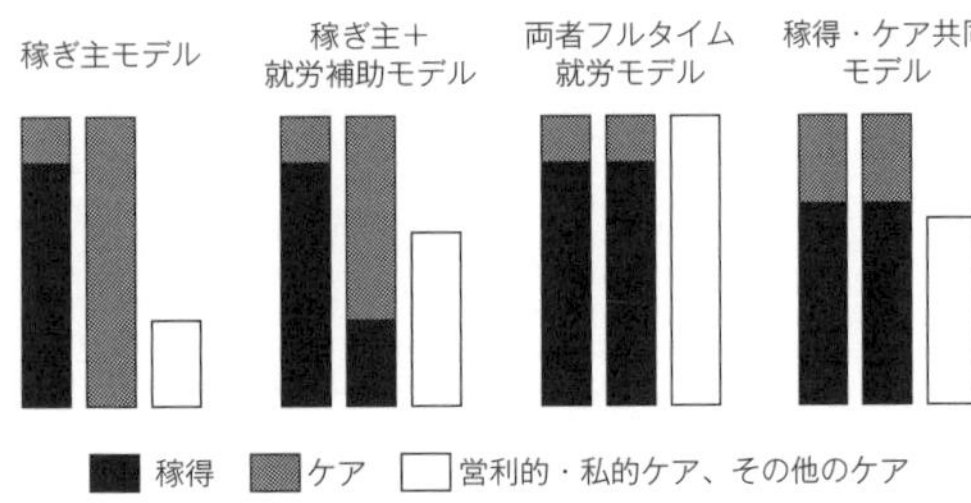

図2　パートナー間の稼得・ケア共同モデル
稼得労働とケア労働の分担割合を表すグラフ。連邦政府が提唱する「稼得・ケアモデル」はパートナー同士ができるだけ稼得労働を減らし、平等に就労とケアを分担し、外部ケアも減らすというモデルである。
出典：BFSFJ 2018（15頁）をもとに筆者が作成。

表5　家事・育児分担

	家事分担			
	料理	食器洗い	食料品の買い物	掃除機かけ
父Aさん	同じくらい	主に夫	同じくらい	主に夫
母Bさん	主に妻	主に妻	主に妻	同じくらい
父Cさん	主に夫	主に夫	主に夫	同じくらい
母Dさん	同じくらい	主に妻	常に妻	同じくらい
子がいない男性Eさん	同じくらい	同じくらい	同じくらい	同じくらい
子がいない女性Fさん	同じくらい	主に私	同じくらい	主に私
子がいない男性Gさん	主にパートナー	主に私	同じくらい	主に私
子がいない女性Hさん	同じくらい	同じくらい	同じくらい	同じくらい

	育児分担					
	子どもの衣服・身だしなみ	子どもを寝かしつける	子どもの看護休暇	子どもの遊び相手・余暇活動に参加	宿題を見る	学校・保育所・余暇活動への送迎
父Aさん	同じくらい	同じくらい	同じくらい	主に夫	主に夫	同じくらい
母Bさん	主に妻	同じくらい	主に妻	同じくらい	主に妻	主に妻
父Cさん	主に夫	同じくらい	同じくらい	同じくらい		主にパートナー
母Dさん	同じくらい	同じくらい	同じくらい	同じくらい		同じくらい
子がいない男性Eさん						
子がいない女性Fさん						
子がいない男性Gさん						
子がいない女性Hさん						

（濃い網掛け）平等に分担されている
（薄い網掛け）男性の分担が多くなっている

ただ、ドイツ全体からすれば男性に比べて女性の労働時間は短く、また、無償労働は女性がより多く担っていることから、本章の調査対象者の回答は一般的な傾向を示しているとは考えられない。しかし、ここでみたように一部では変化の兆しがみられる状況なのかもしれない。

「稼得・ケア共同モデル」は、就労についてはカップルの両方が就労時間を減らすという理想を示しているので、それが今後どのような形で具現化していくのか、興味深いところである。

3　政労使連携のもとで企業が果たす役割と実践

これまでみてきたように、政府の雇用政策のもとで柔軟な働き方への移行が進められ、ワーク・ファミリー・バランス（以下、ＷＦＢと表記）の実現をめざしているが、企業も政府とともにＷＦＢを達成するための有力な担い手として位置づけられていることが、ドイツの特徴ともいえる。

２００３年から家族省の主導で、企業において家族に優しい環境づくりを推進するために「家族のための連合（Allianz furdie Familie）」という政労使連携のイニシアチブが展開されている。ドイツ経営者連盟会長（ＢＤＡ）、ドイツ商工会議所（ＤＩＨＫ）会頭、ドイツ労働総同盟（ＤＧＢ）議長などの各界代表者が参加し、ドイツのＷＦＢ政策で大きな役割を果たしている。

「家族の結束力を高める」をスローガンとし、主要なテーマとしては、家族に優しい組織、労働時間、人材育成といった「企業文化の改革」、「女性の社会進出」（特に管理職）、「家族支援のためのサービス」などがあげられてきた。具体的な活動としては、中小企業向け支援の実施をはじめ、家族に優しい企業コンテストの表彰・認定等を行っている。このイニシアチブの構成要素の一つである企業ネットワーク「成功要因　家族」は、ドイツ商工会議所と家族省が共同で２００６年に創設し、家庭に配慮した人事政策を実施する使用者のための基盤となっている（斧出 2014）。

このように企業自体の積極的な取り組みがなされている状況を知るために、２０１２年と２０１９年に企業へのヒアリング調査を行った。そのうちの3社についてみてみよう。

A社はドイツの電機関連の大企業で、本社をミュンヘンに置いている。２０１２年には人事部長

(男性)、２０１９年には人事部のプロジェクトリーダー(女性)にヒアリングを行った。ドイツ国内の従業員は11万７０００人で、そのうち女性社員は23%を占める。技術系の仕事が多いため男性社員が多くなる傾向があるという。

A社は、人口構造の変化、女性の労働力の増加、労働従事期間の長期化、労働者の高齢化、雇用者のモビリティ、家族と遠くはなれて暮らすことを重要な社会的変化ととらえ、「ダイバーシティ・マネジメント」を人事政策の中心に据えている。その具体的なものが、①労働力のインテグレーション(ジェンダー・年齢・国籍)、②ワークライフ・インテグレーション(労働時間・職場・親としての子育て等についての柔軟性)で、労働者の多様性と労働者自身の生活の多様性の両方に配慮した労働環境を目指しており、実際にそれらの策を展開している(斧出 2014)。

近年の動向として、社員にとってパートタイムで働くことは非常に魅力的になりつつあるという。フルタイムの労働時間は35時間だが、自分の家庭状況に合わせてパートタイム契約を期限を決めて結ぶ。女性だけではなく男性もパートタイムを選ぶ人が増えており、それは子育てをするためという理由が多い。フルタイムからパートタイムへの、また、パートタイムからフルタイムへの移行は法律に支えられ可能となっている。ちなみにヒアリングに対応してくれた女性の人事担当者はプロジェクトリーダーという管理職であるが、9歳と5歳の子どもをもつ母親で、週30時間のパートタイムにしていた。また、労働時間もフレキシブルで、１日の労働開始時間なども自分で決めることができ、残業した場合はまとめて休暇を取ることもできる。テレワークも20%が可能である。働き方はパターン化されたモデルがあるわけではなく個人の事情によって自在に組むことができるという。有給休暇は法定の26日を上回る30日であるが、そのほかにもこの企業独自で8歳以下の子どもがいる場合、子ども

図3　父親の育児を促すパンフレット（父親支援組織パパラーデンにて。筆者撮影）

の世話をするための有給休暇をプラス8日とることもできる。休暇取得は企業側と社員代表委員会との会議で決めており、これはドイツの伝統的な共同決定制度[07]にもとづいたものである。

> サバティカルを要求することもできます。多くの人がそれを要望するようになっています。1カ月にするか、あるいは12カ月か、それは本人が好きなように取ります。大体1カ月から2カ月とることが多いです。
> 男性も（親時間を）たくさん取るようになりました。男性の場合は2カ月が普通です。女性の場合は12カ月。大体3年は取ってもいいんですけれども、普通1年です。（中略）ここの事業所では（男性は）70〜80%取っているのではないでしょうか。

この人事担当者も親時間を最初の子どものために1年取り、第2子の時は夫が2カ月取得した。この企業では働く時間や場所を労働者の都合によって自由自在に選択できるシステムが構築されている。また、子育てに関してはＫｉｔａの提供なども行っている。これは社会的にＫｉｔａが不足しているからである。インタビューを行ったベルリンの事業所には2つのＫｉｔａがあり、職場で子どもたちが過ごすことができるような場所もある。子どものケアをしてくれる人が見つからない場合はそこに連れていくこともできる。彼女も子どもを職場に連れてきて、子どもがそばで遊んでいるということもあるという。そのほかベビーシッターの紹介所もあり、そこで調整をしてもらえる。A社は特にWFBが実現できるような多種多様なシステムを、企業の目的と一致させながら構築している。

B社はドイツ国内に社員約8000人（うち女性42・8％）をかかえる伝統ある企業で、出版・IT関連事業を広く展開している。人事部長（男性）、従業員代表委員会のメンバー（女性）から2012年と2019年の2回ヒアリングすることができた。B社のWFB施策は、ハンブルク支社において民間コンサルタント企業にファミリーサービスを業務委託したことから始まる。これは女性社員が出産や子どもの病気などへの対応を要求したことが発端であった。ベルリンでは2008年から業務委託するようになり、同時に企業内保育施設を設置した。現在60人の子どもが在籍している。外部にも社員が利用できる保育施設を確保したが、まだまだニーズを満たすことはできていない。社員は妊娠した場合、人事部を通さず会社が契約しているサービス会社と直接コンタクトをとり、育児休業や保育等の相談ができ、また、人事部では多様な働き方のモデルケースを作成し、ワークシェアリングやサバティカル制度を提供している。テレワークに関してはホームオフィスだけでなく、どのような場所で仕事をしてもいいようになっている。

数年前からは、フルタイムからパートタイムへの移行をフレキシブルな方法で可能にしている。日ごと、月ごと、年ごとの単位で労働時間を減らしていくことができるのである。例えば、半年はフルで働き、半年は休むというように、様々な方法でパートに移行できる。家族のケアだけでなく、長期にわたる旅行の夢をかなえるなど多様な理由で、この制度が利用されている。

近年の親時間の取得状況をたずねると、男性の人事部長は次のように答えてくれた。

昔は母親だけが3年取り、その後職場に戻ってきませんでした。それが現在は6~7カ月取り、パートとして職場に戻ってくるようになりました。（中略）まだ十分ではないですが男性も大体8週間親時間を取っています。しかし正直にいうと父親が2年取ると、出世する可能性はなくなります。

男性の育児休業はここでも2カ月取得が標準となっているが、実際には給料のジェンダー間格差があるので、家族を養うために男性が働く必要があり、男性は女性ほど長く取得できない。また長期の休暇は昇進にひびくというのが現状だという。男性で長期間取得している人がいると、「〇さんがとった！」とうわさになるほど目立ってしまう。会社にとってジェンダー間格差の是正はＥＵ指令のもと重要な課題として認識されているが、現実のジェンダー間格差の影響は大きく、まだまだ困難な状況である。

このようにＷＦＢを重要視しているのには、人材獲得のための投資という側面がある。それによって会社にとっても社員にとってもウィン・ウィンの関係を目指しているのである。若い世代の要求度は高く、働きやすい環境を整備しなければ人材は流出するので、制度の整備は優秀な人材確保のための手段である。同業他社も同様に制度の整備をしているのが現実である。これらのことは、従業員代表委員と意見交換しながら進めている。

これら2つの企業は大企業であるが、規模が小さい企業もさまざまな施策を講じている。Ｃ社はベルリンで古くからエネルギー供給業を営む中規模企業である。人事部長から同社のＷＦＢ関連の取り組みについて、２０１２年にヒアリングを行った（斧出 2014）。正社員は４３２人で、管理職のうち、29％が女性である。「家庭にやさしい制度」を２０１０年から検討し始め、２０１１年から実施し始めた。このような取り組みに至ったのは、社員の会社へのアイデンティティを強めること、男女とも産休後の復帰を早めること、そして、社員のモチベーションを高め、男女平等を実現するという目的からであった。

具体的な取り組みは、①２０１１年、社内にファミリー広場を設置するとともに、子どもを連れてきやすいように駐車場の整備を行った。②ファミリーサービス会社にＫｉｔａや介護に関するサービスを依頼し、サービスの費用は会社が支払っている。③子どもが誕生したときの育児時間取得を奨励するために、会社のボードから「おめでとうメッセージ」とともに、育児時間を積極的にとろうという文章を送付している。④話し合いをもとに労働時間を柔軟にし、ホームオフィスの導入を行っている。例えば、週2日は出勤し、それ以外は家で仕事をするといったことや、子どもの突発的な出来事に対処するため、1日だけ家で仕事をするというシステムである。通常の労働時間の15％を減らすことができる。⑤専門の研究所と契約を結び、社員がパートナーとの問題を無料で相談できるようにしており、社員の約10％がそれを利用している。

このような取り組みが積極的に行われてきた背景には、若い世代の変化がある。労働契約を結ぶときに給料等の交渉をするが、若い世代はフレキシブルな形態の勤務を希望する。交渉時に必ず会社にはどのような追加的なサービスがあるのかをたずねられ、特に専門的な資格がある人やエンジニアは、普通以上のサービスがないと、契約は難しいのが実情であるということだった。

ほかにも、小規模の企業にもヒアリングを行ったが、共通しているのは、WFBのためにさまざまな制度を導入することは経営に欠かせないものとして捉えられていることと、それは多くの社員たちからの強いニーズがもととなり実現されているということである。特に大企業では政府の制度以上の取り組みを実施しており、A社の人事部長は、ドイツ企業の特徴であるCSR（企業の社会的責任）理念が社会全体に浸透していることと、市民が率先して社会貢献を行うコーポレーション・シティズンシップがあるということが、このことに影響していると述べている。

4　ドイツ社会の課題

本章では、ドイツの働き方や、家庭生活と仕事のバランスについての制度や実態について分析してきた。もともと労働時間が短くプライベートな時間を重視する社会であるが、労働未来論や少子化を契機にさらに2000年代以降、柔軟な働き方とワーク・ファミリー・バランスの実現に向けて様々な方策がとられてきた。このような流れのなかで、ドイツの特徴としてあげられるのは、①個人の事情でフルタイム労働とパートタイム労働の切り替えをすることが容易であること、②パートタイム雇用でも正規雇用が多く、基本的には両労働者の権利に差がないこと、③労働時間口座や有給休暇により、家庭生活と仕事の調整がしやすいこと、④親時間・親手当制度（育児休業制度）が個人の生活に即して柔軟に利用できること、⑤人々の間で保育所を利用する意識が近年高まってきたこと、⑥企業の支援体制の充実が図られていること、などがあげられる。これらの特徴の背景には、法令遵守が徹底していることや政労使の協力体制がある。

しかしその一方で課題も見受けられた。第一に子育て家族にとって重要な資源である保育所整備が遅れていることである。しかも東部地域に比べて西部地域はなお遅れた状況にある。保育園に子どもを預けることに対する抵抗感は「カラスの母親」という伝統的なスティグマに代表されるが、それは消失しつつあり男性が育児をするという価値規範も醸成されてきている。これまで述べてきたように3歳未満児の保育所入所率は増加傾向にあるが、個人や企業へのインタビューで誰もが口をそろえてドイツ社会の問題は保育所不足であると答えており、その背景には保育所に対する多くの人々の切迫したニーズがある。日本の内閣府の国際調査で、子どもが1人以上いる人に対して、利用したい、または利用したかった制度をたずねているが、それによれば、日本の31・3％に対し、ドイツでは57・1％もの人が「保育所」をあげている。同じく性別役割分業型で「男性稼ぎ主モデル」を範としてきた日本と比べても保育所のニーズは非常に高い（内閣府子ども・子育て本部 2021）。この回答には現実問題として世帯収入を男性一人で背負うことの厳しさが反映し、母親も子どもを保育所に預けて働く必要があると認識されているものと思われる。

第二に育児休業取得に関するジェンダー間格差の問題である。取得率にジェンダー差があるだけでなく、パートタイムへ移行するときに用いる「両親手当プラス」の男性の取得期間も短くなっている。2020年においても、予定されている親手当の受給期間は女性が14・5カ月であるのに対して男性は3・8カ月である。しかも、男性の場合は近年変化が見られず頭打ちの状態となっている（Statistiches Bundesamt 2021a）。これには男女の賃金格差が関連していると思われる。連邦統計局によれば2019年の男女賃金格差は20％となっており、男性がフルで働くほうが家計の観点からは合理的なのである。

第三に家庭内の家事・育児分担の問題である。男女の家事・育児時間にはジェンダー差がみられる。

2018年には20～64歳の働く女性のほぼ半数（47％）がパートタイムで働いていたのに対して、同時期の男性の同割合は9％と、パートの割合は圧倒的に女性のほうが多くなっている。パートタイムを選択した理由について、多くの女性は子どもの世話や介護、その他の家庭内における責任をあげており、無償の家事やケアが女性に片寄っていることがわかる（労働政策研究・研修機構 2020）。一般論としてのジェンダー平等の意識は根づいているが、現実はまだまだ女性を無償労働に向ける力が作用している。

ドイツは日本との比較でいえば、もとよりワーク・ファミリー・バランスが実現されている社会であり、また、各種のジェンダー平等指標でも日本より平等度が高い社会である。しかし、本章でみてきたように、制度的にも人々の意識においても、根底にはまだジェンダー平等の達成という課題があると思われる。家族省なども育児休業をアピールする際には「ジェンダー平等」を強調し、それは必要不可欠な要件として認識されている。東西統一以来失業対策などを積極的に行ってきたが、ジェンダー間での格差がない生活保障の達成が、あらゆる社会階層のワーク・ファミリー・バランスの達成には必要不可欠である。それには「男性稼ぎ主モデル」からいかに脱却できるかが、今後の課題となるのではないだろうか。

注

01　ドイツは連邦制国家で16の自治権をもつ州から構成されている。各州は独自の法律を定め、自治権および公安管轄権を有している。本章では主に連邦政府全体の資料を用いているが、各州によって大きく差がある分野もある。

02 本章は、筆者の2論文（斧出 2014, 2020）をもとに、大幅に修正、加筆している。

03 ２００２年～２００５年にかけて、シュレーダー政権のもとで、ペーター・ハルツ（Peter Hartz）を委員長とした専門委員会が「ハルツ法」（第Ⅰ法～第Ⅳ法）を策定し、ハルツ改革（Hartz-Reform）が実施された。ハルツ法は、行政による職業紹介サービスの改善、社会保障制度の根本的な大改革、労働の規制緩和という方法で失業問題に対処した（田中、2020c: 129-131）。

04 ミニジョブとは、パートの一種で、ハルツ第Ⅱ法で作り出された雇用形態である。月収には上限があるが、労働時間には上限に制限が設けられていない。そのうえ雇用者は社会保険料を免除されているので、低賃金労働者の増加につながるものと危惧された（田中 2020c）。

05 サバティカルとは、使途が決まっていない長期休暇を指している。近年、日本でもこれを制度化する企業もみられる。

06 co-parentingは、一般的には父母の別居後・離婚後も引き続き共同して養育することを意味するが、ここでは恋愛や結婚関係を経ずに、子どもをもうけて共同で子育てをすることを指している。

07 ここで述べられている共同決定制度とは、５人以上の企業において、職場の従業員が選挙で選んだ従業員代表委員会（Betriebsrat）と企業との間の労働協議制度のことを指し、この制度のもとで具体的な労働条件等について企業内協定（Betriebsvereinbarung）を結ぶ（田中 2015）。

コラム

ドイツ人のゴールは家庭生活、しかし仕事も充実

村岡さん（仮名）は39歳、大企業のメーカーで経理の仕事を担当している。ドイツに駐在するようになって3年8カ月である。海外赴任はタイに続いて2回目である。タイから帰国後に結婚し、2009年にドイツに赴任した。妻は40歳で、イギリスでの留学経験があり、赴任と同時にフルタイムの仕事を辞めた。現在はフリーランスでライターの仕事をしている。子どもはドイツで生まれ10カ月である。

ドイツに赴任して変わったことは、仕事に対する考え方である。「それこそワーク・ライフ・バランスじゃないですけど、やっぱり家庭のほうに重心を置く頭の構造になっていると思いますよ、価値観として。最終的には全部そこにゴールがあって、そのためのプロセスとして、じゃあ、どう仕事を効率よくしたら早く帰れるのかとか、どう仕事を効率よくしたらここはスキップできるかとか」。

このような考えに至ったドイツでの生活実態はどのようなものなのか。まず、村岡さんの平日は、9時に出勤して18時に帰宅。週によっては2時間くらい残業する。22時まで残業することは、年に数日程度。土曜は近所のスーパーで、午前中に食料や日用品の買い物をし、午後は、子どものものを買いに行く。土日は昼食も夕食も作っている。日曜は閉店法という法律によって店が閉まるので、家族で日帰りで出かけている。土日に料理をしているのは、村岡さんは料理が好きで、自分が料理をする機会を作るためだという。妻は仕事をしているので、彼女が家にいられないときは仕事を休み子ども

の面倒をみている。

有給休暇は日本の基準で20日あり、夏と冬に1週間ずつレジャー目的で取得している。「夏、会社にいると、「あなた、休暇取らないの?」って言われますからね」。レジャーのために週単位で休暇を取ることは当たり前である。「こちらは当然家族第一なんで、仕事は二の次、三の次ぐらいなんで」というくらい家族と過ごす旅行の価値が高い。

赴任前の日本での生活は月に1週間ほどは終電またはタクシーで帰宅するような生活だった。平日は21時より前に帰ったことがないという。それでも村岡さんは日本では子どもがいない共働きだったので、先に帰ったほうが食事を作り、家事は半分ずつ分担していた。

長時間労働があたり前の日本とは違い、ドイツで家族生活をスムースに営むことができるのは、職場での対応の違いにある。子どもの世話などで休みたいときはまったく問題がなく、むしろ休むことが常識となっている。日本では「雰囲気として言いづらいですよね、正直なところ。鬼じゃないんで、多分ノーという上司は日本でもさすがに少ないとは思うんです。ただ、雰囲気ですよね」と、子どものために休みを取りにくい日本の職場の雰囲気はドイツと大きな違いがあるという。日本では育児休業をはじめ社内での制度は整備されているが、それを利用しているかは別問題だと、村岡さんは述べている。

このように家族のことで簡単に仕事を休むことができる背景には、ドイツ人の仕事に対する向き合い方の違いも大きい。雑談もせず仕事に集中する。日本では複数の仕事を同時平行で進めることが多いが、ドイツでは一つの仕事に集中する。「何か頼んでも、「これをやってるから、それはあとあと」って、序列をつけて順番にこなしていくので、スピードっていう意味でいうと、多分そっちのほうがと指摘する。

速いんですよ、集中できるから」と、ドイツの仕事の効率の良さは仕事への向き合い方の違いである

　また、マネジメントの違いも仕事の効率の良さとつながっている。ドイツでは上位の人が仕事のイニシアティブを持っており、トップダウンでやり方を決める。部下は自分が受け持つ仕事内容が明確でそれ以外のことはしない。それに比べて日本は「基本は下のほうから、Aやりました、Bやりました、Cやりましたと。で、どれ使いますかみたいな。上の人が、「じゃあ、Aでいこうか」」というように、ボトムアップの形をとるので効率が悪く、仕事時間が長くなる。また、上司に報告するための待ち時間が長いことも会社の滞在時間を増やし、全体の仕事時間を長くしていた。このような長時間労働を解消するために日本の会社も変化してきて、残業者一覧リストが公開され、この10年で残業はかなり減ったとはいう。しかし、まだまだ時間短縮には至っていない。

　ゆったりとした生活ができるもう一つの要因は、家で仕事ができるということである。ドイツはアイフォーンで24時間仕事ができるが、日本ではそれはできない。そのため土日に出勤する羽目になる。ドイツでは閉店法の関係から、「どうしても平日にいろいろやんなきゃいけないプライベートのやつが多くなるんですよ、夜とか土日にまわせないから。そうすると、どうしても平日に家でなんかしないと……。どうしたって（平日に）家にいなきゃいけないんで、そういう仕組みがないとやりづらいんですよね」と、家への持ち帰り仕事ができるメリットを、村岡さんは指摘している。子どものことなどプライベートな用件のためには、平日に家にいる必要性が大きい。「究極の選択になったとき、どっち？ っていったら家庭っていうそういうことです」。ただ、日本で勤務していたときは会社を出ると仕事のことはきれいに忘れていたが、現在は家でも仕事をするので切り替えがしづらく、そこ

は、五十歩百歩だと思っている。

家庭の価値が仕事より勝る一方で、村岡さんはドイツでの仕事に高い満足感を得ている。現在勤めている会社では自分の裁量が広がり、「日本に帰るとどうしても、大組織の、それこそ歯車の1個になるので、ものすごい狭いエリアに限定されがちですよね。こっちにいるとどうしてもワイドエリアをカバーするようになるので、そういう意味での楽しさってのは絶対にあると思います」と、仕事も楽しんでいる。

家庭での家事は、土曜の買い物、部屋の掃除、ゴミ出しなどの清掃関係と土日の食事作りである。洗濯は妻が好きなので自分は手を出さない。しかし、アイロンは妻が嫌いなので自分がやるというように、それぞれの得意不得意をもとに、家事分担をしている。独身の時はまったく家事をしたことがなかったというが、結婚後は妻がフルタイムで忙しく働いていたので、家事は半々していた。今は妻の仕事が忙しくないので7対3くらいになっており、その時々の状況により柔軟に家事をこなしている。

村岡さんはドイツに赴任し、人生観が変わった。ドイツ人にとっては家庭生活がゴールであり、そのためのプロセスとして仕事を効率よく進める。このドイツでの経験を、日本で生かしたいと考えている。帰国後に「自分の部下が何人いるかは知りませんが、洗脳していくしかないですよね。なんで会社にいるのとか。有給は百パーセント消化しなさいとか」というように、日本での職場改革に意欲的である。

会議の違いが決めるプライベート時間の確保
ドイツは「人」が決めるのに対して日本は「組織が決める」

ドイツでの生活を日本でもできるだけ取り入れようとしている谷口（仮名）さんの、ドイツでの生活と帰国後の日本の生活についてみてみよう。谷口さんは35歳で大企業のメーカーに勤めている。現在の会社の勤続年数は3年ほどだが、もともと子会社に勤めており今も同じ仕事を担当している。ドイツの駐在期間は2年8カ月でその前はイギリスに2年ほど駐在した経験をもつ。現在帰国後2年を経ている。妻はイギリス赴任前まで同じ職場の契約社員として働いていたが、赴任を機会に退職した。子どもはドイツで生まれ現在3歳である。

ドイツでの生活を経験して以前と考え方が変わったという。「プライベートの過ごし方ってすごく向こうの人って上手なんですよね。悪くいえば、仕事をほったらかしてプライベートで遊んでるとか休暇がかなり多いって、こっちから見る人はいるんですけど、逆にいうと人生の中で自分の楽しみをちゃんと謳歌して仕事とのバランスを取ってる」。

ドイツの職場では勤務時間を管理されておらず、時間の調整がしやすかった。遅く出勤し遅く退社することもあれば、反対に早く出勤し早く退社することもでき、子どもが病気の時など問題なく対処できた。ドイツ人女性の上司は遅くまで会社にとどまらないように注意していたくらいで、残業させる上司はダメな上司という考え方が主流だった。仕事そのものにもかなり満足していた。有給休暇はほとんど消化し、その大部分は旅行に用いていた。そのほかたとえば、「クリスマス休暇は1週間ぐらい。1週間ぐらいで取ってたんで、たぶん前後合わせて10日ぐらいは取った気がします」と、世間が一斉に休みになるときは有給休暇と合わせて休暇を取っており、日本とは比較にならないほど長期の休暇を何度も取ることができた。

ドイツでは、朝7時半すぎに家を出て、19時には帰宅した。定時が17時半だったので残業を1時間したことになる。それでも日本の基準からすれば早い帰宅である。帰宅後は日本食を食べるために外食をしたり、妻と一緒に料理をしたりしていた。家事については、「ドイツの時代は、今とか日本にいるときよりは断然、結構手伝ってたというか、やってたと思います」。子どもが生まれてからは帰宅すると子どもとべったり一緒に過ごした。日曜はお店が閉まるので土曜に買い物をし、土日はずっと妻と子どもと一緒に散歩などをしていた。子どもの世話については、おむつを替えたりお風呂に入れたり、また食事を食べさせたりと、妻との分担割合でみると2割くらいはしていた。趣味のゴルフは子どもが生まれてからも月に2度ほどしており、自分だけの時間も確保していた。

このような家庭生活を可能にしていたのは、ドイツと日本の仕事の仕方の違いが大きい。ドイツではある程度自分に裁量権があったので無駄なプロセスが少なかった。「やっぱり（日本では）ミーティングというか会議が多いですよね」。ドイツでは裁量権が人にあることがミーティングの内容や長さに影響を与えている。「日本って組織の中で何かを決めようと思うので、考えていることを一回みんなにシェアして、それを元にみんなで決めると。最終的に誰が決めるのかよくわからないような会議が始まり、アウトプットは何となく検討して終わるみたいな感じで、何かどこかで決まってるっていう、何かちょっとモゾモゾする感じがあります」。ドイツでは決定を下すために会議をするので議論は先にしておくが、「日本はどちらかというと状況の説明から始まって、『この人はこう考えている。

あの人はこんなことしてる。おまえはどうなんだ」みたいな話から始まり、そもそも一体何の会議なのか、アウトプットなのかよくわからないまま着地が進んじゃうという感じ」だと、日本の長くて不明瞭な会議の効率の悪さを指摘する。

では帰国後の生活はどのように変化したのだろうか。残業については現在の部署には10人いるので今は退社しやすい。ドイツ赴任前は、「(残業)してる人は善で、しない人が悪みたいな感じに思ってたんですが」、今はコスト面からみても残業しないほうがいいと思うようになった。それでもドイツでは19時に退社していたのが現在は20時になっている。会議については、「ただ呼ばれてるっていうのは、やっぱり最初戻ってきたときにはすごく違和感でしたけどね。10人も20人も集まる、何の会議かわかんないんですけど人だけがそろっているっていうのがかなり多くて」、本当に開く必要がある会議なのかわからないときは「これは何ですか?」と疑問を投げることもあったという。しかし会議をドイツ式にしてみると、帰国後半年はそれに対して苦情が生じた。そこで日本式の会議に戻したところ、確かに会議をした気にはなったが、会議の目的がよくわからなくなった。今は多少根回しをしながら「時間をちゃんと1時間って決めれば1時間で終わらせる」ことを理解してくれる人とは、うまく進行することができている。

家庭生活との調整では、妻が病気の時に1日休みを取ったが、やむを得ない理由があれば仕事を調整できるものの、取るのが当たり前という感じとは違うと感じている。また、子どもが病気の時など日本でも休みを取ることは理解してもらえるが、育児休暇も普通に取れるかといえばむずかしい。どうしても自分でなければ対処できないという場合に取ることができるが、ドイツに比べれば気持ち的に取りにくい。

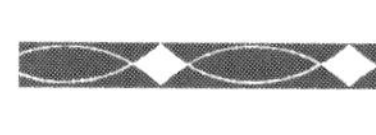

現在の日本での生活は7時半に家を出て、20時に帰宅。子どもは21時に寝るのでその間にお風呂に入れたり遊び相手になっている。土日はほぼ家族と一緒に過ごし子どもと2人で遊ぶことも多く、子育てに関してはドイツと変わらないが、家事はまったくといっていいほどしなくなり、妻にほとんどのことを頼っている。平日にたまに飲み会はあるが、自分の時間もほとんどない。

谷口さんは今後は幹部社員になり、バランスをうまく取れるようにしたいと望んでいる。

第4章　パートタイム大国　オランダ

善積 京子

オランダは、ライフステージに合わせてパートタイムでもフルタイムでも働くことができる柔軟な働き方が可能な社会、ワーク・ライフ・バランスの良い社会と世界的に高く評価されている。ＯＥＣＤの「より良い暮らし指標（Better Life Index）」の「ワーク・ライフ・バランス達成度」（①食事・睡眠・余暇活動などに使った時間、②週50時間以上働く雇用者の割合から測定）において、オランダは２０１７年にＯＥＣＤ諸国の中でトップになり、現在（２０２０年）まで1位を維持している。また、ヨーロッパ8カ国の企業で働く従業員を対象にした調査でも、オランダはワーク・ライフ・バランスに関する満足度が最も高い国になっている。

本章では、多様な家庭生活を送る様々な就労タイプの人々へのインタビューおよび企業調査を通じて、オランダではどのようにして仕事と家庭生活の良いバランスが実現されているのかを、①パートタイム雇用の正規化、②公的保育と私的保育の組み合わせ、③柔軟な働き方、の3点から捉える。さらに、オランダのワーク・ファミリー・バランス政策の問題点や課題についても明らかにする。[01]

表1は、私たちがオランダで生活する16人に行ったインタビューの対象者およびパートナーの属性、就労状況、同棲・婚姻歴、子どもの人数をまとめたものである。AさんからJさんまでの10ケースは2018年にアムステルダムで、KさんからPさんの6ケースは2019年にアムステルダムの衛星都市で行った。さらに、2016年から19年にかけて、3つの企業と2つの法人組織に対してもヒアリングを実施した。

1　パートタイム雇用の正規化——仕事と家庭領域への男女の相互乗り入れ

オランダでは、フルタイム労働からパートタイム労働に容易に変更が可能である。このことが、仕事と家庭生活の調和を図りやすくしている。例えばKさん（女性）は、オランダ警察の法医学研究所に、犯罪現場にあった指紋を検査する部門の職員として21年前から勤務する。2人の子どもは大きいので自分のことはできるが、娘の学校の送りや息子の学童保育の迎えをしなければならず、家事・育児で忙しい。そこで彼女はもち前の交渉能力、すなわちケイパビリティを職場で発揮して、「仕事と家庭生活とのバランスを取るために、今年の夏期休暇に入る前に、1週間の契約労働時間を36時間から32時間に、勤務日数も週5日から4日に減らしてもらったばかりだ」と言う。

このKさんのように、オランダでは正規雇用の状態で、フルタイム労働からパートタイム労働に容易に変更ができる。こうしたパートタイム雇用の正規化には、男女がともにパートタイムで働くことで仕事と家庭役割の均等な共有を理想とする「コンビネーション・シナリオ」という男女平等戦略が深く関わっている。そこで、パートタイム雇用の正規化の歩み、および「コンビネーション・シナリ

表1　インタビュー対象者およびパートナーの属性、就労状況、同棲・婚姻歴、子ども人数

ケース	性別	出生年	学歴	就労状況（週）					同棲・婚姻歴	子ども数
				雇用形態	職種	契約時間	契約日数	実労働時間		
Ａさん	男性	1984	大学院博士	正規短期	大学研究者	38時間	5日間	40時間	同棲1年、結婚6年	2人
パートナー	女性	1979	大学院博士	民間正規	プロジェクト統括	32時間	4日間	32時間？		
Ｂさん	女性	1978	大学	民間正規	臨床心理士	28時間	3日か4日	28時間	同棲10年	2人
パートナー	男性	1981	大学	半政府正規	ソーシャルワーカー	32時間	4日間	32時間		
Ｃさん	男性	1972	中等職業校	自営	運転手	なし	なし	60時間	離婚、現在同棲1年	2人
現パートナー	女性	1980	中等職業校	民間正規	環境関連作業員	36時間	5日間	36時間		
Ｄさん	女性	1980	中等職業校	民間正規	介護士	24時間	4日間	28時間	同棲5年、結婚12年	3人
パートナー	男性	1979	中等職業校	民間正規	建築作業員	40時間	5日間	40時間？		
Ｅさん	男性	1985	大学院修士	派遣	新聞記者	なし	なし	35時間	同棲1年	なし
パートナー	女性	1983	大学院修士	民間正規	弁護士	40時間	5日間	65時間		
Ｆさん	女性	1986	大学院修士	民間正規	レストラン調理師	40時間	4日間	48時間	同棲11年	なし
パートナー	男性	1987	大学院修士	フリーランス	ジャーナリスト・講師	なし	なし	50時間？		
Ｇさん	男性	1978	大学	民間正規	ナイトクラブ支配人	38時間	5日	40時間	結婚16年	なし
パートナー	男性	1969	大学院修士	フリーランス	言語学研究者	なし	なし	40時間		
Ｈさん	女性	1979	大学	正規短期	訓練校	24時間	3日間	24時間＋副業	結婚12年	3人
パートナー	女性	1976	大学院修士	民間正規	法律部門	40時間	5日間	40時間		
Ｉさん	男性	1968	独学	フリーランス	詩人・作家・講師	なし	なし	60時間	同棲12年後離別	2人
Ｊさん	女性	1981	大学院修士	公務員正規	小学校教員	32時間	4日間	36～40時間	なし	1人
Ｋさん	女性	1977	大学	公務員正規	警察・指紋鑑定	32時間	4日間	33時間	結婚14年	2人
パートナー	男性	1975	大学院修士	公務員正規	統計	32時間	4日間	40時間		
Ｌさん	女性	1972	大学	民間正規	広報部長	36時間	4日間	40時間	結婚24年	3人
パートナー	男性	1970	大学	民間正規	管理職	42時間	5日間	50時間		
Ｍさん	男性	1971	大学	民間正規	経営管理職	40時間	5日間	50時間	同棲13年、結婚2年	2人
パートナー	女性	1976	大学	民間正規	弁護士	32時間	4日間	40時間		
Ｎさん	男性	1972	大学	自営	建築コンサルタント	なし	5日（以前）	40時間（以前）	同棲17年	3人
パートナー	女性	1974	大学	民間正規	管理職	36時間	4日間	40時間？		
Ｏさん	男性	1974	大学	民間正規	専門技術職	なし	7日間	50時間	同棲19年	2人
パートナー	女性	1975	大学	民間正規	管理職	36時間	4日間	副業あり		
Ｐさん	女性	1971	大学修士	民間正規	経営管理職	なし	5日間	55時間	結婚14年	3人
パートナー	男性	1974	大学修士	民間正規	管理職	なし	5日間	55時間		

オ」の実状、さらにオランダのパート雇用における問題点について見ていこう。

パートタイム社会のオランダ

オランダは欧州の中では失業率が低い国で、就労率は男性（2009年84・6%、2019年86・3%）だけでなく、女性も高く、共働き世帯が多い。女性就労率は、2009年の69・8%から19年には75・5%とこの10年間で5・7%増え、EU中で7位にランクされ、最も高いスウェーデンの79・7%（2019年）と差が縮まってきている（CBS 2020）。しかしながら、両国間では働き方の主流がフルタイムかパートタイムかで大きな違いがある。

2019年のOECD諸国のパートタイム（週30時間未満）の比率をみると、平均値は16・7%で、オランダは37・0%と際立って高い（2位のスイスは26・9%、ドイツ22・0%、スウェーデン13・7%）。男女別のパートタイム比率をみても、女性だけでなく（オランダ56・9%、ドイツ36・3%、スウェーデン17・3%）、男性も多い（オランダ19・4%、ドイツ9・5%、スウェーデン10・5%）（OECD 2020）。オランダは他国から「パートタイム経済」「パートタイム社会」などと呼ばれ、オランダ人自身も自分たちを「パートタイムのフロントランナー」と捉え、パートタイムの多さを自認している。オランダの多くのパートタイム労働者は、雇用期限のない正社員の身分のまま、単に勤務時間を減らすという扱いで、日本でいえば短時間正社員に相当する。時間に比例する形で給与が支払われ、有給休暇・研修・失業保険・老齢年金などあらゆる側面でフルタイム労働者と同じ権利が保障されている。

なお、オランダの国内統計では、週35時間以上をフルタイム雇用者とし、それを満たさない人はすべてパートタイム雇用者と定義している。さらに週当たりの労働時間で区分し、19時間以下を「小パート」、20～27時間を「中パート」、28～34時間を「大パート」と呼んでいる。

パートタイム雇用の正規化政策の歩み

オランダのパートタイム雇用の歴史は、1950年代に労働力不足を補うために、既婚女性向けに導入されたのが始まりである。当初は目立った規模ではなかったが、70年代になると、女性の社会的解放が進み、女性の教育レベルの向上で就業率は上昇し、結婚後も労働市場に残る女性が増えていく。しかしながら、オランダではキリスト教民主主義の家族観が影響し、「子どもは家で育てる」という規範が根強く残る。しかも、キリスト教の「補完性原則」の教義に基づき、国が家族に対して援助を行うのは家族の中だけでは解決できない問題が生じた場合に限るとされていた。そのため家族に対する国家の介入は抑制され、保育サービスの整備は遅れた。その結果、女性の就業率増加の大部分はパートタイム雇用であった（廣瀬 2020）。

これまでの労働力不足や女性解放促進の手段としてのパートタイム雇用の捉え方を一変させたのは、1982年の「ワッセナーの合意」であった。これは、景気低迷の中でオランダ産業の競争力を強めるために政労使三者間で取り交わされたもので、労働組合側は賃金の抑制に協力すること、政府は財政支出の抑制に努めて減税を行うことが取り決められた。そして企業側には、従業員の労働時間を週40時間から38時間に減らすこと、「雇用の再配分を図る手段」してパートタイム雇用を活用すること、同一労働価値であればパートタイムでもフルタイムと時間当たりの賃金を同じに扱い、さらに社会保障や育児・介護休暇なども同じ条件にすることが要請された。

この合意によって、平均賃金の抑制が可能となり、企業の利潤率は上昇し、設備投資に余力が発生し、ワークシェアリングで雇用の機会が創出され、1999年にはオランダの失業率は欧州で最も低くなった。パートタイム雇用は80年代のオランダ経済の「雇用の牽引力」と評価された。

さらに1993年には、「パートタイム労働と労働時間の形態の多様化を促進することに関する考察と勧告」（略称「パート勧告」）が発せられ、「企業および労働市場団体は、労働と家庭生活を調和させるための必要性に対応しなければならない」とされ、仕事と子育ての両立の解決策の一つとして、パートタイム労働が位置づけられた。つまり、パートタイム労働は、「ワッセナー合意」では経済的視点から捉えられ、失業対策のために雇用の再配分手段として使われていたが、この段階になると「労働と家庭責任の調和」というワーク・ファミリー・バランスの視点が加わる。

パートタイム雇用者への待遇改善は、当初は労使間での労働協約に委ねられていたが、1990年代になると法整備が大幅に進んでいく。96年の「労働時間差別禁止法（Wet onderscheid arbeidsduur）」では、労働時間の長短による労働者の差別を禁止する「均等原則」が打ち出され、パートタイム被雇用者に、賃金・残業手当・ボーナス・企業年金・福利厚生・職場訓練の機会などで、フルタイム被雇用者と均等な待遇を受ける権利が与えられた。

さらに2000年の「労働時間調整法（Wet aanpassing arbeidsduur）」では、正規雇用労働者の労働時間の短縮や延長に関する労働者の権利が明文化され、特定の状況の下で時間当たりの賃金を維持したまま労働時間を短縮・延長する権利が従業員に認められた。従業員10人以上の企業において、その企業に1年以上雇用され、過去2年間に労働時間の変更を求めたことがない場合には、正規雇用労働者は労働時間を短縮あるいは延長する権利をもつようになる。労働者は、使用者に4カ月前に書面で労働時間数変更を要求しなければならないが、変更理由を書く必要はない。使用者は、決定を下す前に労働者と協議し、１カ月前までに書面で決定を回答しなければならない。使用者が時間短縮を拒否できるのは、①代替要員の確保が困難、②安全性に問題が生じる、③勤務時間の割り振りに重要な問題が発生する、といった場合である。また、労働時間の延長を拒否できるのは、①定員上の問題がある、②十分な業務量がない、③予算上の問題がある、などの場合である（大和田 2009）。

この労働時間調整法によって、フルタイムからパートタイムに移行し労働時間を短くしても、正規雇用労働者として法的権利が保障されるようになり、パートタイムの「正規化」が進行した。かくしてオランダでは、「労働時間の選択の自由」が保障され、ライフステージの変化に応じて仕事とそれ以外の生活のウエートを変えながら、継続して労働市場に存在することが容易になった。

男女のパートタイム労働を理念とする「コンビネーション・シナリオ」

オランダのパートタイム雇用は、実は、産業界の要請や「仕事と子育ての両立」の解決策としてだけでなく、女性解放ないしは男女平等戦略という面からも奨励されている。１９８５年に政府は、男女平等政策プランを策定し、男性が有償労働に携わり、女性が主に家事・育児といった無償労働を担うという現状の性別役割分業を変革し、男女間で有償労働と無償労働をより均等に分配し直すことを目指した。この無償労働には、家事や子どもの世話だけでなく、高齢者・障がい者に対するケアも含まれ、このプランでは、女性はさらに労働市場に参入して経済的自律性を高め、男性はもっと無償労働を引き受けることが望ましいとされた。

１９９６年に社会経済審議会（ＳＥＲ）は、この男女平等政策プランの発想をさらに具体化し、「コンビネーション・シナリオ」という政策を答申する。これは、労働時間の柔軟化、経済・社会保障の変更、ケア供給の拡大を含む政策パッケージで、「コンビネーション」には、個人生活における「有償労働と無償労働の組み合わせ」だけでなく、ケア領域での「公的保育と家庭保育の組み合わせ」といった2種類の次元が含まれる。公的保育所の充実により、女性が労働市場に参入できるようにする一方で、男性の有償労働時間を減らし家庭責任を担えるようにする。そのために、子育て中の夫妻の両方が共に週当たりの有償労働時間を平均29時間から32時間にすることが想定される。このシナリオでは、夫妻はともにフルタイムより少し短い時間の「大パート」に従事することにより、1・0ではなく、0・75ずつ、つまり2人合わせて1・5の収入を稼ぐことが目指される。この「1・5稼ぎモデル」では、有償労働を75%ずつ分担すると同時に、育児などのケア労働は各自25%ずつ担当し、残りの50%は保育施設など利用し外注化する。そして、女性が労働市場に参入しやすくする一方で、男性の有償労働時間を減らして、ケア労働を担えるようにする。夫妻は保育所を利用しつつ協力して家事や育児を遂行し、職場だけでなく家庭内でのワークシェアリングを進める（SER 1996, Parlementairemonitor 1999）。

このモデルの実現には、夫のパートタイム就業の促進とともに、夫の収入減を補うために妻にはこれまでよりも長時間のパートタイム勤務が必要となる。それを可能にするために、就労者が労働時間を変更できる権利を定めた前述の「労働時間調整法」（２０００年）が制定された。さらに、このシナリオの推進のために、「労働とケア法」が２００１年に施行された。家族の病気や介護のために年間最高10日間の有給休暇が取得できるだけでなく、個人的理由により働くことができなくなった場合の臨時有給休暇や、出産した女性のパートナーのために2日間の有給休暇を取得する権利が認められ、プライベートな生活領域であるケアの問題と有償労働との間の調整が容易になった（SER 2011）。

このように「コンビネーション・シナリオ」では、男女ともにパートタイムで働くことにより、仕事と家庭における均等な役割分担が実現することを理想とし、スウェーデンのような「男女がフルタイムで共働きする世帯」を標準としない、新しいライフスタイルの可能性が提案された。

「コンビネーション・シナリオ」は実現されたか

私たちが行ったインタビューで、夫妻ともパートタイム就労という「コンビネーション・シナリオ」を実践しているケースがあった。

臨床心理士の正規職員として働くBさんは（女性）は、精神疾患により働くことができない患者をサポートする民間機関で１年６カ月前から働く。「今は、家族や子どもを大切にしたい」と考え、契約は週28時間で、隔週で３日と４日働いている。以前は、求職中の人を援助するプログラム開発会社に週４日32時間契約で働いていた。今の職場に移って労働時間は28時間に減ったが、給与は同じ程度である。それは勉強を怠らず専門知識を身につけてきた成果であると、Bさんは思っている。２人いる子どもの下の子が小学校に行くようになれば、32時間に戻すことも考えている。

一方Bさんのパートナーは、半政府機関のソーシャルワーカーとして正規で週４日32時間働く。クライアントの家を自転車で訪問し、ときどき家でも仕事をする。ふたりの収入は同程度で、家事や育児も平等に分担している。パートナーは水曜日が休みの日で、火曜日および隔週の木曜日はBさんより早く帰宅するので、彼が子どもを迎えに行き、料理も作る。

実際には、Bさんのように夫妻ともに「パートタイム」という組み合わせ世帯は、統計上は少ない。オランダは男女の分業意識が強く、子どもは母親の手で育てるという通念が定着し、１９６０年の既婚女性の就労率は6％にすぎず、ほとんどの世帯は夫の稼ぎだけで家計が支えられていた（廣瀬2020）。現在では子育て中の女性も働くことが一般的となっているが、男性がフルタイムで働き、女性がパートタイムというパターンが多い。この場合は、男性の稼ぎが1・0、女性の稼ぎが0・5で、ふたり合わせて1・5となり、中谷（2015）はそれを「1・5稼ぎタイプ」として扱っている。

オランダ中央統計局（CBS）によると、2018年のデータでは、一方あるいは両方が働いている約330万カップルの世帯のうち、「両方がパートタイム（35時間未満）」は9・5％にすぎず、「両方がフルタイム（35時間以上）」は15・2％、「1人のみ働く」は26・7％で、「一方はフルタイム、他方はパートタイム」は48・6％で過半数近くを占める。2003年のデータと比較すると、「両方がパートタイム」は6・5％だったのが3％増、「両方がフルタイム」は12・8％から2・4％増加している。それに対し、「1人のみ働く」は34・1％だったのが7・4％減少した。「一方はフルタイム、他方はパートタイム」は46・6％で2％増である。

つまり、女性の就労率が高くなり、いわゆる「主婦専業世帯」は減少するが、「コンビネーション・シナリオ」で理想とされる「男女ともにパートタイムで働く」世帯もあまり増加していない。「一方はフルタイム、他方はパートタイム」もあまり変化がないが、その内容を詳しく見ると、「小パートタイム（20時間未満）」は19・6％から12・3％と減少し、「中・大パートタイム（20〜35時間）」が27・0％から36・3％に増加している。

このように圧倒的に多いのは夫がフルタイム、妻がパートタイムの世帯で、「男女ともにパートタイムで働く」という「コンビネーション・シナリオ」が実現されているとは言い難い状況にあるが、妻の就労時間は延びており、有償労働の分野での男女差は徐々に縮まっている。

家庭領域での男女の乗り入れ状況を見ると、2011年と16年の生活時間の調査結果の比較では、父親では、「家事」は10・2時間から11・5時間に、「育児」は4・7時間から5・1時間に増加している。一方、母親も「家事」は20・0時間から20・7時間に、「育児」は8・8時間から9・0時間に増加している（SCP 2019）。

有償労働・家事・育児にそれぞれ費やした全体の時間数を100で表し、そのうち女性の占める割合を見ると、有償労働では38・6％、家事では60・3％、子どもの世話では65・9％となっている。有償労働では男性のほうが長時間従事しているのに対し、ケア労働では女性のほうの負担が大きい状態が依然として続いている（CBS 2020）。ジェンダーによる差は縮小しつつあるものの、現在でもその差は顕著にあることがわかる。

性別役割分業の解体を阻む背景

女性がパートタイム労働を選んだ理由の調査（複数回答）を見ると、「子育てのため」（38％）、「家事をしたい」（21％）、「プライベートな時間が欲しい」（17％）、「社交や趣味の時間が欲しい」（13％）が多く、「フルタイムの仕事につけなかったから」はわずか3％にすぎない（カイザー 2011）。女性のパートタイム就労は、「強いられた選択」というよりは、「子どもを保育所に預けっ放しにしたくない」、「家庭生活を楽しみたい」、「仕事に追いまくられたくない」、「趣味や社交の時間を確保したい」という積極的理由から選んでいる場合が多く、子育て後もフルタイム就労を望む人は少ない。

オランダでは、育児休業制度を用いて労働時間を短縮することが可能で、これは「短時間勤務制度」と呼ばれている。私たちのインタビュー調査では、表2のように、多くの女性はこれを利用し、

表2　出産休暇・短時間勤務制度の利用状況

ケース（父母別）	母親		父親（母親のパートナー）	
	法定外の出産休暇	短時間勤務制度	出産休暇	短時間勤務制度
Aさん（父親）	○　1カ月	○　5日→3日	◎　1カ月（75%給与保障）	×
Bさん（母親）	×	×	×	×
Cさん（父親）	×	○　5日→3日	○　1日のみ	×
Dさん（母親）	○　3週間	○　4日28時間→4日20時間	×	×
Hさん（母親）	×	○　5日36時間→4日32時間	○　2日のみ	×
Jさん（母親）	○　2カ月	○　5日→4日32時間	―	―
Kさん（母親）	×	○　5日40時間→4日32時間	◎　1日＋会社独自の4日	○
Lさん（母親）	○　6カ月	○　5日→4日32時間	○　1日	×
Mさん（父親）	×	○　5日→4日32時間	◎　仕事オフで2週間	×
Nさん（父親）	×	○　5日→4日32時間	◎　有給休暇で3週間	×
Oさん（父親）	×	○　5日→4日32時間	◎　仕事オフで7週間	×
Pさん（母親）	×	×	○　1日のみ	×

母親の場合：法定外の出産休暇について、○利用あり、×利用なし。
父親の場合：出産休暇について、○国の保障のみ利用、×利用なし、◎他も利用。

子どもの誕生後に週5日のフルタイムから週4日や3日に変更し、パートタイム勤務に移行している。変えていないのは2ケースのみであった。変更しない理由について前述のBさんは、「出産時にはすでに週4日32時間契約で働いていた。労働時間をもっと減らしたかったが、週4日32時間以上の労働契約でないと、興味深い仕事がもらえない。仕事の状況によりそれができなかった。でも週32時間働くのはつらかった」と語っている。このケースは不本意な選択肢しかなかったため働き方を変えることができなかった事例である。それに対しスウェーデン出身のPさん（女性）の場合は、自ら望んで働き方を変えず、フルタイムで働くという選択をしていた。

オランダでは、子どもが成長して時間に余裕ができたら勤務時間を増やすのではなく、その時間は自分のために使うことを優先する。キャリア・アップを望まなくても、周囲から疑問の声を投げかけられることはない。むしろ、出産後もフルタイム就労を続けたり、高学歴であるにもかかわらず専業主婦というスタイルを選んだ人に対して、社会的プレッシャーがかかることがある。

一方、男性は、子どもの誕生前後で就労時間の変化はなく、今もフルタイム就労が主流である。かつてのような「男性稼ぎ主モデル」は通用しなくなり、家事・育児を分担しようという意識をもつ男性も増えている。しかし、生活時間調査では男性の家事や育児に費やす時間は増加しているとはいえ、依然として女性の負担割合が高い。それには、妻のほうが率先してパートタイム勤務に切り替えて家庭生活を優先させるため、夫は積極的に就労時間を調整しなければならないという意識をもちにくいことも関係している。さらに、『働く父親たち（Werkende vaderers）』という政府レポートでは、「労働時間調整法」や「労働とケア法」といった法律で定められた権利を男性が行使しようとする際に、職場の同僚や上司の無理解、勤務時間短縮や休業取得による収入減少、昇進への悪影響といった阻害要因も作用していると報告されている（中谷 2015）。

パートタイム雇用内の格差

オランダでは、パートタイム雇用は「特殊」「非正規」の就労形態でなくなり、賃金・雇用の安定・社会保障などの面でもフルタイム雇用と均等な待遇を受ける権利があるとされている。しかし、同じパートタイム雇用であっても週当たりの労働時間の長さによって待遇に違いがある。

Kさん（女性）は、「お誕生日会などいろいろな子どもの活動があって、とても大変。本来は、労働時間はもっと少ないほうが良いと思っている。でも、32時間の契約労働をさらに減らすと、今の能力や技術を生かせなくなるので、現在のままで良い」と語っている。「週4日32時間以上の労働契約でないと、興味深い仕事がもらえない」と多くの人に認識されている。

民間企業の人事担当者へのヒアリングでも、「週3日では仕事をこなせないので、パートタイム雇用でも普通は週4日32時間の勤務」（C社：電機器機製造）、「仕事内容が相談業務であり、クライアントに対して責任があり、みんな最低週4日32時間勤務しないといけない」（B社：コンサルタント業務）という声が聞かれた。

パートタイム雇用は、従来は熟練度の低い仕事に多く見られてきたが、2012年のEUの「労働力調査」では、パートタイム雇用が管理職的職種でも2割、専門的職種では4割を占め、近年はパートタイマーの活用が広範囲に及んでいる。しかし、パートタイマーの活用が広範囲に進んでいると言っても、上位の職務レベルに就いているパートタイマーは週労働時間が28〜34時間の「大パート」に限られている。

オランダでは、前述したように、パートタイム労働者とフルタイム労働者の「均等待遇」が法律で定められている。しかし、オランダ中央統計局の2016年の雇用形態別の賃金統計を見ると、フルタイム雇用の平均時間給が23・93ユーロなのに対し、パートタイム雇用では19・08ユーロで、その差は4・85ユーロあり、フルタイム雇用の8割の時間給である。パートタイム雇用の時給を週当たりの契約労働時間別に見ると、「12時間以下」では13・41ユーロ、「12〜20時間」で16・25ユーロ、「20〜25時間」で18・87ユーロ、「25〜30時間」で20・26ユーロ、「30〜35時間」で21・70ユーロと、長時間勤務ほど時間給が高くなり、月給や年収も上昇する。これには、長時間勤務の人ほど管理的地位に就く割合が高いことが関係している。

フレックス労働者の存在

このようにオランダでは、正規労働者には労働時間を短縮あるいは延長する権利が認められ、ライフステージの変化に応じて、仕事と家庭生活のウエートを調整しながら、労働市場に継続して参加することが容易になっている。問題は、それを支えているフレックス労働者の処遇である。正規雇用者の有給休暇や病欠の時にも、このフレックス労働者が活用されている。

たとえばD公益財団法人（高齢者施設）では、フレックス労働者は「病欠や産休など代替要員が必要な時に臨時的に雇っている。その人は「プール要員」と呼ばれ、派遣会社から来ていて、労働条件などは派遣会社と我々との同意で決めている」という。B社（コンサルタント事業）やE法人（私立保育所）でも、従業員の育児休業や有給休暇取得の際にこの「プール要員」を活用していると報告されている。

有期雇用契約・派遣・呼び出しなどのフレックス労働は、雇用の調整弁として位置づけられ、使用者側からすると非常に便利な雇用形態で、近年増加の一途を辿り、雇用者全体の3割を占めるようになっている。しかしその身分は不安定で、非常に弱い立場にある。２００９年の不況の時には、余剰人員としてフレックス労働者が最初に解雇された。

フレックス労働者の中には、自発的な選択ではなく、仕方なくその仕事に就いている人も少なくない。派遣労働者や有期契約の労働者が無期契約の正規雇用に移行するのは容易なことではない。正規・無期労働者の労働時間における柔軟性を支えているのは、こうした「プール要員」すなわちフレックス労働者の存在なのである。

以上のように、フレックス労働者の活用によって、正規労働者の労働時間の柔軟化が可能となり、それがオランダのワーク・ファミリー・バランスの調整のしやすさにつながっている。さらに、公的保育所と家庭保育の組み合わせのあり方もワーク・ファミリー・バランスの良さに深く関連している。

2　公的保育と家庭保育の組み合わせ、そして父親の子育て

ここでは、オランダの公的保育行政を概観し、公的保育と私的保育の組み合わせの状況や父親の子育てへの関わり方について見ていく。前述した「コンビネーション・シナリオ」には「有償労働と無償労働の組み合わせ」だけでなく、ケア領域での「公的保育と家庭保育の組み合わせ」の次元も含まれている。オランダ中央統計局のデータ（２０１４年）では、オランダでは３歳児以下の乳幼児の保育施設の利用率は77％と非常に高いが、「公的保育のみの利用」は非常に少ない（13％）。「親や祖父母などのインフォーマル保育と公的保育との併用」（32％）や、自宅で子どもを預かる「保育ママ」や、ベビーシッター・オペア[02]などの「他のタイプの併用」（32％）が多い。しかも１週間当たりの「フォーマル保育」利用時間をみると、乳幼児の87％が「1～29時間」であり、「30時間以上」預けられている乳幼児は13％にすぎない。一方スウェーデンでは、「公的保育のみ」が９割以上で、しかも「1～29時間」が34％、「30時間以上」が66％と長時間利用が大半を占め、オランダと対照的である（CBS 2016）。

オランダでは、ゼロ歳児から保育施設を利用する親が多いが、なぜ公的保育施設のみを利用している親が少なく、しかも利用日数や時間が少ないのであろうか。その謎を解くために、オランダの保育行政のあり方や人々の保育観について分析してみよう。

２００５年の保育法

かつてオランダでは、就学前の子どもの保育は1日数時間預けるプレイグループ[03]が中心であったが、1990年代以降、保育所整備のために特別予算が計上され、公的保育サービスが拡充されていった。全日制の保育所にも国から補助金が支給されるようになり、保育所も増えていった。

2005年の「保育法（Wet Kinderopvang）」は、オランダで初めて保育に関して詳細に規定した画期的な法律である。この法律は、就学前の保育および学童保育を対象にし、保育施設として全日制保育所だけでなくプレイグループや保育ママも含め、ゼロ歳から12歳までの乳幼児と児童の保育を一元的に扱っている（松浦 2011、水島 2014）。保育サービスの質の確保のために、保育施設の安全性や衛生面の管理をはじめとして、保育士の配置数、入所児1人あたりの面積、各施設が満たすべき具体的な基準などが規定される。自治体によって適宜視察が行われ、視察の報告書は公開されているので、親などが保育所を選択する際の参考資料として閲覧できる。

この法律により、政府が保育助成金を保育所利用の親に対して直接交付するようになり、親の保育費負担の大幅な軽減が図られた。親は保育施設と直接契約し、保育費を全額支払うが、その後に税務署に保育利用・支払いの申請を行う。保育料金・保育利用時間・親の労働時間と年間所得、子どもの人数などに応じて保育助成金が国から給付される。低所得者やひとり親家庭には割増しで支給される。

また2005年の保育法では、保育施設の経費は政府・雇用主・利用者の三者が負担することを基本に雇用主に対しても保育料の負担を義務づけた。しかし、この保育所への支払いを拒否する企業が存在したために、2007年に「雇用主は例外なく保育助成金を国家に納付する方式」に変更された。納付額は保育料の3分の1を雇用主負担という原則に見合う形で設定されている。

オランダでは親がどの保育施設を利用するかを選択できる。ただし、親が国からの保育助成金を受け取ることができるのは、自治体に登録している認可保育所に子どもを預けている場合に限られる。保育所として認可されるには、保育法で規定された様々な条件を満たす必要がある。このようにしてオランダでは、「親の視線と選択」（水島 2014）を基本に、保育の質的保障が図られている。

保育助成金の支給金額の推移とその影響

国から親への保育助成金額は、2011年から13年にかけて減額されていき、一定以上の収入のある親の場合はゼロになり、保障される保育時間数も減らされた。受給者1人当たりの平均金額は、2010年は5700ユーロであったが、11年には5300ユーロ、12年には4500ユーロとなった。親が保育費として支払った金額に対する保障割合も、2008年には81％であったが、10年には77％、11年は73％、12年は68％と低下する。この手当の受給者数も、2011年の53万7000人から12年は30000人減少した（CBS 2013）。

保育助成金の規制強化と減額は公的保育利用状況に大きな影響をもたらし、私的な保育を含む他の選択肢を選ぶことで、費用のかかる公的保育から離れる人が増えた。保育所の利用人数は、2012～14年の間に7万2000人減少する。また、高い保育料は、幼児の公的保育の利用時間の減少をもたらした。2011年の保育所の利用年平均時間は1200時間であったが、12年には1100時間になった。学童保育に関しても、前年度比で9％減少した（CBS 2013）。

公的保育施設数に関しても、2005年の保育法により保育所は増加し、09年から12年の間に新しく2400カ所が開設されたものの、13年には50カ所以上が閉鎖され、14年には6200カ所となった（CBS 2014）。

ところが、前述したように母親の就労率が上昇し続け、それに伴い保育所の需要は高まり、２０１６年には保育所は６４３１カ所と再び増設され、保育所利用人数も１８年には33万人となる。また、母親の週当たりの労働時間は２０１７年には平均約27時間だったが１８年には28時間と長くなり、それに伴い保育所の利用時間も30分長くなった。だが、それでも月平均では58・５時間にすぎず、オランダでは私的保育が重要な役割を果たしている（Rijksoverheid 2018）。

以上のようにオランダでは、２００５年の保育法により公的保育施設の利用割合は増加したものの、それと併用する形で自宅や親戚の家や友人宅での家庭保育も多く行われている。この間に女性の労働参加率は上昇するが、その多くはパートタイム雇用であり、全日制保育施設に週５日預けているフルタイム雇用女性は極めて少ない。

インタビュー対象者の保育所・学童保育の利用状況

インタビュー対象者は大半が保育所を利用しており、まったく利用していないのは2ケースのみである（表3）。保育所を利用しなかった理由として、Cさん（男性）は自分や前妻の両親のいずれにも保育を頼むことができ、「保育所に入れる必要がなかった」からだと述べる。一方、Dさん（女性）は、自分の仕事は介護ホームヘルパーで、「シフトが不定期で、預けなければならない曜日は定まらない。しかし、保育所や学童保育では利用する曜日を決めないといけないので、利用できなかった」と語っている。

保育所利用開始時期については、誕生後3カ月から4カ月目が多数である。利用日数は前述のPさんを除き、2日から4日となっている。Aさんの場合、最初は2日であったが、妻の働く日数が3年

表３　インタビュー対象者の子どもの保育所・学童保育の利用と家庭保育の状況

ケース	子どもの年齢*		保育所の利用状況			学童保育の利用状況		家庭保育日の養育者
			有無	開始時期	利用日数	有無	利用日数	
Ａさん	第１子	３歳	○	４カ月目	２日→３日	―	―	妻：１日、夫の両親：１日
	第２子	11カ月	○	４カ月目	３日	―		
Ｂさん	第１子	８歳	○	３カ月目	３日→２日	○	２日（火・水）	妻：１日、夫：１日、妻方祖父：１日
	第２子	３歳	○	３カ月目	２日	―	―	
Ｃさん	第１子	19歳	×	―		×	―	妻：２日、両方の祖父母：３日
Ｄさん	第１子	11歳	×	―		×	―	妻：１日、両方の祖父母。夜シフトの時は夫
	第２子	９歳	×			×		
	第３子	６歳	×			×		
Ｈさん	第１子	８歳	○	６カ月目**	３日	○	２日（火・水）	対象者：２日、パートナー：隔週で１日、対象者の両親１日
	第２・３子	４歳（双子）	○	４カ月目	３日→２日	―	―	
Ｊさん	第１子	１歳	○	７カ月目	４日	―	―	対象者：１日
Ｋさん	第１子	11歳	○	４カ月目	３日	○	３日（現在は行かず）	妻：１日、夫：１日
	第２子	８歳	○	４カ月目	３日	○	３日（月・火・木）	
Ｌさん	第１子	13歳	○	６カ月目	４日	○	４日（現在は行かず）	妻：１日、お手伝いさん：２日
	第２子	10歳	○	３カ月目	４日	○	４日（現在は行かず）	
	第３子	６歳	○	３カ月目	４日	○	２日（月・木）	
Ｍさん	第１子	11歳	○	３カ月目	２日	○	２日（火・木）	妻：１日、夫：１日、妻方祖父母：１日
	第２子	８歳	○	３カ月目	２日	○	２日（火・木）	
Ｎさん	第１子	13歳	○	４カ月目	４日→３日	○	３日（現在は行かず）	妻：１日、夫：２日
	第２子	10歳	○	４カ月目	３日	○	３日（現在は行かず）	
	第３子	８歳	○	４カ月目	３日	○	２日	
Ｏさん	第１子	８歳	○	３カ月目	２日	○	１日（月）	妻：１日、お手伝いさん：３日
	第２子	６歳	○	３カ月目	２日	○	１日（月）	
Ｐさん	第１子	13歳	×	―		○	５日（現在は行かず）	ベビーシッター・オペアがサポート
	第２子	11歳	×			○	５日（現在は行かず）	
	第３子	７歳	○	12カ月目	５日	×	―	

*　子どもの年齢はインタビュー実施時点のものである。

**　養子縁組みした場合は、法律で１カ月休暇を取ることが可能で、それを利用して、保育所は生後６カ月から利用できる。なお３人の子どもの生物学的父は同じで、人工授精で出産。

目から増えたため、３日に変更した。一方、Ｈさん（女性）の場合は、最近転職し働く日が減ったので、３日から２日に減らす。またＮさん（男性）も、最初は週４日預けていたが、「預ける日が多すぎる」と感じて、半年後に３日にしていた。

子どもが４歳になると小学校に入り、学童保育の利用に切り替わるが、多くの場合は利用日数はそのまま変わらない。しかし、子どもが10歳頃になると、学童保育に行かずに、学校からひとりで帰宅するようになる。それを機に、Ｌさん（女性）の場合は下の子の学童保育利用日数を減らし、Ｐさんの場合はまったく利用しなくなる。

父親の子育て――「パパの日」

表２や表３からわかるように、Ｐさん以外の女性は、出産後「短時間勤務制度」などで、働く日数を減らし、家庭で子どもを世話する日を確保している。一方、男性はどうであろうか。

近年、週末以外の１日を自宅で過ごし、子育てを担当する「パパの日（papadagen）」を実践する人が増えつつある。子どもをもつ男性の17％が、週１日以上を「パパの日」としている（Portegijs & Keuzenkamp 2008）。フルタイムで働いていても、たとえば１日の就労時間を９時間に設定して週４日の勤務にし、週のうち１日を保育に当てる男性も少なからず存在する。インタビュー調査では、Ｂさん、Ｋさん、Ｍさん、Ｎさんの家庭では、父親が家庭で保育する「パパの日」を設けていた。

Ｋさん（女性）のパートナーは、日本の厚生労働省に相当する機関の下部組織の統計部門に属し、健康保険や病気などに関するデータを政府に提出する仕事に従事している。第１子が誕生した時に、短時間勤務制度を利用して、労働時間・日を36時間５日から32時間４日に短縮し、１日は家で子どもの面倒をみるようにし、その状態が今も続く。「夫も子どもを週5日保育所に預けるのは良くないと思い、それが理由で仕事量を減らした」とのことだった。このケースは、夫妻ともパートタイム雇用であり、前に紹介したBさんと同様に、「コンビネーション・シナリオ」の理想モデルに該当する。

Mさん（男性）は、大学卒業以来、幾度か転職しているが、ずっとコンサルタント関係の仕事に就いている。子どもが生まれた時、週36時間4日間の勤務に替え、週1日は家にいるようにしている。その後、会社を移り、週40時間5日の勤務になったが、週の内の1日は「パパの日」に設定している。この日は自宅勤務日とし、自宅からクライアントに電話連絡したりすることで業務をこなしている。

フリーランスの建築コンサルタントとして働くNさん（男性）は、第1子誕生時は週40時間5日で働いていたが、労働時間はそのまま維持しながら働くスタイルを変え、1日は自宅にいられるように、仕事を調整している。第2子・第3子が生まれてからも労働時間は40時間を維持し、働く時間帯を柔軟にして、火曜日を「パパの日」として確保している。

このように近年、保育に積極的に関わろうとする意識が高まり、雇用形態をパートタイムに切り替えることなく、労働時間帯を弾力的に設定することで、家庭で子どもと過ごす日を捻出する父親も増えてきている。

ちなみに、インタビューでは父親（母親のパートナー）のほとんどが、子どもの誕生の時に、国の出産休暇制度を利用し、仕事を休んでいる。有給休暇などを加えて国の保障期間よりも長く家にいたケースが5件あり、さらにKさんの場合は短時間勤務制度も利用していた（表2）。

近年は、パートナーに対しても出産休暇制度が拡充されてきている。オランダでは何年もの間、父親は出産休暇を法律では1日しか取得できず（給与の100%保障）、ヨーロッパの中で父親の出産休暇制度が最も貧弱な国の一つであった。それが、２００１年に２日間となり、１９年にはＥＵのワーク・ライフ・バランス指令を受けて（序章参照）、５日間に延長された。加えて、２０２０年から最大70％保障で５週間の出産休暇が取得可能となった（Rijksoverheid 2021）。

祖父母やベビーシッターなどの利用

オランダでは、親以外に家庭保育の担い手として重要な役割を演じているのが、子どもの祖父母やベビーシッター・お手伝いさん・オペアである。表３からわかるように、祖父母が近くに住んでいる６つのケース（Ａさん、Ｂさん、Ｃさん、Ｄさん、Ｈさん、Ｍさん）では、いずれも祖父母に保育を少なくとも週１日頼んでいる。そして「パパの日」もなく、祖父母が遠くに住んでいるか、高齢で頼れないケースでは、ベビーシッター・お手伝いさん・オペアを雇っている（Ｌさん、Ｏさん、Ｐさん）。Ｌさんは、お手伝いさんを雇うようになった事情について、次のように説明する。

　親に保育所の迎えを頼むことはなかったです。私の両親はスイスに住んでいます。彼の両親はここから30分の所に住んでいますが、もう孫の世話はしたくないと言われました。現在は、週に２日間、学童保育に行っています。お手伝いさんには、週２回来てもらい、学校に迎えに行ってもらっています。金曜日は私が自宅にいるので迎えに行きます。お手伝いさんには、掃除も洗濯もしてもらっています。私はそれをしないで浮いた時間を子どもたちのアクティビティや友人との交流や自分のためにも使っています。仕事を一生懸命にしているので、自分の生活の質を高めるために使ったほうが良いと私は考えています。

お手伝いさんを雇うきっかけは、下の子が生まれてから、私が寝られなくてひどい状態になったから。お手伝いさんを見つけること自体は、お金がかかることが問題ですが、細かいことを言わなければそう難しくないです。普通は知り合いを通じて頼むことが多いですが、私はインターネットで見つけました。1時間14ユーロ支払っています。彼女の場合は、公的に他の所で働いているので、保険などを支払う必要はありません。週10時間までなら、このようなやり方が認められています。

このケースでは、お手伝いさんに保育だけでなく家事も依頼し、それで余裕が生じた時間を友人との交流など自分の生活の質を高めるために使っている。Oさん（男性）の場合も、第1子が生まれた時に、斡旋機関を通じてベビーシッターを見つけ、週2日保育の仕事だけでなく料理も作ってもらっている。保育所には週2日は、8時30分から17時または17時30分まで預け、そのほかの2日はお手伝いさんが、1日は妻がみる。4年前にOさんが再び外国の現場で働くようになり、お手伝いさんに週3日来てもらうようにして、現在も週1日のみ学童保育を利用している。Oさんが休暇で家に戻っている時でも、外出することもあるので、お手伝いさんに来てもらっている。なお、Oさんや妻の両親は、いずれも車で1時間の所に住んでおり、Oさんの出張中は、妻が休日や夜間に外出しなければならない時には来てくれている。

Pさんの場合は、香港で第1子を産み、子どもは保育所には預けず、住み込みのお手伝いさんを雇い、子どもの世話や家事をしてもらった。第2子が生まれた時に2人目のお手伝いさんを雇った。その時の状況を次のように語っている。

私も夫もフルタイムで5日働き、家事も育児もすべて自分たちだけでするのはとても無理だと思ったので、住み込みのお手伝いさんを雇いました。お手伝いさんには週2日間は休日を与える必要があり、でも私は週末も家事をしたくなかったので、2人目のお手伝いさんを雇いました。私は家事をまったくせず、仕事と、家族と一緒にいることを優先させました。

第3子の誕生後に、異動でオランダに引っ越しました。その時はオランダではお手伝いさんがいなかったので、最初の3カ月はひどい状態でした。疲労から気管肢炎にもかかりました。下の子が1歳の時から保育所に預け、上の2人は学童保育に週5日間預けていました。保育所に5日預けるやり方をしている人は私たち以外に誰もいませんでした。第3子が2歳の時にフィリピンからオペアに来てもらうことができ、食事も作ってもらい、効率よく働けるようになりました。18時まで子どもが保育所にいると疲れるので、15時30分には保育所や学童保育に迎えに行ってもらいました。

第3子が小学校に入学し、保育所を利用しなくなった時点で、上の子らの学童保育もやめ、自宅でオペアにみてもらうようにしました。保育所や学童保育に預けていた時は、それらの料金が高く、オペアの支払いに月1400ユーロもかかり、経済的に大変でした。オランダでは、保育所を5日利用する人が少ない理由には、保育料が高いという経済的理由も大きいと思います。

Pさんの例はオランダでは珍しく、夫妻ともにフルタイム雇用というケースである。どちらも管理職で、出張以外は週5日会社に出勤しているので、保育所や学童保育に子どもを5日間預け、そこへの送り迎えをオペアにしてもらっていた。

以上のように多くの家庭では、労働日数を減らして両親が家庭で保育するか、祖父母やお手伝いさん、オペアなど第三者に依頼するかして、保育所・学童保育に預ける日数や時間を減らす努力がなされている。その背景には、公的保育所の利用料金が高いという経済的理由が存在しているが、理由はそれだけでなく、「家庭保育が良い」と考えるオランダの人々の保育観が深く関わっている。

保育観と産後休暇明けからの保育所利用

インタビュー対象者のほとんどは保育所の存在を「保育所があって本当に良かった」と肯定的に捉え、「保育所はパーフェクトだと思う。友だちもいるし、社交での面で良い」（Pさん）、「子どもが大きくなってきて、ほかの子どもと交流ができるようになってきた。子どもを保育所に連れて行くと喜んでいるし、迎えに行くとそれはそれで喜んでいる」（Jさん）など、保育所では自分の子どもが「ほかの子どもと交流」できることを高く評価している。

一方週5日預けることに対しては、ほとんどの人が否定的な意見をもっている。その理由としてあげているのは、次のようなことである。「乳幼児は特に、母親との結びつきが重要だから、5日間も預けるべきではない。良い保育所に行っていても、いろんな音がしていて騒がしい。子どもが小さい時は良いとは思わない」（Kさん）、「保育所に行くと、友だちにも会えるし、とっても良いと思う。だけど、預けるのは最高で3日だろうと思う。自分の家がお城である。家ではリラックスでき快適だから、子どももそうだろうと思うので。私たちは選択的に保育所には2日だけ預けている」（Mさん）、「長い時間を預けるのは嫌だ。2日で十分だ。自分の慣れた家具がある家にいたほうが良い」（Oさん）、

「保育所に週5日預けるなんて、とんでもない。3日か4日で十分だ。人生は仕事だけ、あるいは育児だけではない。両方のバランスが重要だ」（Lさん）。

このようにオランダでは、「家庭保育を良し」とする子育て観が広がっており、それが家庭で保育する日を設けるために労働日数を減らすという行為へと繋がっている。ところで興味深いことは、産後休暇明けに生後3〜4カ月の子どもを保育所に預けることについては「早すぎる」と感じながらも、「1年も休んでいると、元の仕事に戻れない」と思っている人が多いことである。

「家でもっと子どもの世話をしたいと思った。でも1年間も休んでいると元の職場に復帰できないので、仕方がないと思った」（Kさん）、「34歳で出産してみて、出産後はスウェーデンのように両親保険を取得し、6カ月間は家で乳児の世話をするほうが良いと思う」（Pさん）、「生後3カ月で保育所に預けるのはすごく早いと思う。精神的にも難しい部分がある。しかし、働いている女性にとっては、社会のシステムが変わらない限り、どうしようもない。ドイツやスウェーデンのように、制度的に1年間有給で育児休業を取れるようになれば良いと思う」（Bさん）。このように、制度によって1年間の有給の育児休業が保障されることを望む声も出ている。

育児休業制度とその利用状況

オランダの育児休業制度はパートタイム就労を前提に展開されてきた。1991年施行の育児休業法では、週20時間以上就労している男女雇用者に対して、子どもが4歳になるまでに最長で半年間の「短時間勤務」を認めた。つまり、オランダの育児休業制度の特徴は、休職せずに労働時間を短縮して職務を継続するものである。「子育ての責任は両親が負うのが当然」という見方が支配的で、国家の介入は抑制され、所得保障は法制化されず、労使の団体協約に委ねられてきた。２００９年には、子どもが8歳になるまで26週間分の休業をより柔軟な方法で取得でき、重大な業務の支障にならない範囲で両親の同時取得も可能になった。しかし、現在も育児休業に対する法的な所得保障はない。

私たちのインタビュー対象者の世帯では、前述したように多くの母親は短時間勤務制度を利用していたが、全国統計の育児休業制度の利用率はかなり低い。8歳までの子どもをもつ働く父親の育児休業取得率は２００５年の6％から１５年には11％へ、母親の場合は13％から22％と増えているが、その後は横ばい状態が続く。２０１５年の週当たりの育児休業取得の平均時間は、母親が9時間、父親が8時間で、母親のほうがやや長く、平均の取得期間は父親が19カ月で、母親は14カ月である。雇用形態別に見ると、無期雇用契約を結んでいる労働者のほうが、有期雇用や「フレキシブル労働者」よりも取得率が高い。また、休業取得意思は働く母親の教育水準にも関係し、高学歴・所得の高い人のほうが就労を継続する意思を示し、育児休業を取得する比率が高い（廣瀬 2020）。

オランダではなぜこのように取得率が低いのであろうか。それには、育児休業に所得保障がないことや、「子育ては女性の役割」といった伝統的な性別役割規範が社会に根づいていることが影響している。女性の場合は、妊娠・出産前から週28時間未満の「中パート」や「小パート」で勤務していることが多いので、「短時間勤務」制度を利用するメリットがない。また、妊娠・出産を機に、雇用契約を変更して正式に労働時間を短縮することが多い。女性は、仕事よりも子どもの世話を優先し、家庭の状況に合わせて就労時間や形態を変える傾向が強い。一方、男性の場合は、仕事の状況に合わせて家族との関わり方を調整し、柔軟な働き方を通じて「パパの日」を確保するなど、フルタイム勤務を維持しながら育児に関わっている。

最近では一部の企業や自治体では、父親の子育てへの関与の重要性を認識し、独自の有給育児休業を導入している所もあるが、多くの企業では伝統的な「男性稼ぎ主モデル」の組織文化を保持している。そこでは男性と女性では適応される基準が異なる。男性が育児のために長期間休むなど親としての役割を果たそうとすると、上司や同僚から否定的な反応を受け、昇進の機会を失いかねない。また、多くの人は「稼得責任は夫にある」と考えており、子どもの世話をもっとしたいと思っている男性でも、無給の育児休業取得には消極的になってしまう（Rutgers 2019）。

その結果、オランダでは、産後休暇明けから保育所に子どもを預け、母親は短時間のパートタイマーとして働くことが一般的となり、「家事や育児は主に妻が担う」、「夫はフルタイム、妻はパートタイムの就労」という世帯が主流を占める。国の政策として、男女がともにパートタイムで働きながら均等なケアを担う「コンビネーション・シナリオ」を打ち出し、「稼得・ケア共同型社会」を目指しているが、それは過渡的段階にあり、実現されていない。

なお現在、オランダの育児休業制度は新たな局面を迎えている。先述のEUの「ワーク・ライフ・バランス」指令では子どもが8歳になるまでの間に、両親それぞれに最低4カ月ずつの育児休業の権利を認め、そのうち2カ月間を譲渡不可とし、この2カ月間はEU各加盟国が定める水準の所得保障を行うことを義務づけている。その指令を受け、オランダでは2022年8月より、既存の26週間の育児休業期間のうち、子どもが1歳になるまでの間の9週間の育児休業に対して、給与の50%が保障されることになった（Rijksoverheid 2021）。

3　働く時間帯や場所の柔軟性——子どもが世界一幸せな国に

オランダは、「世界で一番子どもが幸せな国」として日本でしばしば紹介されている。過去3回（2007年、13年、20年）のユニセフによる「子どもの幸福度」調査報告では、オランダがいずれも総合順位で世界1位になっている。この調査の幸福度測定の指標や対象国の数は各回で異なり、2007年の初回の報告書（Innocenti Report Cards 7）では、子どもの幸せは、①物的状況、②健康と安全、③教育、④家族と友人、⑤行動とリスク、⑥主観的満足度の6領域から測定されている。「夕食を親と一緒にとる」や「親は自分と話すために時間を割く」という設問に対して、選択肢のうちで最も頻度が高い「週に数回」を選ぶ割合が、オランダの子どもは非常に多い（「夕食」は9割、「自分と話す」は7割）。また、95%の子どもが「生活に満足」と回答している。2013年の2回目の報告書（Innocenti Report Cards 11）では、①物質的豊かさ、②健康と安全、③教育、④日常生活上のリスク、⑤家族と環境、という5分野で測定され、オランダはいずれの分野でも5位以内に入り、ここでも子どもの95%以上が「自分は幸せ」と認識していた。さらに2020年の3回目の報告書（Innocenti Report Cards 16）では、①精神的幸福度（高い生活満足度の割合、自殺率）、②身体的健康（子どもの死亡率、肥満の割合）、③スキル（読解力・数学の学力、社会的スキル）から測られ、オランダは38カ国の中で総合順位でも、①の精神的幸福度でも1位を占めている。[04] オランダが「子どもが世界で一番幸せな国」である背景には、親たちが仕事に追いまくられることなく、時間的にゆとりをもって家庭生活を営なみ、子どもにも大らかな気分で接していることが密接に関係している。そして、こうした仕事と家庭生活のバランスの良さを可能にしている背景には、柔軟な働き方ができる労働環境がある。
オランダでは、どのように柔軟な働き方が実践されているのか、まずはテレワーク導入の実態とその功罪について見ていこう。

テレワーク導入実態とその功罪

前述した「労働時間調整法」は２０１５年に「フレキシブル・ワーク法（Wet Flexibel Werken）」と改名され、さらにこの法律によって、従来の「労働時間の長さ」だけでなく、「勤務時間帯」と「勤務場所」の変更を申請する権利が、従業員10人以上の企業で認められるようになった。

オランダ中央統計局（ＣＢＳ）では、テレワーカーを「自分の所属する部署のある場所以外で、会社のＩＣＴ（情報通信技術）システムにアクセスして規則的に働く被雇用者」と定義している。つまり、テレワークとは、ＩＣＴを活用した、場所や時間にとらわれない柔軟な働き方であり、会社のＩＣＴシステムにアクセスできることを条件にしている。オランダはテレワークを最も活用している国として知られているが、２０１５年以前はテレワークに関する法的規制はなく、労使の自主的取り組みに委ねられていた。

テレワークは、企業規模が大きいほど導入割合が高く、２０１７年のＣＢＳ統計によると、従業員10〜49人では74％であるが、50〜２５０人規模では91％、２５０人以上の規模では98％となっている。産業別に導入割合をみると、「情報通信」「学術研究、専門技術サービス」「金融保険」「不動産」「医療・福祉」では８割を超えているが、「宿泊・飲食店」では５割ほどである。従業員に占めるテレワーカーの割合を産業別に多い順から見ると、１番は「情報通信」で６割を超え、次は「学術研究、専門技術サービス」「不動産」「物品賃貸・他事業所向けサービス」「金融保険」の順で、これらはどれも4割以上を占め、「医療・福祉」は3割ほどである。反対に、最も少ない割合は「宿泊・飲食店」で1割ほど、次に少ないのが「卸売・小売・修理」「製造業」で2割ほどである。

テレワークの導入をめぐっては、その功罪が議論されている。従業員側のメリットとして挙げられているのは、①勤務場所と時間の選択の自由度が高まるので、個人的な事情に合わせて働くことが容易になり、ワーク・ライフ・バランスが取りやすくなる、②仕事を効率よく集中して行うことができる、③職場までの通勤の負担を減らすことができる、などである。一方、使用者側のメリットは、①従業員を効率よく働かせることができる、②従業員の病欠を減らせる、③管理コストを節約できるなどである。社会全体としても、①交通渋滞の緩和に役立つ、②通勤できない病気をもつ労働者や障がい者を社会的に再統合できる、というメリットがあると考えられている（権丈 2011）。

一方、テレワーク導入のデメリットとして、①仕事と個人の生活を明確に区別することが難しくなり、労働時間が長くなり、過労状態を発生させやすい、②自宅などでの作業が中心で、人と接触する機会が極めて少なくなり、社会的コンタクトの減少で、孤独に陥る危険性が増す、③直接対話が基本だった職場の組織や文化を変える、などが指摘されている。

家族のために働き方をコントロール

高齢者施設や保育所などの福祉サービス部門以外の企業へのヒアリングでは、「決まった勤務時間帯はないに等しく、勤務時間の設定は従業員のタイプに委ねられている。通勤で渋滞する前に出社する人もいれば、後に出社する人もいて、様々である」（A社：輸送運輸）、「コアタイムはない」（B社：

コンサルタント事業）、「9時から17時といった勤務時間帯は決めていない。完全に自由に自分で決められる」（C社：電機器機製造）など、フレックスタイム制を導入しているとのことだった。

同時に「コアタイム」がない弊害も指摘された。C社では、フィジカル・コンタクト（直接的なコミュニケーション）を重視し、フィジカル・ミーティングと呼ばれる直接顔を合わせての会議が設定されていた。たとえば、○月○日に必ずオフィスにいて欲しいという要請が出される。その頻度は、部門によって異なり、グループの長（マネージャー）が決めているとのことであった。

個人へのインタビューでも、働き方を自分でコントロールし交渉する能力というケイパビリティを発揮して、勤務時間帯や場所を柔軟に調整することに成功している例を多く聴くことができた。Dさんの夫の場合は、勤務時間帯を変更した例である。

Dさん（女性）は、介護士として週に24時間4日間の契約であるが、実際には28時間働いている。自転車でクライアントの家に行き、着替えを手伝ったり、薬を飲ませたりなどの手助けをする。朝のシフトの時は7時半から12時半までだが、夜のシフトの時は17時から23時までの勤務なので、16時15分に家を出て23時30分に帰宅する。そのため、夜のシフトの時は夫が学校に子どもを迎えに行き、夕食を食べさせ、寝かしつけもしている。夫は自宅から5分の所にある建築資材製造会社で週40時間働いているが、Dさんの夜のシフトの日は、勤務時間帯を早め、朝7時から16時までに変更してもらっている。

Dさんの夫の場合は勤務時間帯の変更だけであるが、次のLさん（女性）の場合は就労場所を自宅にすることが認められている。Lさんは、製紙・繊維会社に入社して20年経過し、現在は広報部長を務める。仕事内容は、①会社の新しい戦略的な商品の市場開拓、②会社の売買・合併、③4万人の社員への広報、④110カ国の支店長との連絡・調整などである。Lさんの労働契約時間はこれまでは週32時間であったが、最近、36時間に変更してもらった。これに関してLさんは、「実際は40時間働いており、32時間契約では8時間はただ働きになっていた。その部分を少しでも支払って欲しいと思い申し出た」という。仕事で出張することが多く、オフィス・テレワーク・出張を組み合わせて働き、木曜日と月曜日は出社せずに自宅で仕事をしている。この形態での働き方は3年前からで、現在のポジションに就いた時に会社と合意したものである。Lさんの場合は、仕事さえすればどこで仕事をしてもよく、誰にも報告しなくて良い。だから「一般的なテレワークではない」と言う。子どもを学校に送るために遅れて出社したり、学校行事に参加したりするのも容易で、現在の働き方に満足している。

次のOさん(男性)の場合は、子どもが生まれる前に、外国の現場から本社勤務への異動願いが認められ、労働スタイルを根本から変えた例である。Oさんは、北海油田や天然ガスのパイプライン・ケーブルの設置工事などの現場監督をしていた。Oさんの下には50人の部下(オランダだけでなく、フィリピン、イギリス、バルト諸国の出身者も含む)がいる。船には部下だけでなく、3人から4人のクライアント、コック2人、掃除などをする下働きの人も乗船する。4週間働いて4週間休暇の繰り返しで、現場にいる時は1日に12~15時間、週7日間働く。4週間の休みの期間は自宅でも旅行でもどこにいても良い。Oさんは大学で水工学を学び、今の会社に入社した。自分が学んだことを生かすことができる現場の仕事にとても満足していたが、次のような理由から、子どもの誕生を前にして労働のスタイルを変えた。

「子どもが初めて歩き出すその第一歩を見ることができないから嫌だ」と言って、海外の現場の仕事に就かない人が多いのです。だから私は、子どもが生まれてから6年間は国内勤務に変えてもらいました。その時は、午前8時30分から16時30分で、週40時間5日勤務になりました。本社への通勤に1時間半かかり、そのことをみんなが知っていて理解があり、柔軟に働くことができました。4年前から再び現場の仕事に復帰し、今は外国での大型プロジェクトに携わっています。

Oさんのようにオランダでは、家族の状況に合わせて、勤務地の変更も認められている。たとえ実労働時間が契約時間よりも長くなっても、さらには、仕事時間と家庭牛活時間の区別がつきにくくなっても、柔軟な働き方ができることに満足している人が多い。

たとえばMさんの場合、就業場所はかなり自由で、自宅で仕事をすることも多く、クライアントから携帯電話への問い合わせがしばしばある。ときどきMさんが「休暇中」であることを知らずにクライアントが電話をかけてくることがある。その場合には、同僚の誰に電話すればよいかを伝える。このように家庭にいても、かかってくる電話に応じる必要があり、仕事時間と家庭生活時間の区別がつけにくい。それでもMさんは「それは負担になっていない」という。

仕事時間と家庭生活時間

オランダでは「働く時間」だけでなく、「働く時間帯」や「働く場所」の選択が容易になったおかげで、仕事と家庭生活のバランスが取りやすくなっている。表4は、インタビュー対象者がどのように仕事時間や家庭生活時間を過ごしているのかをまとめたものである。乳幼児や小学生の子どものい

表4　インタビュー対象者の仕事と家庭生活の時間

ケース（性別）	家族形態	仕事時間				平日の家庭生活時間			備考
		出勤時間	帰宅時間	通勤手段	勤務時間	夕食時間	起床時間	就寝時間	
Aさん（男性）	男女カップルと子ども	8：45～9：00	19：00	電車50分	10：00～18：00	末子18：30、他は19：00	7：00～7：30	23：00～24：00	大学通勤の場合
Bさん（女性）	男女カップルと子ども	7：50	18：30	電車45～60分	9：00～17：30	19：00家族全員	6：30	23：00	
Cさん（男性）	男女カップルと子ども	1回目：7：00、2回目：16：00	14：00、19～20：00	車	不定	不定	6：30	23：00	24時間態勢、遅い時は朝の4：00帰宅
Dさん（女性）	男女カップルと子ども	*①7：00、②16：15	①3：00、②23：30	車25分	①7：30～12：30、②7：00～23：00	18：00家族全員（①の時以外）	6：15～6：30	①22：00～23：00 ②24：30～25：00	夜シフト時は、夕食は夫と子のみ
Hさん（女性）	同性カップルと子ども	8：00～8：30	17：30～18：30	自転車20分	8：30～9：30～17：00～18：00	18：30家族全員	6：45	22：30～23：00	保育所送迎有無で、出勤時間変わる
Iさん（男性）	ひとり親	不定	不定	自転車15分	不定	子どもがいる時18：30	7：00	24：00～25：00	子どもは週2日ほど来る
Jさん（女性）	ひとり親	7：45	17：30～18：30	自転車10分	8：15～17：00	17：45子どもと一緒	6：00	21：30～22：00	水曜日は12：00仕事終了
Kさん（女性）	男女カップルと子ども	8：10	18：00	自転車25分	9：00～17：30	18：00～18：30家族全員（3日間除）	6：30	22：00	月・水・金はサッカーで、息子と夫は19：15
Lさん（女性）	男女カップルと子ども	7：45	18：30	車60分	8：45～17：15	19：00家族全員	7：15	22：00	
Mさん（男性）	男女カップルと子ども	8：00～8：15	18：00	車25分	9：00～17：30	18：30家族全員	7：00	22：00～23：00	
Nさん（男性）	男女カップルと子ども	8：15（子送る）	不定	不定	不定	19：00家族全員	7：00	23：30	
Oさん（男性）	男女カップルと子ども	—	—	—	—	18：30～19：00家族全員	6：45～7：00	23：30～24：00	休暇中で、家庭にいる時の状態
Pさん（女性）	男女カップルと子ども	8：00	18：00	車60分	9：00～17：00	18：30家族全員	7：00	22：30～24：00	
Eさん（男性）	男女カップル	9：00～9：15	18：30	自転車15分	9：30～18：00（多い型）	不定、基本バラバラ	8：00～8：30	不定	特に決まった勤務時間なし
Fさん（女性）	男女カップル	12：30	25：30～26：00	自転車10分	12：45～25：15	バラバラ	8：00～10：00	26：30～27：00	
Gさん（男性）	同性カップル	不定	不定	自転車25分	平日：20：00～25：00、土：22：00～6：00	ひとりで食べることが多い	9：00頃	不定	開店時間を勤務時間として表記

＊　①は朝のシフトの時、②は夜のシフトの時を示す。

る家庭では、保育所や学校への送り迎えが重要な日課となっている。カップルのどちらが分担するかは、それぞれの通勤にかかる時間や勤務時間などによって決められている。

たとえば、Bさん（女性）の場合は、正規職員の臨床心理士として、精神疾患のために働くことができない患者をサポートする民間機関で1年6カ月前から働いている。契約は週28時間のパートタイムで、隔週で週3日と4日の勤務になる。通勤には電車を利用しているが、45分から1時間かかる。一方、Bさんの夫は自宅近くの職場でソーシャルワーカーとして働く。Bさんは、6時30分に起きて、シャワーを浴びて、食事の準備をする。7時30分に子どもと夫が起きる。Bさんは7時50分に家を出て、職場には8時50分に着き、9時に仕事を始め、17時30分に退社し、18時30分に帰宅という生活を送る。Bさんが勤務する日は、夫が子どもの保育所の送り迎えをして、夕食も作る。

このケースのように、カップルの両方が勤務している日には子どもの学校への送りを夫が担当しているパターンが5件あり、最も多い。その中で、夫が迎えもしているのはBさん、Mさん、Nさんの3カップルで、迎えは妻がしているのはLさん、夫妻が交替で行っているのはAさんのカップルである。妻が子どもの送りをしているのは、KさんとDさんの2カップルである。Hさん（女性）の同性カップルでは、子どもの送りも迎えも完全に交替で行っている。Pさん（女性）のように、送り迎えを親族以外の第三者に依頼しているケースもある。

Pさんは、朝8時に家を出て、車で1時間かけて職場に行き、9時から仕事を始め、17時には仕事を切り上げ、18時に帰宅する。平日の食事はオペアが作ってくれており、18時30分には家族で夕食を取る。Pさんの夫は、照明器具会社の部長で400人ほどの部下がいる。契約労働時間はなく、実労働時間は平均すると週55時間ぐらいであるが、働き方は非常に柔軟にできるので、出張の時以外は夕食時までに必ず帰宅している。

オランダでは、家族全員で夕食をとることが非常に重視されている。表4のように、多くの家庭ではカップルや親子がそろって18時30分から19時の間に夕食をスタートさせている。子どもの迎えに行かない親も、夕食には間に合うように仕事を調整して、帰宅する。

子どものいる家庭では、子どもの生活リズムが大切にされ、子どもの就寝時間を定め、乳幼児ならば20時までに、10歳なら遅くても21時半までに寝かしつけている。そして大人の生活も、夕食時間だけでなく起床や就寝などの時間もかなり規則的である。多くの人が6時30分から7時までに起床し、就寝時間はほとんどが22時から24時の間である。例外的に、Dさんの場合は、夜にシフトのある日は帰宅が23時30分なので就寝が24時30分から25時になっている。

一方、子どものいないカップルでは、一方が深夜に及ぶ仕事に従事するなど、それぞれが別の生活リズムをもっている。Eさん（男性）は、仲介業者に雇われて新聞社に派遣され新聞発行の最終段階の編集を担当している。仕事の時間帯は不規則で、夜に仕事がある時もある。一方、Eさんの妻は、民間会社の弁護士で、契約は週40時間であるが、残業が多く、実際は65時間ほど働き、帰宅時間も一定していない。そのため、平日は別々に夕食をとることが多く、Eさんの就寝時間も不規則である。

Fさん（女性）は、レストランの調理師で、週契約労働時間は4日40時間である。昼の12時45分から中休みを含めて23時45分までの勤務とされているが、深夜午前1時過ぎに終わる日も多く、実際は48時間働く。Fさんの夫は、フリーランスで、ジャーナリスト組織から仕事の依頼を受け、また、大学で非常勤講師としても働いている。週4日間はFさんの帰宅が深夜になるので、夕食は別々にとる。週1日は夫と外食し、あとの2日は夫が作ってくれたものを一緒に食べる。

ナイトクラブの支配人のGさん（男性）は、契約労働時間は38時間で、実際には週4日半くらい働く。クラブの平日の営業時間は20時から25時まで、週末は22時から翌朝6時までである。働く時間帯は自由に決められる。Gさんが店にいなくてもうまくいくように、フロアマネージャーに指示しているが、自分が店の責任者なので、勤務時間以外にも従業員や顧客から連絡がきて、その都度支配人としての判断が求められる。それに対応できるように常に心の準備が必要とのことである。Gさんのパートナーの男性は、言語学の研究者で、大学のプロジェクトに参加している時のみ収入がある状態で、経済的に不安定である。料理はパートナーが担当し、残りの家事はGさんが行う。Gさんは夕方自宅にいることは稀で、パートナーが作った夕食をひとりで食べることが多い。寝る時間は不定で、8時間の就寝を目標にしているが、5時間となる日が週に2回ほどある。

以上のように、子どものいないカップルでは子どもの生活リズムに合わせる必要がなく、各々が自分の仕事に応じた時間に起床し、寝る時間も遅かったり不規則で、平日は夕食も別々にとることが多い。

契約よりも長くなる実労働時間

オランダでは、契約労働時間や日数だけでなく、勤務時間帯や勤務場所に関しても、各自の希望に応じて非常に柔軟に選択できるようになっている。そのことで、自宅での保育、保育所・学校への送り迎え、夕食に合わせた帰宅時間など、仕事と家庭生活との調節が容易になる。しかし問題は、仕事の評価が勤務時間の長さでなく、「仕事の成果」で測られるため、成果を出すために実労働時間が長くなっている点である。

Mさん（男性）は、自宅で夕食後や休日にも仕事をしており、実労働時間は50時間で、契約時間よりも10時間も多く働いている。これに関して、「働く場所は自由だが、結果を出さないといけない。成果を挙げることが何よりも重要視され、到達目標が決められていて、それを満たす必要がある」と語っている。Pさん（女性）の場合は、管理職になり契約労働時間はなくなるが、求められるものが多くなり、それに応えるために以前の契約労働時間よりも実際は長く働いているという。

インタビュー対象者の契約労働と実労働時間の差をみると、表1のようにAさんでは週の契約労働時間は38時間のところ実労働時間は40時間、Dさんでは24時間が28時間、Fさんでは40時間が48時間、Gさんでは38時間が40時間、Jさんでは32時間が36～40時間、Lさんでは36時間が40時間、Mさんでは40時間が50時間と、契約時間よりも長く働いている。

働く時間・場所を柔軟に自分で決められるという点で自由度が増しているが、その一方で仕事で成果を出すことが求められ、そのために夜や休日にも自宅で仕事をこなし、実労働時間が長くなっているのである。

4　オランダ社会の課題

オランダでは、カップルの双方がフルタイム雇用の共働きでなく、男女ともにパートタイムで働く「1・5稼ぎモデル」世帯を理想とする「コンビネーション・シナリオ」という男女平等戦略の面から、女性だけでなく男性の「パートタイム雇用」が奨励されている。しかし実際には、一方はフルタイム、他方はパートタイムの共働き世帯が多い。

オランダは、ワーク・ファミリー・バランスの実現度が高く、大人の満足度だけでなく子どもの幸福度も高い社会として、国際的に評価されている。それを可能にしているのが、家族のライフステージに合わせて労働時間を容易に変更できるパートタイム雇用の正規化政策、公的保育と家庭保育の組み合わせ政策、勤務の時間帯や場所を自由に選択できる柔軟な働き方政策である。しかしながら、これらの政策にも問題点が潜んでいることが、インタビュー調査から分かった。

第一に、パートタイム就労への変更は容易ではあるが、労働短縮時間の長さに壁がある点である。オランダでは、パートタイム労働者に対してはフルタイム労働者との「均等待遇」が法律で定められている。インタビュー対象者やそのパートナーの例にもそれが反映されていた。子どもの誕生などのファミリー・ライフサイクルに合わせて、正規雇用者は労働時間を容易に短く変更でき、そうしている女性も多い。しかしながら、週4日32時間以上の勤務でないと「興味深い、責任のある仕事に就けない」など、キャリア形成の面で不利と明確に認識されており、「労働時間の短縮」といっても限界がある。

統計を見ても、1時間当たりの賃金は長時間雇用ほど高い。管理的地位に就く割合も、パートタイム雇用は2割で、フルタイム雇用が8割と多い。パートタイム労働者の中でも管理的ポストに就けるのは、ほとんどが週4日の労働契約の場合である。このように「週4日32時間以上の勤務」が大きな壁となっている。これより短い雇用契約においても、フルタイム雇用と同様の処遇をいかに実現できるかが課題としてある。

第二に、ほとんどの女性が、生後3〜4カ月で子どもを保育所に預けることは「早すぎる」と思っているにもかかわらず、産休明けから保育所に子どもを預けて働いている点である。オランダでは

「家庭保育を良し」とする子育て観が広がっており、大半の家庭では労働日数を減らして親が家庭で子どもをみたり、祖父母やベビーシッター・オペアなど第三者に依頼したりすることで、保育所の利用日数を2日か3日に抑え、預ける時間も短くしている。ところが、産休明けの生後3、4カ月で子どもを保育所に預けることが一般的なのである。

なぜ、育児休業制度を利用して、もう少し長く乳児を家庭でみないのだろうか。その理由として、国の育児休業制度は所得保障が十分でないという経済的側面の問題点もあるが、インタビューでは「キャリアへの影響」を挙げる人が多かった。スウェーデンのように育児休業を1年間取得して完全に職場を離れると、「元の職場に復帰できない」とか「キャリアの面で不利だ」と考えられている。オランダではキャリアアップの志向性が強く、雇用の流動性も高く、転職も多い。スウェーデンで育ったPさんは、オランダは国土が狭く、スウェーデンよりも競争的であると指摘している。

オランダでは家族や友人関係などの私生活を仕事よりも優先する傾向が強いと指摘されているが(中谷 2015)、それでも仕事を軽んじることはできないのである。職場は決して「安泰な場」ではない。人々は、新しい技術・知識を取り入れ、未知なものに挑戦していかなくては、職場でポストを失うかもしれないという不安を抱いている。オランダは厳しい競争社会なのである。

したがって、オランダの子育てやワーク・ファミリー・バランスの政策課題としては、育児休業取得に対する国による所得保障をさらに充実させるとともに、育児休業を1年間取得しても復帰後も同じポストが保証されるようにすることである。

第三の問題点は、「稼得責任は夫にある」とか「子育ては女性の役割」といった伝統的な性別役割規範が社会に根強く残っている点である。それが、男女ともにパートタイムで働きながら同等なケア役割分担を理想する「コンビネーション・シナリオ」、つまり「稼得・ケア共同型社会」の実現を阻む大きな要因になっている。オランダでは、家事や育児は主に妻が担い、夫はフルタイム、妻はパートタイムという世帯が主流を占める。多くの企業では伝統的な「男性稼ぎ主モデル」の文化が保持され、男性が子どものために育児休業制度を利用することに否定的である。誕生直後から父親として多くの時間関わることで、子どもとの間に強い絆が生まれる。出産休暇や育児休業の取得は男性にとっても重要である。男性が家事やケアにもっと関われるように、企業はもとより社会全体のジェンダー規範を変えていくことが課題としてある。

第四の問題は、働き方の柔軟性が高まる一方で、多くのケースで契約労働時間よりも実労働時間が長い点である。オランダではフレックスタイム制や「自分の所属する部署のある場所以外で、会社のICT（情報通信技術）システムにアクセスして規則的に働く」テレワークの導入が進み、勤務時間帯や勤務場所に関して非常に柔軟になっている。そのことが、自宅での保育、子どもの保育所・学校への送り迎え、夕食時刻までの帰宅など、仕事と家庭生活との調節を容易にさせている。しかしながらその一方で、仕事は成果で評価されるので、実労働時間が長くなっている。

情報通信技術の進歩で、自宅で仕事をすることがかつてないほど容易になり、勤務時間・場所を柔軟に自分で決められるという点で自由度は増すが、一方において仕事で成果を出すことが求められ、そのために夜や休日にも自宅で仕事をする人が増えている。オランダの労働者は自由度が高く、一見、気楽そうに見えるが、実は自由には自己責任が伴い、厳しい面がある。オランダ社会にとっては、実労働時間を契約労働時間といかに一致させていくかが、課題としてある。

注

01 本章は、筆者の2論文（善積 2019, 2020）を土台に、最新のデータを加えて修正し、さらに大幅な加筆をしている。

02 「オペア」とはフランス語 "au pair" に由来し、もともとは食住を保障される代わりに無給で家事を手伝うことを意味した。オペア留学とは、言語を学ぶことを目的に、現地の家庭に住み込みで育児や家事を手伝う代わりに居住費や食費などのサポートが受けられる制度である。現在はヨーロッパだけでなくアメリカ・カナダ・オーストラリア・ニュージランドなど世界各国で若者を対象にしたオペアプログラムが設けられている。国によって条件など規定が異なり、オランダでは「オランダの文化を学ぶために来ている」という交換留学生の扱いで、法的には、①年齢は24歳から30歳、②出身国を問わない、③期間は1年間、オランダのいずれかの家族と暮らす、④オランダ語の授業を受ける、⑤働いて良い時間は1週間30時間、⑥毎月最大で360ユーロのお小遣いが支給される、と規定されている。

03 オランダのプレイグループの目的は、地域で遊び場を提供して子ども同士の交流を通じて子どもの発達・社会化を促すことにある。1960年代から70年代にかけてボランティア活動をベースに立ち上げられたものが拡充されていく。現在は、地方自治体関連の福祉施設、独立法人、保育団体などで運営され、親の保育料負担は週ごとの利用状況で異なる。2歳から基礎学校入学前（4歳）の子どもが対象とされ、当該年齢児の60％以上がこれに参加し、多くの場合は週3日・1日4時間ほどの利用である（松浦 2011）。

04 ちなみに、スウェーデンは精神的幸福度22位、総合順位10位。ドイツは精神的幸福度16位、総合順位14位。日本は精神的幸福度37位、総合順位20位。

コラム

オランダ人は合理的 効率よく仕事をして、家族時間を確保

加藤さん（仮名・39歳）は、国際物流の会社に15年間勤務し、日本ではずっと財務を担当してきた。オランダには1年4カ月前に部長として着任した。オランダ人の上司のもとで、日本人2名、イギリス人1名、オランダ人2名とチームを組んで仕事をしている。現在は、財務だけでなく、欧州全体の経理・人事・総務も担当する。

オランダに来て、加藤さんの生活スタイルはずいぶん変わり、家族との時間をもつことができるようになった。現在の職場は車で15分の所にあり、朝8時に自宅を出て、19時か20時には帰宅し、家族で夕食をとり、一家団欒の時間を過ごし、2人の子ども（5歳・8歳）を風呂に入れ、下の子を22時頃に寝かしつける。そこからが自分の時間で、妻と話をしたり、仕事をしたりして、23時から午前1時の間に寝る。

日本では、朝7時前に家を出て、帰宅は21時から23時。「帰宅したら、みんなは食べた後で、自分ひとりで食事して、後は寝るだけ。テレビでニュース・ステーションを見ることができれば、早く帰ったなぁという感じ。平日は子どもの顔さえ見ない日が多かった。1週間ぶりに子どもを見て、大きくなったなぁと感じることがたびたびあった。ここでは、毎日子どもの顔を見れて、話もできる。子どもたちは私を慕ってくれ、かわいい。異国の地で子どもは頑張っているし、父親として子どもを応援し、一緒に頑張ろうという気持ちになる。これまでなかったことです」。

「ここのほうが仕事量が増えていますけど、生活の質は上がっています。ちょっと相反するんですけど。本当に不思議です。それはこの国では仕事を効率良くできるからだと思います。この部分はオランダ人に学ぶべきところですね」。「オランダ人は合理的なことを追求する民族で、無駄をすごく嫌う。仕事でも無駄なことをしないですよね。仕事を効率良くして、自分の生活を大切にする」。

このように加藤さんは、オランダ人の合理的・効率的な考え方が、ワーク・ファミリー・バランスの良さをもたらしていると捉えている。第一に、IT技術の活用により、テレワークが普及していることがある。オランダ人はITが大好きで、家に帰っても仕事ができる環境を整えている。自宅でメールのチェックも可能なので、早く家に帰って、家族と過ごす時間をもった後に、パソコンを開いて仕事をする。「日本ではそうはいかないで

アムステルダムの運河の前でくつろぐ市民（筆者撮影）

すよ。セキュリティが厳しくて、会社のパソコンも持ち出せないです」。

加藤さんのオランダでの帰宅時間が日本にいた時よりも早くなっている背景には、通勤時間に要する時間の差も大きい。日本では東京の本社への通勤に75分もかかっていたが、オランダでは車で15分である。「都市集中は良くない。アムステルダムでは会社・事務所は周辺地域に分散化し、通勤電車も混雑していない。日本は都心に一極集中しすぎ。住居がどんどん職場から離れ、通勤時間も長くなってしまう」。

加藤さんは、「日本の残業ありきの賃金体系や帰りにくい雰囲気は良くない。日本でワーク・ファミリー・バランスを良くするには企業が取り組むべき課題は残業対策」と指摘する。オランダ人は、所定時間に仕事を終わらせようとする意識が強く、残業も好まない。フレックスタイム制度があり、朝7時に来たら15時半に帰ることができる。するとオランダ人は15時半ぴったりで帰る。最初は加藤さんもオランダ人の行動に驚いていたが、今は「そういうもんか」と思っている。ここでは、1日8時間労働の契約だと、今日1時間多く働けば、次の日は7時間で良い。残業時間として申請すれば残業手当を受け取ることができるが、オランダ人はほとんど申請せず、別の日の労働時間を短くする。

一方、日本では30時間残業し、残業手当をもらうことが常態化している。「お昼までダラダラして、ミニマムでこれぐらい残業をやらないと生活できないと考えている社員もいます。だから、基本給を上げて、オランダのように、残業しなくて、早く家に帰ることができるようにすべきです。そのほうが仕事の効率も上がり、生活の質も高まります」。

さらに加藤さんは、意思決定や会議のあり方の改革の必要性を説く。「日本では長い長い会議がありますが、オランダ人は会議の取り回しもうまいですね。議題や話す内容を会議前に公表しています。

みんなはそれぞれに意見を出しますけれども、議長がちゃんと総括してくれ、無駄がない。スピードがある。日本では、何回も会議をして、会議が終わっても何が決まったのかも分からないことがよくあります」。

加藤さんは、駐在員だった先輩が日本に帰ってから、「なんでこんなに一つのことを決めるのに時間がかかるんだ」と嘆いていたので、その先輩に「何とかそれを変えてくださいよ」と言ったという。ワーク・ライフ・バランスの良い海外で働かせてもらった人間が、日本に帰国して、オランダで行っていたことを実践していくことが大切で、「一人ひとりの力は小さくても、変えていければいいですよね」と語る。

労働者の生活・権利が優先されるオランダ
顧客中心の日本

畠山さん（仮名・45歳）は、金融・保険業界大手企業に21年間勤務している。オランダでは支店長として妻子と共に6年間駐在した。現在は本社の課長の地位にあり、企業向けの保険だけでなく、部下の統括の仕事もこなしている。帰国前は、日本の仕事のあり方をオランダのように変えたいと意気込んでいたが、帰国後6カ月経過した今は、仕事に追われ流され、機械のように日々の仕事をこなすことで精一杯の状態である。

オランダでの生活は「天国」のようだった。オランダは仕事と家庭生活とのバランスがとれた理想的社会だ。オランダでの体験で家庭を大切にする気持ちが強くなり、家事や育児で「妻を助ける」という意識も出てきたと、畠山さんは語る。

畠山さんがオランダで「すごいなぁ」と思った光景は、子どもの誕生日に家族総出で行う大がかりなパーティーだった。父親が仕切ってみんなに招待状を出し、子どもだけでなく家族ぐるみで祝う。さらに感心したのは、学校や放課後の子どもへの父親の関わり方だ。

「学校行事に親の参加が要請され、父親もかなり参加しています。子どもがサッカーをしている時も、日本だったらコーチに任せて親はカフェなどに行ったりしますけど、オランダではずっとそこで応援していますからね。子どもが学校で友達とどうやって遊んでるのか、先生とどうしゃべってるのかなど直接見てますから、やっぱり勉強を教えるのにも身が入ります。子どもへの愛着はものすごく強いですよね」。

オランダ駐在中、畠山さんは、平日も遅くても19時には帰宅し、家族と一緒に過ごす時間を多くもつことができた。畠山さんは料理が好きで、会社帰りに食材を購入し、平日にも夕食をよく作っていた。幼稚園や小学校に毎日子どもを送ってもいた。

帰国後も家庭を大切にしたい気持ちは変わらず、早く家に帰り、妻や子どもと一緒に夕食をとりたいと思っている。しかし現実は仕事量が多く、早くても22時にしか帰宅できない。夜の接待（懇親会）がある日は深夜の24時を過ぎる。平日は家族時間がまったく取れないので、土・日曜は朝起きてから子どもが寝るまで家族のために時間を使い、自分の時間がまったくない。平日は妻が家事や育児で疲れているので、休日は畠山さんが子どもを引き受け、妻が休息できるように配慮している。しかし、それにも限界がある。

今は、子どもが「学校になかなか溶け込めない」と妻から聞いても、畠山さんは学校でそれを直接目撃していないので、何とかしなければという切迫感が薄く、「何とかやってくれよ」と妻任せになる。


オランダでは、仕事とプライベートの時間の区別がはっきりしていて、家族のプライオリティが高く、夜は家族と過ごすことが当然だった。また、「欧米は契約社会だから、その人が好きか嫌いかじゃなくて、条件がいいかどうかの世界」なので、商品の良さで契約が成立する。個人的・情緒的な関係で契約の成否が決まることはないので、夜に接待する必要はなかった。ところが「日本は情の世界」で、飲んで本音を引き出し、顧客と親しくなることが契約の成立に大きく影響する。そのため、夜の接待が不可欠な仕事になっている。

帰国した当初は、畠山さん自身はそれができなくても、部下には「みんな早く帰れ。少なくとも水曜日は5時に帰れ。月に1回ぐらい休め」と、号令を掛けていた。しかし、「今は諦めましたね。部下も忙しくて、そんな余裕はないですね」と述べ、仕事量の多さの原因として、日本の顧客重視の文化を指摘する。

「上に対する報告業務も多すぎる。例えば、お客様が申込書を間違えたとして、オランダでは印鑑を押すだけで処理されますが、日本では、十分に説明しなかったからそうなったのか、顧客サービスの観点から、原因まで調べ報告しないといけないんです」。

日本では、労働者の仕事量をいかに減らすかという発想は乏しく、競争力を高めるために商品に過

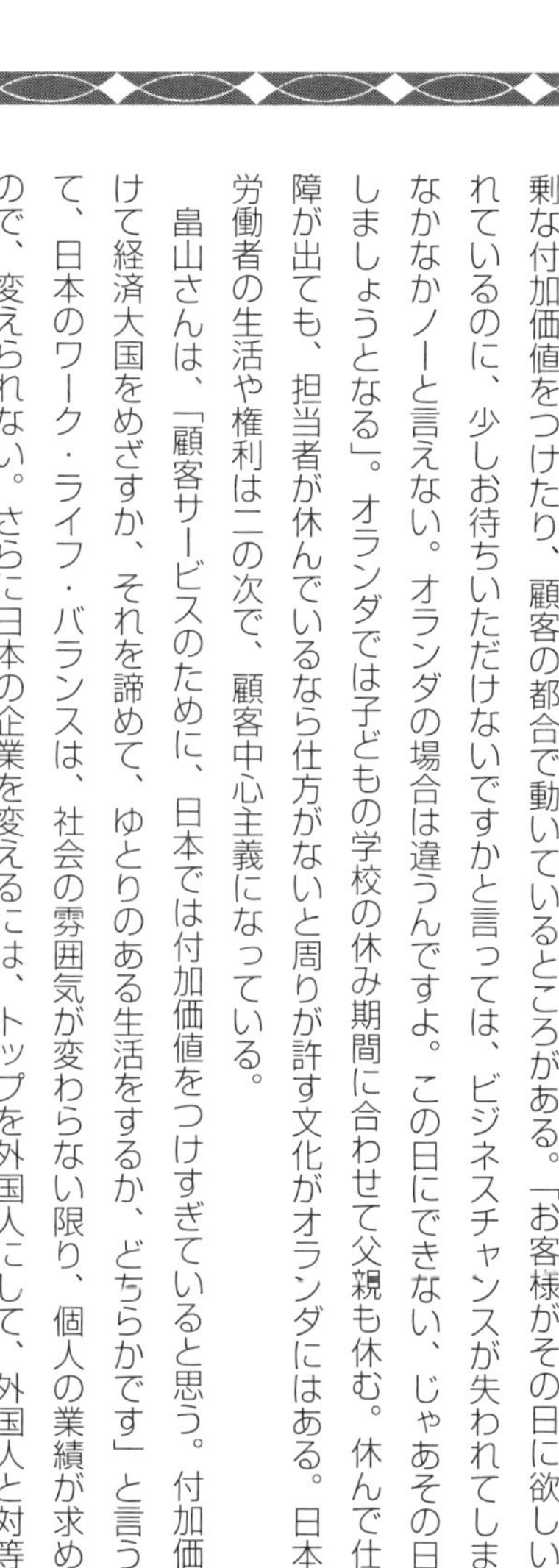

剰な付加価値をつけたり、顧客の都合で動いているところがある。「お客様がその日に欲しいと言われているのに、少しお待ちいただけないですかと言っては、ビジネスチャンスが失われてしまうので、なかなかノーと言えない。オランダの場合は違うんですよ。この日にできない、じゃあその日で調整しましょうとなる」。オランダでは子どもの学校の休み期間に合わせて父親も休む。休んで仕事に支障が出ても、担当者が休んでいるなら仕方がないと周りが許す文化がオランダにはある。日本では、労働者の生活や権利は二の次で、顧客中心主義になっている。

畠山さんは、「顧客サービスのために、日本では付加価値をつけすぎていると思う。付加価値をつけて経済大国をめざすか、それを諦めて、ゆとりのある生活をするか、どちらかです」と言う。そして、日本のワーク・ライフ・バランスは、社会の雰囲気が変わらない限り、個人の業績が求められるので、変えられない。さらに日本の企業を変えるには、トップを外国人にして、外国人と対等に接することができるようにしなければならないと説く。

第5章　同性カップルのワーク・ファミリー・バランス
欧州3カ国における制度と現実のはざまで

釜野　さおり

本章では、スウェーデン、ドイツ、オランダにおいて、男性どうし、あるいは女性どうしで生活している同性カップルのワーク・ファミリー・バランスを取り上げる。

まず、本書において同性カップルに着目するにあたり、1つの章として取り上げるのがよいのか、これら3カ国の多様なあり方の例として、第2章から第4章に統合するのがよいかを検討した。各国のワーク・ファミリー・バランスの全体像を示すには、同性カップルをそれぞれの章に含めるのがベストであろう。その一方で、スウェーデン、ドイツ、オランダにおいても、同性カップルは異性カップルと同等になっていない現実がある（FRA 2020a）。日本と比べると、これらの国の性的マイノリティの生きやすさが際立つが、差別や不等な扱いがないわけではない。同性間の婚姻は可能であるものの、その歴史は浅い。「カップル」「結婚」といえば異性間の関係が想定される。また、研究の観点からみても、日本の家族研究で同性カップルを扱うものは少なく、特に仕事と家族生活の日常を描いたものはきわめて少ない。このような現実をふまえると、同性カップルの事例を各章に含めることは、その存在をさらに不可視化させる恐れがある。本章は、同性カップルを特殊な存在としてまとめて扱うことでゲットー化させるリスクと、そうすることで可視化させることの意義を天秤にかけた結果、誕生したものである。

1　同性カップル家族をとりまく状況

日本の同性カップルの実情

日本では、2021年7月1日時点で、110の自治体が同性カップルを認証するパートナーシップ制度を導入しており、6月末時点での合計登録数は2018組である（渋谷区・虹色ダイバーシティ 2021）。また、大阪市に限られるが、18〜59歳の住民を対象に実施した無作為抽出による調査の結果をみると、同性パートナーと同居していると回答した人は、男性の1・4%、女性の1・1%であった（釜野他 2019）。このように日本において同性パートナーと生活するという生き方をしている人が実際にいるにもかかわらず、同性カップルに対する法的保障は皆無である。上記のパートナーシップ制度に登録したとしても、法律婚をしている男女なら一定条件を満たすことで得ることのできる、所得税の配偶者控除、配偶者ビザの発行、配偶者の健康保険への加入、相続権、相続税の控除、遺族年金の受給権などを得ることができない。また同性パートナーは、緊急時の安否確認、医療機関での説明や治療方針の決定の場面に、慣習的に関わることができるとされる、親族・家族、とはみなされないことが多い。したがって同性カップルは「もしものとき」にふたりの関係がどう扱われるのかの不安を抱えて生活している（杉浦他 2016）。

日本で子どもを育てている同性カップルについては、少なくとも２０００年代から家族研究で扱われていたが、近年ではマスコミでも頻繁に取り上げられるようになっている（東京新聞 2019.2.15）。同性カップルが子育てをする経緯としては、過去に異性との結婚や交際の中でもうけた子を、同性パートナーと育てるケースが主であったが、近年でははじめから同性パートナーと一緒に子どもをもつ計画を立て、精子バンクを利用したり知り合いや親戚から精子提供を受けたりして妊娠し出産している人もいる。男性どうしの場合は、代理母出産によって子どもをもつこともある。しかし、日本においては、同性カップルで子をもち、育てるという生き方は、法的にも社会的にも想定されていない。同性カップルは、法的な親ではない方のパートナーと子との間に法的関係がないために、さまざまな困難を経験している。仕事と家庭生活の両立という観点からも、女性どうしの場合、共働きで子どものケアをしていても、子を産んだ方はひとり親、そのパートナーは、子も、場合によってはパートナーももたない単身者として扱われ、育児休業や子の看護休暇等の取得はできない。

3カ国の同性カップル家族に関する統計

スウェーデンとオランダは、世界的に同性愛を受け入れる国として知られている。１９７４年からヨーロッパ諸国の世論をモニターしているユーロバロメーター（Eurobarometer）の２０１９年調査によると、「同性間の性関係は、何ら問題はない」という意見に賛成する割合は、スウェーデン95%、オランダ92%、ドイツはやや低めで86%であるが、EU28カ国の平均である72%を上回っている。また、同調査の他の関連項目もあわせてみると、ドイツは２０１５年に比べ、２０１９年では同性愛（者）を受け入れる人の増加がヨーロッパの他国に比べても大きかった国でもある[01]（EC 2019）。

３カ国で統計の出し方や入手可能なデータは異なるが、同性カップルが何組くらいいるかを参考までにみてみよう。スウェーデンでは、登録パートナー制度が導入された１９９５年から２００９年の間の登録数は男性３４７７、女性３３９５、同性間の婚姻が可能となった２００９年から２０２０年までの間の婚姻数は、男性５９６６、女性９３９４で、これは同期間の全婚姻数の２・４％にあたる（およそ63万件中1万5千件）（SCB 2020a; 2020b）。また２０１２年時点で、２２００人の子が婚姻またはパートナー登録している同性カップル世帯で暮らしていた（Bernelf 2017）。人口学者のコルクとアンダーション（2020）の分析では、２００８年に婚姻した女性カップルの約半数が5年以内に１人以上の子をもち、７％はカップルの双方が出産したと推計されている。オランダでは、同性間の婚姻が法律で可能となった２００１年から２０２０年までに男性13万２３１人、女性14万９５１人が同性と婚姻しており、同期間の婚姻またはパートナー登録数の合計は約１６５万で、同性間が占める割合は２・４％である（CBS 2021）。また、ふたり親世帯の子の０・２％が同性カップル世帯の子で、95％以上が女性カップルの子である（Kabátek & Perales 2021）。ドイツでは、カップル２１１２万組のうち、同性カップルは28万２０００組で、そのうち18歳未満の子が同居しているカップルは４万７０００組である（Statistisches Bundesamt 2021）。登録や婚姻していない同性カップル世帯も存在するため、実際の数はさらに多いと考えられる。

私たちがインタビューしたのは、各国、男性のパートナーと同居している男性１人（男性カップル）、および女性のパートナーと同居している女性１人（女性カップル）で、全員がシスジェンダー[02]である。３カ国の対象者計６人（スウェーデンでは女性のパートナーにも短いインタビューを行った）とパートナーの

表1　スウェーデン・ドイツ・オランダの同性カップルの基本属性

国 呼称　性別	調査時年齢（出生年）	教育	勤務形態	職業	実労働時間	出会い・同居・結婚年	調査時の子の年齢（出生年月）	本書の他章での呼称
スウェーデン Aさん　男	38歳（1979）	大学	民間正規	人事労務コンサルタント	育休中（復帰後31.4時間）	出会い03年 同居07年 結婚12年	息子14カ月（2016.7月生）	2章 Gさん
パートナー	37歳（1980）	大学	公務員正規	高校教諭	40時間			
Bさん　女	37歳（1980）	院修士	公務員正規	環境エンジニア	32時間	出会い14年 同居14年 結婚17年	第1子妊娠中（2017.10月予定）	2章 Hさん
パートナー	39歳（1978）	大学	公務員正規	医師（老年科）	45時間			
ドイツ Cさん　男	40歳（1978）	大学	正規	事務職	55時間	出会い09年 同居09年 婚約18年	なし	3章 Gさん
パートナー	38歳（1981）	高校 Abitur	民間非正規	フィットネストレーナー	20時間			
Dさん　女	37歳（1982）	大学	公務員正規	経営管理職	45時間	出会い15年 同居18年	なし	3章 Hさん
パートナー	44歳（1974）	大学	自営	カメラマン	30時間			
オランダ Eさん　男	40歳（1978）	大学	民間正規	ナイトクラブ支配人	40時間	出会い02年 同居04年 結婚09年	なし	4章 Gさん
パートナー	49歳（1969）	院修士	フリーランス	言語研究者	40時間			
Fさん　女	38歳（1979）	大学	正規短期	訓練校	24時間＋副業	出会い04年 同居06年 結婚09年	娘8歳（2010.8月生） 娘4歳・息子4歳（2014.5月生）	4章 Hさん
パートナー	41歳（1976）	院修士	民間正規	法律部門	40時間			

基本属性を表1に示す。なお、本章では、性的指向におけるマイノリティである、レズビアン・ゲイ（同性愛者）や、バイセクシュアル（両性愛者）を含む総称として、セクシュアル・マイノリティを、トランスジェンダーなど性自認のあり方におけるマイノリティの総称として、ジェンダー・マイノリティを用い、その双方に言及する際は、性的マイノリティを用いる。ただし、各国の制度や資料における記述においては、適宜引用元にしたがう。

セクシュアル・マイノリティが働くことについては、将来の仕事の機会や選択にかかわる学校時代にいじめや嫌がらせを受けることが多く、また就職の際の差別や職場での不当な扱いがあるため、異性愛者に比べて不利であることがわかっている（FRA 2020a）。家族生活についても同様に、パートナーに出会い、生活をともにし、場合によっては子どもをもつことは、男女間に比べると容易ではない。したがって、同性カップルのワーク・ファミリー・バランスをとらえるためには、仕事をもち働く「ワーク」の可能性と、家族を形成して生活する「ファミリー」の可能性それぞれについて、みていくことが不可欠である。

2 同性カップルの「ワーク」

以下では、同性カップル家族がいかにして仕事と家庭生活のバランスを実践しようとしているのかを、インタビューの結果をもとに探っていく。また、関連する施策を簡単に紹介し、適宜、ユーロバロメーターの結果やＥＵ基本権庁（EU Agency for Fundamental Rights, FRA）が２０１９年に実施した性的マイノリティ当事者を対象とした調査[03]（以下、ＦＲＡ調査）の結果、および先行研究の知見にも言及する。

性的指向による差別から法的に守られながら働ける社会

３カ国が加盟しているＥＵでは、２０００年12月に「雇用および職業における均等待遇の一般的枠組を設定する指令」（2000/78/EC）に基づき、性別、人種、障がい、思想信条に加え、性的指向による差別が禁止されている。各国においては、この指令に基づいた国内法の制定が２００３年までに求められていた（FRA 2020a）。

各国の憲法（基本法）をみると、まずスウェーデンでは、性的指向に基づく差別の禁止が盛り込まれている。２０１１年以来、国家のすべての機関に、健康、雇用、住宅、教育、社会保障において、性的指向を理由とした平等・無差別を実行・促進することが義務づけられている（第1章第2条）。また、性的指向を理由に「いかなる法的行為や他の規定は、何人も不利な扱いを示唆するものであってはならない」（第2章第12条）としている。オランダでは「宗教、信条、政治的意見、人種、性別、その他あらゆる理由」による差別を禁止しており、2020年6月に下院で「性的指向」（および障がい）を理由に追加する法案が可決され（ILGA World 2020）、改正については2021年7月現在、第3ルッテ内閣の連立協定「未来への確信（Vertrouwen in de toekomst）」に明記されている（Rijksoverheid 2021）。ドイツではベルリンを含む5つの州において、憲法に性的指向や性自認に基づく差別を明示してそれを禁止している（ILGA World 2020）。

各国ではさらに、領域別の法律で雇用における性的指向に基づく差別が禁止されている。スウェーデンでは、商品やサービスの提供の際の性的指向に基づく差別が刑法（1962年）ではじめて改正された（1987年法610）。2009年には、1999年以来、分野別に存在していた差別禁止法が統合され、新差別禁止法に置き換えられた（Swedish Code of Statutes 2008:567）。性的指向に基づく直接的および間接的な差別を禁止し、雇用（第1節～第4節、第9節）、教育（第5節～第8節）、商品・サービスの提供（第12節～第12c）、健康（第13節～第13b）などに適用される。ドイツでは2006年より「平等待遇原則実現のための欧州指令実施法（一般平等待遇法）（Allgemeines Gleichbehandlungsgesetz, AGG）」の第1節と第2節で、雇用、社会的保護（健康を含む）、教育、商品やサービスにおいて性的指向に基づく差別を禁止している。[04] オランダも、1992年以来、刑法137条で異性指向・同性指向を理由に人を差別することを目的とした活動への参加や、物資・財政的支援を犯罪と定めている（3カ月の禁固刑または罰金）。また、雇用、商品とサービスの提供で禁止される差別に、性的指向によるものが含まれる（平等待遇法第1節1994年)。

職を得ること

上で述べたように、3カ国においては、仕事をするにあたっては性的指向にかかわらず、平等な待遇を受けるべきであることが法に明示されている。人びとの間でも、セクシュアル・マイノリティの同僚を受け入れる考えが浸透している。ユーロバロメーターにおいて、「同僚の誰かがゲイ、レズビアン、バイセクシュアルだとしたらどう感じるか」を1(非常に不快)から10(まったく不快でない)までの数字から選ぶようたずねたところ、「不快でない」(7〜10点)と答えた人の割合は、オランダ96%、スウェーデン94%、ドイツ71%(EU全体72%)、「どちらかといえば不快ではない」(5〜6点)の回答も合わせると、それぞれ95%、96%、83%で、不快に思わない人がほとんどである(EC 2019)。

仕事につくことができるかどうかは、人びとのウェルビーイングを大きく左右する。FRA調査によると「直近の一年の職探しで差別を受けた」と回答したレズビアンとゲイの割合は、スウェーデンとオランダでは5%前後、ドイツでは8%と、ゼロではないにしろ多くはない(FRA 2020b)。インタビューでたずねた各自の職歴においても、職探しで差別を受けたという語りはなく、また、自分の性的指向やパートナーの性別は、職業選択には関係していないと考えている。

インタビューの数日前に13年続けたフルタイムの仕事を辞め、2年間契約で週3日勤務の仕事についたばかりだというFさん(オランダ女性)は、仕事につける可能性について、自信をもって語る。

ずっと長く働いていたので、ちょっと不安定というか、どうなるのか実際わからないけれども、一応今まで次の仕事もすぐに決まったわけだし、きっと何かこう一つ仕事を終えたら、また新しいものがやってくるだろうという気がします。前の仕事をもちろん続けることもできたけれども、それを辞めたのはやっぱり新しい挑戦がしたいからであって、この方法〔フリーランスの副業も行う〕がきっといいんだと思っています。

職場でのいじめや嫌がらせを経験したと答えた人はいなかったが、学校時代に受けたいじめが契機となり、成功しなければならないというプレッシャーを感じていたという経験は語られた。Eさん（オランダ男性）は、アルバイトで学費や生活費をまかない、一時は毎日数時間かけて、アムステルダムに通って芸術の勉強をしたという。ビジュアルアーティストとして自分の会社を立ち上げていたこともあり、その時にアルバイトしていたゲイのナイトクラブで、今はフルタイムの支配人として働き、安定した収入を得ている。仕事の選択については次のように話す。

ゲイだから〔一般の〕会社で働くのが難しいというよりは、ゲイということで自分や周りのことを普通以上に考えさせられました。子どもの頃はやっぱりいじめられたりしました。それで自分はもっとできるんだぞ、人より何かすごいことを達成できるんだ、ということを証明しなきゃいけないという、感覚が生まれました。

彼の場合、ゲイであることについては、親も親戚も受け入れていたが、育った環境は、すべての住民が教会に通うようなキリスト教徒の村で、離婚した自分の母が女性のひとり親第一号で、「もともといじめられる要素があった」と言う。ＦＲＡ調査によると、オランダのゲイの4割が学校時代に「いつも」または「しばしば」否定的なコメントや嫌がらせを受けたと答えている。同割合は、スウェーデン35％、ドイツ47％、また、レズビアンでは順に28％、24％、18％であった（FRA 2020b）。

職場での日常

では職場での状況はどうなのだろうか。「性的指向にかかわらず力が発揮できると感じているか」との問いに、Aさん（スウェーデン男性）は「何か障がいがあるって、それによって何か問題があるっていうふうなことは、経験したことはありませんし、感じたことはありません」と答えた。ＦＲＡ調査によると、この5年間で嫌がらせを経験したと回答したレズビアンとゲイは、ドイツでは2割程度、スウェーデンとオランダでは1割台である。一定の差別は存在するが、これら3カ国においては、同性カップル家族で暮らす人たちが、職を得て働き続けることができる環境が整えられている。世論調査の結果からも、セクシュアル・マイノリティの存在は概ね受け入れられていると言える。

ＦＲＡ調査によると、自分がセクシュアル・マイノリティであることについてオープンにしている人は、スウェーデンとドイツで3割台、オランダで4割、「隠している」という人はオランダで5％前後、スウェーデンとドイツでレズビアン1割未満、ゲイ10％台、そして一部の人にオープンにしている人がもっとも多く、3カ国すべてで5〜6割である（FRA 2020b）。私たちのインタビューでも大体の人が一部にオープンにしていた。

Bさん（スウェーデン女性）は、職場でオープンにしてきたひとりである。「ここ〔今の職場〕だけじゃなくって、前の所でも、その前の前の所でも、別に隠していなくって。男性と付き合ったこともあるので。自己紹介のときに〈はじめまして、私は〔バイセクシュアルです、女性のパートナーがいます〕って言うことはしないけども、ずっとオープンにしてきました」と話す。今の職場では、「フィーカ〔コーヒーと団らんの時間〕を一緒にするグループ、大体20人ぐらいなんですけど、みんなほんとにプライベートのことオープンに話すので、私も同様にします」と言う。女性と初めてつきあったのが25歳で、性的指向に関しては特に悩んだりしたことはないが、10代の頃だったら、違っていただろうとのことである。

一方、医師である、Bさんの妻05は、もともとオープンにしていなかったが、職場の環境が問題だったわけではないと解釈している。

私、あんまりオープンにしてこなかったんです、実は。〔職場で〕言いだしたのはほんと結構最近で、やっぱり自分の中のどこかに、それを言うことによって、周りが自分をちょっと違う目でみるんじゃないかっていうことを感じていたんですけど。実際、今もうオープンにして結婚もしたので。そうすると（中略）特に反応されなかったです。

Fさん（オランダ女性）も家族のことは自分からあえて言わない。周りの人は自分が結婚していて3人の子を育てていることは知っているが、相手は男性だと思っているだろうとのことである。中にはよく思わない人もいるので、わざわざ言うことはしないという。「向こうは、私が男性と結婚しているんだろうと、それが普通というか、それを勝手に想像するっていうこと、はありますね。だから職場でも私は結婚して子ども3人います、ということは言うけども、わざわざ女性と結婚しているんですとかは言わないです」。何も言わなければ異性愛者であるとみなされる、という事実にはオランダの異性愛規範主義的な一面が現れている。

3　同性カップルの「ファミリー」の可能性

すでに述べたように、3カ国では個人に対し、雇用など、さまざまな領域において差別が禁止されていることから、セクシュアル・マイノリティが生きていくための基本的な条件が整っているといえる。本節では、どのように同性のパートナーと出会って生活をともにし、その関係の中で子どもをもうけて育てているか、という「ファミリー」の実践をみていこう。

同性間の婚姻が法制化されている3カ国

スウェーデン、オランダ、ドイツでは同性間の婚姻が法で認められており、同性カップルは異性カップルと同様に婚姻を選ぶことができる。表2に示すように、同性間の婚姻が法制化されたのはオランダが世界でもっとも早く2001年、スウェーデンでは2009年、ドイツでは2017年であった。それ以前もスウェーデンでは1995年施行のパートナーシップ登録法（Lag om registrerat partnerskap）、オランダでは1998年施行の同性間にも異性間にも適用するパートナーシップ登録法（geregistreerd partnerschap）（オランダ民法第1編80条a）、ドイツでは2001年に導入された生活パートナーシップ法（Gesetz über die Eingetragene Lebenspartnerschaft（Lebenspartnerschaftsgesetz））、およびこれらの改正によって、

表2　パートナーシップ形式および親になることに関する同性カップルの法的権利：スウェーデン・オランダ・ドイツ

	スウェーデン	ドイツ	オランダ
パートナーシップ	登録 1995年 婚姻 2009年	登録 2001年 婚姻 2017年	登録 1998年 婚姻 2001年
共同縁組／連れ子縁組	・結婚・登録のみ 2003年 ・同棲 2018年	・連れ子縁組 登録のみ 2005年 ・交差縁組* 登録のみ 2014年 ・共同縁組 婚姻／登録 2017年	・国内・共同 2001年 ・国際・共同 2009年
女性カップルの医療機関での人工授精（MAI）	2005年	州によって可能	もともと異性間のみとの規定なし
出産していない女性が妻・パートナーの子の法的親になる	・国内MAIで精子提供者がわかっている場合 2005年 ・国外を含む認定機関のMAIで提供者がわかっている場合 2019年	2005年	MAIで精子提供者がわかっている場合 2002年
妻・登録パートナーが自動的に法的親と認定される	なし	なし（ただし、法改正を行う旨が2020年8月に公言された）	2014年
男性カップルが代理母出産を依頼する	・個人的に行う、海外で行う場合は規制なし ・国内の医療機関では禁止	同性間、異性間にかかわらず、禁止	2019年（無報酬のみ、商業的代理母は不法）
いずれのパートナーも親休暇を取得できる	1995年	2017年	2001年

出所：スウェーデン、オランダについてはEvertsson, *et al.*（2020）のTable 16.1に示された内容を掲載。ドイツについてはILGA Europe（2020）、Wikipedia（2021）を参考に作成。
* カップルの一方が子と養子縁組した後に、パートナーがその子と養子縁組する権利（sukzessivadooption）（渡邉 2014）。

同性カップルは婚姻にある程度準じた法的権利を享受することが可能となっていた。登録制度についてはスウェーデンとドイツでは婚姻の法制化により新規登録が廃止され、オランダでは残されている。

私たちがインタビューした6人のうち4人は婚姻しており、1人は婚約中であった。結婚を決めた理由はさまざまであった。スウェーデンの女性Bさんは子をもちたいと思ったのがきっかけで2016年に結婚した。スウェーデンでは結婚していなくても医療機関で生殖医療（人工授精や体外受精）を受けることができるが、待ち時間が長かった。そこで、待ち時間の短い隣国のデンマークの医療機関で受ける選択肢も残したいと考えた。スウェーデン国内の場合と違い、2019年まではデンマークなど他国で生殖医療を受けて妊娠した場合、婚姻・パートナー登録していないと、出産していないほうの女性は、子の法的親になることができなかったからである。

Aさん（スウェーデン男性）カップルは2003年に出会い、2009年に結婚した。結婚の理由については、ふたりがずっと一緒にいて、今後も一緒にいたいという証として重要なだけでなく、「（男性カップルが代理出産で）子どもをもつためには結婚してないとダメなので、そういうことも理由になってます」と言う。

他のニーズに言及したのは、オランダのEさん（男性）である。2004年から同居し、その3年後に結婚した理由は、「パートナーが、本当に死の危険があるほどの病気にかかってしまって（中略）パートナー（言語研究者）の書いたものなど受け継ぐ人がおらず、結婚していないと権利が失われてしまうため」である。また「（第一の）理由は、同性愛者の結婚がオランダでは認められていた」ことにあると言う。「平等な権利があるということが、すごく僕たちにとっては重要で、それを行使したかった」との語りから、婚姻が可能になり、その権利を得たことの意義を感じていたことがわかる。同様に、2004年に相手に出会い2009年に結婚したオランダ女性のFさんも、「お祝いしたかった」のみでなく、「オランダでは同性愛の結婚ができるということで、それをみせるため。必要があってとかいうことではなくて、シンボルのような感じでしました」として、権利があることを世に示したい、という意思を表していた。

パートナーと一緒になって10年で婚約中のCさん（ドイツ男性）は、自分の母親が4回結婚していることから、結婚の意義を疑っていたが、「本当に長く、（パートナーと）住んでるんだけれども、実際に暮らしてみて、これこそ真実の愛だ、みたいな〔気持ち〕になり、やっぱり結婚しようかっていうことになりました」と語った。

同居１年余りのＤさん（ドイツ女性）は、結婚が法制化されたことは重要だが、結婚する予定はないと言う。

重要だと思います、法律ができたっていうこと。でも、私が個人的にそれを待っていて、どうのこうのっていうのではない。絶対しなきゃいけないと思ってないし、今、結婚して有利になるというようなところはあると思いますけれども、でも、今、いろんなモデルがあっていいし、結婚となると、そこに、かちんと決められた状況になってしまいますけど、いろんなかたちがあっていいなと。

Ｄさんのように結婚する必要はないと考えていても、結婚可能な社会であえてそれを選ばないのと、その選択肢のない社会で選べないのとでは、結婚に懐疑的であることで表明される結婚制度への抵抗の重みが異なるかもしれない。インタビューでは結婚するのが当たり前という考えは聞かれず、それぞれの想いや理由があって主体的に選びとり、家族生活を実践しているようにみうけられる。

同性カップルが子をもつことをサポートする制度がある社会

スウェーデン、ドイツ、オランダの３カ国では、同性カップルの法的保障のみでなく、子どもをもち、育てることを想定した法制度も整いつつある。私たちのインタビューでも、子をもつことを選んだ人が３人いた[06]。関連する法律を概観しながら、事例をみていこう[07]。

・医療機関による人工授精によって子をもつ女性カップル

オランダでは、医療機関における人工授精（Medically Assisted Insemination, MAI）と体外受精（In Vitro Fertilization, IVF）の利用に、婚姻の有無やパートナーの性別による制約は設けられていない。しかし女性カップルの場合、ＭＡＩについては１９９８年、ＩＶＦについては２００１年になるまでは、それらを施してもらえる医療機関を探すのが困難であったという。２００２年以降は、ドナーが誰かを産んだ女性は知らないが、匿名ではなく、子が16歳になったときにドナーが誰かを知ることが可能な場合（精子バンクを利用した場合は、この条件を満たす）、子を産んだ女性の妻・登録パートナーは、その子の法的親になることができるようになった。当初は、子が生まれる前に認知するか、生まれてから養子縁組の手続きをする必要があったが、２０１４年の法改正によって、子を産んだ女性の妻または登録パートナーは自動的に法的親として認められるようになった。オランダは、友人や親戚など、個人的な知り合いから精子の提供を受け、自己人工授精（提供された精子を注射器などのキットを用いて自分で注入する方法）での妊娠が、他の北欧諸国より多いことで知られている（Evertsson, *et al.* 2020）。この方法は、女性カップルがＭＡＩを受けられない場合に広く用いられている。

オランダのＦさんとパートナーは女性どうしで3人の子を育てている。Ｆさんは若い頃母親にカミングアウトした際、子どもをもつことができない、と母親がとてもショックを受けたのに対し、「レズビアンだから子どもをもてない、ということはない」と考えたことが、のちに子をもちたいと思うきっかけになったと話す。Ｆさんカップルの経験には、そのときどきのオランダの法律が明確に反映されている。3人の子の生物学的父〔精子提供者〕は同じ男性で、インタビュー時8歳だった子は、自己人工授精でパートナーが出産し、4歳の双子は凍結精子を用いたMAIによりFさんが出産した。

上の子のときは、産みの親でないFさんは、子の法的親になるために養子縁組の手続きを行い、認められるまで時間とお金がかかった。「普通のカップルと違うのは、上の娘のときがそうだったんですけども、もう結婚しているにもかかわらず、妻の子どもとしては記載されているけれど、自分は、母親として認められなかったので、手続きをして養子という形で受け入れなければならなかった」。

次にFさんが出産した際には、妻は自動的に法的親として認められたと話す。「双子のときは法律が変わって、結婚していれば自動的に〔妻はその子たちの〕親になることができました。いろいろ市役所で申請が必要なんですけども、養子縁組とかに比べれば全然お金がかからない。〔上の子を〕養子〔にする〕プロセスはすごくお金がかかったのです」。

精子提供者は以前からの知り合いで、「お父さん探しということで、誰がぴったり適切な人なのかということを考える変なプロセス」を経て決めた。その知人男性も「すごくいいね、やろうみたいな前向きな感じだったので。彼は家族がほしいというよりは、あなたたちのプランを〔中略〕サポートしたいから是非やりましょうという感じだった」。

精子提供者と交流をもたない場合もある一方で、この家族はそうではない方法を選択している。Fさんたちに精子を提供した男性は、父親としての権利を放棄する書類に署名しており、法的なつながりや義務はないが、「上の娘にとっては向こうの双子〔その男性が夫と代理母によってもうけた子たち〕がきょうだいみたいな感覚があるので、彼女の要望に合わせるようにしています。〔中略〕個人的に交流しているのは、子どもの実父であるということで、子どもたち自身が彼を知りたいとか交流したいという気持ちがあるから、法律とは全く別でしていることです」。

そう語るFさんは、自分が第1子の実の母親ではないので、当初の葛藤と現在の気持ちを次のように述べている。

子どもが父親と交流をするのをあまりよく思っていませんでした。ただラッキーだと思うのは、彼が私たちの要望に合わせて、会いたいなら会ってくれたことです。本当に最初の数カ月は私にはちょっと難しいと思ったけど、そのあとは自然と交流ができるようになりました。

スウェーデンでも、2005年から女性カップルはMAIとIVFを受けることができるようになった。しかしその後も、同国より待ち時間が短く、匿名ドナー精子を用いることができ、ドナーの条件を指定することができるデンマークでMAIを受ける女性も多かった（Evertsson, *et al.* 2020）。2019年までは外国で妊娠した場合、婚姻かパートナー登録をしていないと、産んでいないほうの親は子を養子にできなかった。今日では、精子提供される女性が、提供者が誰なのかを知っており、MAIが認可医療機関で行われた場合は、産んでいないほうの親も自動的に法的親として認められる。なお1人目の妊娠については異性カップルの不妊治療と同様に国から補助が出るが、2人目以降の場合は出ない。

Bさん（スウェーデン女性）は、インタビュー時、ちょうど妊娠中であった。経緯をたずねると、2016年2月に診断書をもらって登録し、6月にカウンセラーと面談し、9月から生殖補助医療の治療をはじめた。「スウェーデンの法律によると、〔MAIの補助金を受けられるのが〕40歳までなんです。

今、妻は39歳で、〔私たちは〕２人子どもが欲しかったので、まず彼女で、それから私というように思ってた」。しかし、パートナーには甲状腺疾患があって妊娠しづらかったため、代わりにBさんが治療を受け、妊娠した。ドナーについては、当初登録した、妻の髪の毛の色、目の色、肌の色、にマッチすることは確認された。それ以上の情報はないが、子どもが18歳になり、希望すれば精子提供者の情報が提供される。

自己人工授精を選ばなかったのは、「もうひとりの人をそこに巻き込まなきゃいけないっていうことになるので、それはみんなほんとはできたら避けたい。病院だったらふたりでできる。第三者と関わらないっていうのがやっぱり好ましいと思う」というのがBさんたちの考えである。

妊娠中のBさんは産科のレインボーグループ（セクシュアル・マイノリティ対象のグループ）が主催する親になる人向けの、親になることの意味を考え、出産の準備や知識を得る講座に通っている。カップルの性別にかかわらず、出産に向けたサポートが充実していることがわかる。

・代理母に依頼して子をもつ男性カップル

妊娠出産が可能な女性と異なり、男性カップルの場合は代理母出産という方法がとられる。オランダでは、無報酬で商業的なもの以外であれば、代理母出産が可能となっている（Evertsson, *et al.* 2020）。スウェーデンとドイツでは、代理母出産が禁止されているため、それが可能な他国で依頼し、自国にその子を連れて帰って育てる。

Aさん（スウェーデン男性）と夫は、14カ月の子どもを育てている。Aさんは自分がゲイだと思ってからも、子を欲しいと思っていた。

若いときのほうが、子どもをもつってことに確信があったんです。でもだんだんいろんなことが分かってきて、難しさがある、その確信がちょっと弱くなって、消えかけてきたんだけども、それが結局、解決して実現しました。

Aさんと夫は夏休みを使って数週間アメリカに滞在し、夫の精子を用いて代理母が妊娠した。その際「生まれてくる子どもの親は夫だけで、産む女性というのは、一切、法的な関わりはないっていうふうな判決を出してもらっていた」と言う。子どもを連れてスウェーデンに戻ってから、さまざまな手続きし、Aさんも法的な父親として認められた。

〔相手の〕連れ子を法的な子にする制度は、スウェーデンにあるんですけど、自分たちのケースは、結構、大変だった。でも、法的なサポートしてくれた人、皆さん、とても好意的で、とても我々の状況を尊重してくれたので、最終的はとてもうまくいきました。

以上のように、国によって、またどのような方法で子をもうけたかによって、さらに性別によっても、必要な手続きやその過程で遭遇する困難は異なるが、同性カップルに子どもをもつという選択肢があることは、3カ国で共通している。[08]

4　同性カップルのワーク・ファミリー・バランス

子どもをもつという選択をした同性カップルは、どのような日常生活を送っているのだろう。ここからは、仕事と家庭生活のバランスの実践についてみていこう。

同性カップルによる育児休業の取得

第2章から第4章で紹介された3カ国の育児休業制度は、親の性別にかかわらず利用することができる。ウォングら（2020）がOECD諸国について、男女カップル、女性カップル、男性カップルが取得可能な出産・育児休業期間を算出した結果によると、出産時については、スウェーデンではどのカップルでも同期間（70・5週）、ドイツ（66・6週）とオランダ（16・4週）では男女カップルと女性カップルとで同期間の取得が可能であった。男性カップルでは期間が短く、ドイツでは60・6週、オランダでは0・4週である（表3）。

私たちのインタビューでも、子どものいる人は出産・育児期に休業を取得していた。

3人の子を育てるFさん（オランダ女性）は、自身の経験を次のように語っている。

私は上の子が生まれたときに、養子縁組をしたので、法律で1カ月休みをもらえるというのがあって、お金もかかっているし、そういう特権くらいは使いましょうよ、ということで、取りました。双子のときは〔異性カップルの〕父親と同じで、パートナーには2日位しか休みがもらえなか

表3　カップルタイプ別の出産・育児休業期間（週）

	男女カップル	女性カップル	男性カップル
出産時			
スウェーデン	70.5 週	70.5 週	70.5 週
ドイツ	66.6 週	66.6 週	60.6 週
オランダ	16.4 週	16.4 週	0.4 週
（日本）	118.6 週	58.0 週	52.4 週
養子縁組時			
スウェーデン	70.5 週	70.5 週	70.5 週
ドイツ	60.6 週	60.6 週	60.6 週
オランダ	8.0 週	8.0 週	8.0 週
（日本）	112.6 週	0 週	0 週

出所：Wong, *et al.*（2020）

ったのですが、それは取りました。パートナーもちょうど新しい仕事に変わったばかりで、育児休業は取っていません。私は双子が生まれた直後、少し労働時間を減らしました。

Fさんが出産した時には、自分が週に1日休みを取っており、パートナーも2週間に1回1日休みがあり、両親も助けてくれたため、休業の必要性はあまり感じなかった。「どちら〔の親〕も仕事を退職していて、今でも彼らはよく来てくれて、子どもの面倒をみてくれて、その出産前後この辺に滞在してくれ、すごく良かったです」と、休業期間は長いとは言えないが、仕事を調整し、親からの助けも受けながら子育てをしている様子を語る。

アメリカで代理母に依頼して子をもうけたAさん（スウェーデン男性）は、インタビュー時は育児休業中で、2週間後に復職予定であった。子が生まれた3週間後にスウェーデンに連れて帰り、高校教員の夫は夏休みを、自分は有給休暇で1カ月半休んだ。その後は、夫が9カ月の両親休業を取得し、次いで、Aさんが7カ月取った。夫ははじめから子の親として扱われたが、Aさんがその子の法的親の認定を受けるまで一年近くかかったため、両親休業を取得することができなかった。どちらがいつ休むかは、その法的手続きに左右されたようである。

インタビュー時に妊娠中だったスウェーデンのBさんと妻は、ふたり同時に1年間の両親休業を取ることを希望している。出産した親とそうでない親との間で、子どもとの距離に差が出るのを避けるためである。2人休んでも両親保険は1人分しか出ないため、節約して貯金するなど、綿密に計画を練っていた。

両親保険は、子ども1人につき480日なので、それを調整しながら、どっちかひとりがもらい、お金がどこまでもつかわからないので、希望としてはふたりが1年一緒に休む。1年たったら、ふたりとも50％で復職して、子どもは数カ月お互いシフトでみながら。10月に生まれるので、〔翌々年の〕1月から子どもは保育所に通わせる、1歳数カ月で、っていうのが計画です。

このように異性カップルと同様に育児休業が取得できる国では、法的な親という認定さえ受ければ、同性カップルは、ワーク・ファミリー・バランス関連制度をいかに活用するか検討し、その枠組みの中で、パートナーと調整しながら育児を実践することができる。

子どものいるカップルの育児、家事、仕事の日常

同性カップルが家事や育児をどのように分担しているかをとらえた研究では、全般に家事や育児分担に関して、異性カップルよりも同性カップルの方が、より平等であることが示されている（Tornello 2020）。オランダとドイツを含む欧州の複数のデータを合わせた統計分析においても、家事分担は女性カップルのほうが平等であり、また、男性カップルも女性カップルも、子育てしているカップルのほうが、一方に偏る傾向があることが示されている（van der Vleuten, *et al.* 2021）。

同研究ではカップルの合計労働時間も比較しており、オランダの女性カップルは合計約65時間20分、男性カップルは合計約69時間半で、男性の方が4時間10分長く、ドイツでは女性カップル約65時間、男性カップル約69時間40分で、男性の方が4時間40分長いことを示している（van der Vleuten, *et al.* 2021）。私たちがインタビューしたカップルでも、男性カップルのほうが女性カップルより、合計実労働時間が長くなっている（表1）。

子どもと暮らす同性カップルの日常について、オランダで8歳と4歳の双子を育てているFさん（女性）たちの生活をみてみよう。家事については、「一つだけ約束事があって、それは、パートナーが洗濯をして、私がたたむ、それ以外は必要なときにいる人がやるという形」で、「好みもそんなにないので、自然に」行っている。掃除は週に1回、2〜3時間、家事代行者に40ユーロ支払い、依頼している。

それ以外の家事は順番で、子どもの迎えに行ったほうが料理をすると決めている。「毎週生協みたいな宅配」や「何か（テイクアウト）を注文」するなど、「なるべく自分たちの生活を楽にすることを取り入れたいというのがあるので、そういうのも利用する」。

子の世話については、「私の方が家にいることが多いので、子どもが生まれてからは、パートナーより私のほうが子どもの面倒をみている。そういう意味では私のほうが少し負担が大きくなっている」とFさんは語る。出産の有無と世話の分担は関係があるか、という質問に対し、「生まれたときから本当に自分が関与しているというか、一緒にやっているので、全然違う風には感じない。そういう風に思う人もいるんだけども、（私たちは）本当に、平等」と言う。

あえて言えば、「子どもが泣いちゃったときとか、喧嘩したりってなると、自分のところに来る、自分のほうがどちらかというと、感情的な安らぎを与えるみたいな。パートナーのほうがどっちかというと楽しいことをする相手みたいな。どういう風に子どもを育てたいかはふたりで話し合っているけど、分担は自然と決まっていく感じ」である。

Fさんの以前の仕事は週40時間で、それ以上に働くときもあったようだが、「日中はちょっと休みが取れるとか、家族と組み合わせやすい、柔軟性のある自由な仕事だったので、あんまり気にならなかった」。インタビューの数日前についた仕事は週3日24時間勤務なので、今後は1日はフリーランスの仕事、残り1日は子どもと過ごす時間にあてる予定である。

Fさんのパートナーは民間企業の法務担当者で週40時間契約であるが、実際はもっと働いており、仕事はあまりフレキシブルではなく、長期の出張も時々あるという。それでも弁護士をしていた数年前よりは余裕をもって働いている。

Fさんの典型的な平日は、次のような流れである。子の保育所への送迎にあわせ、日々ふたりの間で仕事を調整し、生活していることがみてとれる。

6時45分に起きて、子どもにシャワーを浴びさせて、服を着せて、お弁当を作る。朝食を食べながら、同時にやったりするので、朝は忙しい。子どもがご飯食べているときに自分が着替えたりして慌ただしい。8時半に学校が始まるので。送り迎えは交替でやっている。送り届けて、自分の職場に行く〔到着は9時過ぎ〕。〔自分が送り届けた日は〕パートナーが迎えに行ってくれるので、ちょっと長めに仕事ができる、自分が迎えに行く日は、ちょっと早めに出勤して早めに出る。

14カ月の子どもを育てているAさん（スウェーデン男性）は、料理は自分、掃除は夫で、あとの家事は同等に分担している。話し合いはしたものの、「どれを自分が大事、重要と思うか」と「（好きか）あんまり好きじゃないか」、で決まっている。「（ふたりの間では）たとえば住まいであれば、もうちょっとすてきに美しくしたいって気持ちが、夫のほうが強い」。しかし、子どもが生まれてからは、「とにかく余裕がないので、やることがあるときにはやらなきゃいけない」というように、全般が大きく変化した。

Aさんの育児休業中の育児時間は平日9時間、休日は5〜6時間であるが、子どもの着替えなどは休業中の自分が担当し、夫が休業中だったときは逆であったという。ふたりは育児の分担について生まれる前から話し合い、その後もとにかくよく話し合って、必要に応じて調整している。「これは、自分にとって大変過ぎるって言うと、相手にしてもらったり、夫からもうちょっとこれをこうして欲しいって言われると、それに合わせていくっていうことで、常に変わっていってます」。

Aさんが育児休業を取得する前の典型的な1日は、次のような流れであった。仕事に出ている人と育児休業中の人との間で、子どもの担当を時間で区切っている様子がわかる。

7時前か、7時ぐらいに起きて、仕事してるときは子どものことは一切気にせずに。子どもは寝てるので。7時30分ぐらいに家を出て、職場には7時45分から8時ぐらいにもう入って。だいたい16時45分ぐらいまで仕事時間で、職場を出て、17時には家に帰ってきてました。家に帰ると今度は、ずっと夫が子どもといるので、交代して、（自分が）子どもの面倒をみて、面倒をみてる間に夫が夕食の支度をして、18時ぐらいに一緒に食事をする。食事をさせるときも、その間、1時間ぐらいはちょっと交代するんだけど、基本的に、22時までは自分が子どもをみて、夫が寝かしつける。その後子どもが起きちゃったり〔したときも〕24時までは私がみてます。で、24時に自分が寝ます。そのあとは、子どもが起きたら今度は夫、っていうふうにしてました。

休日には、育児休業中のほうが、自分の時間を作れるように調整している。

その前の日の夜の10時から朝の４時まで夫が寝られるように、自分が子どもをみてました。４時になったら交代して、私は４時から９時まで寝てます。９時になると起きて、朝食の用意をして、一緒に朝食を食べて、それでやっぱり、夫がずっと育休で自分の時間がないので、夫の時間を作ってあげるために、自分が子どもをみて、彼がトレーニングに行ったり、どっか行ったり。それ以外は３人でずっと過ごして、向こうの両親のうちに遊びに行ったりして過ごします。ちょっと早めに夕食を、私が用意して食べて、後はまた、22時から４時まで、って感じです。

Aさんは、インタビュー時に、残すところあと２週間であった、育児休業中の日々がいかに大変だったかを訴えるように語っていた。

育児休業っていうのが、もう全く予期しないほど大変だった。とにかく仕事に戻りたかった。前は、子どもはとにかく夜は、変な時間に寝たりして、睡眠にちょっと問題があったので、そうするとなかなか時間が取れずに、もうほんとに大変だった。

Aさんカップルの場合、育児休業中の人は大変だという認識を共有し、夜は仕事に出ていたほうが子どもをみるようにアレンジしているのが特徴的である。そして、こうした忙しい日常を送りながらも、インタビューをした年の夏は、家族で長期休暇をとり、1週間は田舎にある友人の別荘で過ごし、その後2週間は、スウェーデン北部にある夫の両親の別荘で、最後の1週間は自宅で過ごしたと言う。

オランダのFさん、スウェーデンのAさんの生活では、「同性カップル」として直面している表立った課題はみうけられず、互いの負担を同等にすべく育児を分担し、生物学的なつながりの有無にかかわらず、共同で子育てしていることがわかる。

子どものいない同性カップルの家事と仕事

最後に、同性カップルの多くを占める、子のいないカップルの生活を紹介する。家事は、一方に偏ることなく、得意不得意、気になる度合いによって、あるいは「自然に」分担がなされている。分担への不満は語られず、私たちの質問に対しても、それ自体が問題になっていることを示唆する言葉は出なかった。

妊娠中のBさん（スウェーデン女性）の家庭では、「実は最初は、この週は例えば掃除機がけはあなたがする、この週は私がするって、結構きちっと決めて話していましたが、今はどっちかっていうと、もうそろそろ掃除しなきゃねっていうのをどっちかが言う」。料理は「一緒に作るようにしてるんですけど、実際のところ私あんまり料理好きじゃないので、片付けをしたり、ちょっと横にいてアシストしたりしている」。

Dさん（ドイツ女性）カップルの場合、「（料理は）どっちも好きなんですけれども、私のほうがどっちかっていうとする回数が多いかもしれません。よく料理していますけれども、忙しい時はよく外食をします」。分担については「臨機応変に」している。また、同性どうしのほうが分担が自然に平等になると観察し、自分の相手が男性だったら政治的になるという意見を述べている。

同性だったら、あまり気にしないで、「50：50」みたいに平等で、均等になるっていうのが自然にできると思うんですけど、もし私のパートナーが男性だったら、余計配慮して、これで本当に平等なんだろうかとかいうことをもっと考えることになると思います。政治的な見解なり状況っていうのが余計、決定とかに入ってきて注意しなければいけないというか深刻に考えなきゃいけないっていうか。同性の場合はそんなんじゃないです。（中略）異性のカップルの男性だったら、ここの家事は女性がしたほうがいいよとか、最初からそういう、不平等になってるようなこともあるかもしれませんけれども、私たちの場合はほとんど同じ観点でみて、そうじゃないときは、話し合いながら、平等にいってると思います。いろいろなカップルを知ってますけれども、バランスがとれてないっていうのは異性のカップルが多いですよね。

Dさんが週1回行う予定の副業に費やす時間を6時間と見積もっても、実労働時間は30時間となり、パートナーの実労働時間の40時間との差は10時間となるが、家事は50：50であることに重きをおいていることも興味深い。

Cさん〔ドイツ男性〕の場合、料理をするのはパートナーである。

〔買い物は〕ふたりでやるんだけど、でも、彼のほうが多いかもしれない。〔彼が〕トレーニングで家に帰るとか、その間に時間があって、買い物するので、途中で帰ってきたり。だから、75対25ぐらいかな。〔掃除は〕パートナーがよくする。週末はもちろんふたりで片づけたり、掃除したりします。イヌがいますから、すぐ汚くなるんですよ。夕食は、30分とか1時間とか。平日だったら、3日間。あとは週末は料理したり食べに行ったり。

このカップルの労働時間はCさん55時間、パートナーは20時間と、インタビューした中でもっとも差が大きく、家事については、仕事時間の長さに応じて、時間があるほうがすることにしている。現在のCさんの労働時間は長いほうであるがインタビューの前年病死した母親の闘病中は、頻繁に労働時間を調整し、予期しない休暇などに対応できたと言う。

Cさんは典型的な平日の流れについて次のように語る。

イヌにまずご飯をあげて、私もそのとき食べて。それで1時間あり、用意して、家事をしたりします、出かける前に。7時よりちょっと前に家を出て、〔オフィスに着くのが〕自転車で行くか、あるいは公共の交通機関を使うかで、45分ぐらいかかると思います。〔仕事は〕8時ぐらいから始めて、18時19時とか20時まで。7時に始めたら、それでもやっぱり17時、18時とかになったり。家に帰ってくるのが、19時から20時。直接帰るんじゃなくて、スポーツしたり、友達と会ったりとかそういうようなこともします。帰ってきてボーっとして、〔あとから〕帰ってきたパートナーが〔夕食を〕作ると。〔かかる時間は〕30分とか。食べて、お風呂に入って、それからもう一回イヌを外に出して、夜休むのは22時から23時の間です。

数少ない事例ではあるが、子のいないカップルのほうが仕事につかいやす時間は長いものの、自分（たち）の時間を容易につくれる状況にある。家での生活と仕事を、時間のやりくりをしながら営んでいることがうかがえる。

5　おわりに

本章で扱ったオランダとスウェーデンは、とりわけセクシュアル・マイノリティが生きやすい国であり、当事者は自分のあり方を隠すことなく暮らしているというイメージがもたれているかもしれない。日本に比べれば、特に国の法的整備の面で、間違いなく生きやすい枠組みができていると言えるだろう。法律で差別や不等な扱いが禁止され、同性カップル家族への法的保障があるという、生きるための基本的な権利が与えられた上で、仕事をし、パートナーとの関係を築き、子どもをもうけて育てていくことができる。同性カップルの「ワーク」も「ファミリー」も実現可能であるため、結果的に各国の文脈において可能なレベルのワーク・ファミリー・バランスを追求することができる。

一方、異性愛者に比べ、セクシュアル・マイノリティの心身の健康状態は悪く、自殺未遂の経験も多いことが数々の研究で確認されており、スウェーデン（Björkenstam, *et al.* 2016）、オランダ（Chen & van Ours 2021）、ドイツ（Salter 2017）も例外ではない。これらの結果はマイノリティ・ストレス、すなわち、社会的に否定されているマイノリティであることで経験される心理的・身体的反応によるものと説明されている。具体的には、偏見、差別、嫌がらせ、言葉の暴力、身体的暴力、拒否された経験、拒否されるのではないかという不安、自分のあり方をオープンにできないこと、ネガティブな社会意識やイメージの内面化などが挙げられている（APA 2020）。「ストレス」といっても個人の心理的な問題ではなく、それを生み出す社会文化的、制度的な構造・力の存在が問題である。

本章で紹介したオランダで女性パートナーと3人の子を育てている女性は、同性愛者は子をもつことができないとショックを受けた母親に対し、それを否定することが3人の子をもつ動機になった。オランダのナイトクラブ支配人の男性は、いじめにあったことが、アーティストとして努力することにつながった。婚姻したカップルの中には、婚姻できることを世に示すためにした人もいた。これらの例は、彼ら彼女らを取り巻く異性愛主義的規範や制度、同性愛嫌悪が、「認めてもらわなければいけない」という気持ちと行動を生み出したとみることもできる。彼ら・彼女らの人生はうまくいっているが、同様の経験の蓄積によって消耗し、場合によっては病んでしまうことも想像できる。

マイノリティ・ストレスを生み出す社会文化的、制度的な構造には、「差別」としてはみえづらい、言葉にしづらいものもあると思われる。何も言わなければ異性愛者であるとみなされる（Fさん）ように、社会のディフォルト（標準設定）が暗黙のうちに異性愛を想定したものとなっているため、異性愛者であれば不要かもしれない、工夫や調整が求められる。ひとつひとつは、些細なことかもしれないが、日常的になにかしらの工夫を要する生活を営む労力は計り知れない。職場でどのような形で誰にオープンにするか、パートナーとのことは話すのかを考え、決断し、実行しその結果に向き合う。パートナーとの間では自然妊娠はありえないため、子どもをもうけるのかどうかを検討し、欲しいと思えば、綿密な計画を立てる。子が生まれた後も、親の認定を受けるためにお金と労力をかける。そのような形の家族として生活する日常の場面で、異性愛者であれば必要ないかもしれないような調整がなされる。本章で示したように、これらの国には、同性カップルがワーク・ファミリー・バランスを実践するためのケイパビリティを発揮する土壌はあると言える。しかしそれを発揮するために必要な労力は、異性愛者に比べて多いと考えられる。

ただし、その余分な労力は、制度が整うことによって、減らすことができることを示した事例もある。オランダで子育てをしているFさんの場合、1回目と2回目の出産の間に法改正があり、それによって法的親として認められるプロセスが楽になっていた。したがって、不当な扱いをなくすための全般的な法整備は、ワーク・ファミリー・バランスの実現に必須であると考えられる。

３カ国のような法整備があっても、不当な扱いはまだある、という現実を述べると、法律を整備しても意味がない、という意見が出るかもしれない。しかし不当な扱いを受ける側からすれば、禁止されているところで受けるのと、されていないところで受けるのでは、その経験や影響が異なる。その不当な扱いは間違っていると声に出すことができ、いざとなったら法に基づいて申し立てができるということは、大きな支えになる。筆者は２００１年にスウェーデンにおいて同性カップルのインタビューを実施したが（釜野 2004）、この15年余りの間での法整備や人びとの意識の変容にともない、同性カップルの生きやすさは大きく改善したとの印象をもっている。

ＥＵでは各国のセクシュアル・マイノリティの状況に関する報告書を毎年まとめ、改善すべき点を提案し、各国はそれを受けて対応するための取り組みを進めている。どのような社会・時代においても法律や制度に完璧ということはあり得ないが、常に状況をモニターし、制度面でできることを探るという姿勢は、同性カップルのワーク・ファミリー・バランスの実現をうながし、性的指向にかかわらず希望をもって生きられることにつながっているのではないだろうか。また、本章では触れなかったが、企業、教育機関、支援団体などにおいても、性的指向にもとづく不当な扱いをなくすための取り組みやセクシュアル・マイノリティへのサポートがなされている。

私たちがインタビューした人たちは、社会に適応し、経済的に余裕のある人たちであった。経済的基盤があるからこそ、希望する仕事をしながら同性カップル家族として生活を築くことができていると言える。この研究からは、資源の少ない同性カップルの「ワーク」と「ファミリー」の実態について知ることはできないが、少なくとも、この限られた層の同性カップルが、各国における制度を使って、仕事と家族のバランスを調整しながら生活している実態を描くことができていれば、幸いである。

注

01 マイノリティに関する調査では、回答者が社会的に望ましいとされている行動や規範が共有されていると認識し、かつ自身がそれに沿っていない場合、回答を規範的な方向に変えることで生じる「社会的望ましさバイアス」があることが示されている（Coffman, *et al.* 2016）が、筆者はそれに鑑みてもこうした調査結果は社会の雰囲気をとらえる一つの有用な道具であると考える。

02 人は、生まれた時に外性器の形状等に基づいて医師の判断により、男性か女性かに振り分けられ、出生届に登録される。シスジェンダーとは、割り当てられて登録された性別と、自分自身が認識する性別（性自認）が一致している人を指し、出生時に割り当てられた性別と異なる性別だと認識したり違和感をもったりするトランスジェンダーの反対語として使われている。性にかかわる体の発達が生まれつき非定型的なインターセックス（性分化疾患）については、体の性のさまざまな発達を意味するＤＳＤ（Differences of Sex Development）が用いられることもある（ネクスＤＳＤジャパン 2021）。性的マイノリティの国際人権組織であるＩＬＧＡ（国際レズビアン、ゲイ、バイセクシュアル、トランスジェンダー、インターセックス協会）のように、インターセックスを広義の性的マイノリティに含める場合もあれば、一線を画すとして含めない場合もある。

03　ＥＵ基本権庁（ＦＲＡ）では２０１９年にヨーロッパ諸国の性的マイノリティを対象にオープン型ウェブ調査（設定されたリンクにアクセスすれば誰でも回答できる形式の調査）を実施し、約14万人から回答を得た。ドイツ１万６１１９人、オランダ３９１４人、スウェーデン２５０２人の回答も含む。

04　ＥＵ指令では、日本語で性的指向と訳されるsexual orientationが用いられているが、ドイツではsexualle identität（性的アイデンティティ）と表現され、そして「差別」ではなく「不利益待遇」が用いられていることが特徴である。両性愛者、トランスジェンダー、インターセックスも保護対象とする幅広い概念を用い、差別よりも広範囲にわたる不利益待遇を用いた、と説明されている（飯田 2016）。

05　３カ国では、法律婚をした同性カップルが、女性どうしの場合は互いを「妻」、男性どうしの場合は互いを「夫」と呼び合うことがあるため、本章でも、適宜、妻、夫を用いている。

06　同性カップルに育てられることが子に悪影響を与えるのではないかとの懸念がしばしば示される。長期的に成長をモニターする研究や他の家族形態の子と比較する研究を含め、一定水準を満たす研究79件中75件で、子のウェルビーイングに悪影響はないとの結論が導かれている（Cornell University 2017）。また、直近のオランダでの研究では同性愛者に育てられた子のほうが成績優秀で高卒割合や大学入学割合が高いことが示された（Kabátek & Perales 2020）。

07　今回インタビューした人の中には、同性カップルが子どもをもつ経緯としてかつて一般的であった、過去に異性との関係の中でできた子を、その異性との関係を解消した後に同性パートナーと一緒に育てる形の同性カップルは含まれなかった。

その他、オランダでは２００１年から同居３年以上の同性カップルは、第三者の子を共同で養子にとる共同養子縁組が国内で、２００９年からは海外からの子についても可能となった。スウェーデンではパートナーの実子を養子にする連れ子養子および共同養子縁組が２００３年から可能となった（Evertsson, *et al.* 2020）。ドイツでは生活パートナーの連れ子養子縁組は２００５年から可能となり、２０１４年改正でパートナーが単独で縁組した子を養子にできるようになり（交差縁組）、２０１７年から共同養子縁組が可能となった（Wikipedia 2021）。女性カップルが自動的に法的親になれるよう法改正を行うことが２０２０年８月に公言されたが（ILGA Europe 2020）、２０２１年８月時点では、従来どおり、親として適切であることを、うつ傾向がないことや子どもとの良好な関係を記した長文による証明等求められ、認められる必要がある。なお法的には可能だが、いずれの国でも共同養子縁組の事例はほとんどない（Evertsson, *et al.* 2020）。

終章　日本のワーク・ファミリー・バランスの実現に向けて

高橋　美恵子
善積　京子

日本では長時間労働の解消が長年にわたって叫ばれているが、現在でも改善されていない。男性は家庭をもっても仕事中心の生活が強いられている。それはまた、夫に家事や育児への協力が期待できないことを意味し、女性は仕事と家事・育児との両立不安から結婚や出産を断念したり、あるいはキャリアを中断することに繋がっている。誰もが「仕事」と「家庭生活」を無理なく両立できる社会はどうすれば実現できるのであろうか。本書の目的は、「性別役割分業型社会」から脱却を図ろうとするスウェーデン、ドイツ、オランダの3カ国での、ワーク・ファミリー・バランスに向けた先進的な取り組みを検討することで、日本において必要な政策・施策を明らかにすることにある。

本書の第2章から第4章では、スウェーデン、ドイツ、オランダの3カ国に着目し、ワーク・ファミリー・バランスの取り組みを紹介すると共に、抱えている問題点を明らかにしている。3カ国ではいずれも「稼得・ケア共同型社会」の実現が目指されているが、その内容に幾分違いが見られる。スウェーデンでは「男女がフルタイムで共働きする世帯」が標準とされ、労働時間を減らすのは子育て期の女性が中心となっているが、一方ドイツやオランダでは女性だけでなく男性も労働時間を減らし、男女ともにフルタイムでない働き方で、ケア労働を共同で担うことが理想とされている。本章では、これら3カ国のワーク・ファミリー・バランスの実践状況を、柔軟な働き方を保障する仕組みと子育て支援制度の2側面から比較検討し、さらにコロナ禍による影響にも言及する。

1　3カ国で柔軟な働き方がいかに実現されているか

3カ国では、ライフステージや日常生活に応じて、働き方において「柔軟性」と「選択肢」が保障されている。まずは労働時間における柔軟性がどのように実践されているかを見ていこう。

労働時間の柔軟性

第一に、労働時間を短縮してパートタイムで働く権利が認められている。日本ではパートタイム就労は非正規雇用の扱いでフルタイム就労者との間に待遇の面で大きな違いがあるが、3カ国では労働時間が単に短いだけで、正規雇用と位置づけられ、同等の福利厚生が保障されている。

「パート大国」のオランダでは、法律でパートタイム就労者の権利が守られている。1993年の「パート勧告」で、仕事と子育ての両立の解決策の一つとして、パートタイム労働が積極的に位置づけられ、96年の「労働時間差別禁止法」では労働時間の長短による労働者の差別を禁止する「均等原則」が唱えられ、2000年の「労働時間調整法」では時間当たりの賃金を維持したままで労働時間を短縮・延長する権利が従業員に法的に認められる。ドイツでも、2001年のパートタイム法で希望すればパートタイム勤務に代われる権利が保障され、2019年には元の労働時間に復帰する権利も与えられる。スウェーデンでは、労働者の待遇は労使間での労働協約に基づき決められており、パートタイム就労者についてもその原則が適用される。

第二に、3カ国には「労働時間口座」のシステムが存在する。残業や休日出勤などの所定外の労働をした場合にその時間を貯めておき、それを休暇や早退などに使うことができる。

第三に、ドイツでは、管理職の働き方改革として、責任が重く仕事量が多い管理職ポストを2人のパート勤務でジョブシェアリングするタンデムという方式が一部の企業で実践されている。

このようにして、オランダでは、正規雇用者のパートタイム化が進行し、「労働時間の選択の自由」が保障され、ライフステージの変化に応じて仕事とそれ以外の生活のウエイトを変えながら労働市場に継続して存在することが容易になっている。ただ、パートタイムでも週4日・32時間以上の勤務でないと「興味深い、責任のある仕事に就けない」などキャリア形成の面で不利な面があり、労働短縮時間の長さの壁をいかに解消するかが課題としてある。

ドイツでは、「タンデム方式」の出現で、個人のライフスタイルに合わせて労働時間を選択できる対象が管理職にまで広げられ、労働短縮時間の長さの壁を克服する方法があみ出されつつある。

一方スウェーデンでは、ジェンダー平等の観点から、政府は「男女ともにフルタイムで働く権利」を挙げている。それでも、「ガラスの天井」がまだ存在し、職域や職位での男女格差は解消されていない。厳しい競争の原理が働いている産業界では、キャリアを優先させるのであれば、ごく当然のようにフルタイム勤務が求められている。子どもが8歳になるまで、勤務時間を75％まで短縮する権利が保障されているが、勤務時間を減らしてパートタイムで働く女性の割合は、近年むしろ減少傾向にある。子育て家族の日常生活は「時間のパズル」と表現されているように時間的余裕がない。男性の家事・育児分担度は他の国に比べて高いが、いまだに配慮労働・情緒労働の多くを担う女性の負担は大きい。職責の重さから、仕事と家庭生活のバランスを崩し、過労（バーンアウト）で倒れる女性も珍しくない。個人が自らの時間的福祉に影響力をもつことを「時間的自律性」として捉えたスウェーデンの研究は、仕事上の要求度が高く、時間的自律性が低いと、ストレス度が高まることを指摘している（Larsson 2012）。ジェンダー格差解消のためには、こうしたフルタイム労働規範を問い直すことが必要なのかもしれない。

ＥＵ諸国の研究において、労働時間短縮制度は、特に女性のワーク・ファミリー・バランスへのケイパビリティを高める重要な取り組みであるが、その一方、それを弱めるリスクもあることが指摘されている。ライフステージに応じ、フルタイムとパートタイム双方への移行を可能とする制度であれば、ケイパビリティは高められる（Fragan & Walthery 2014）。ただし、それは市場主導で企業の柔軟性を主眼にした企業主導型の柔軟性（external flexibility）ではなく、個人の権利保障にもとづく労働者主導型（internal flexibility）であることが重要である（Hobson 2014）。

働く時間帯と場所の柔軟性

スウェーデンやドイツでは、フレックスタイムやテレワーク（在宅勤務）については、国による法的規制はなく、労働協約で取り決められるため、その内容は業種・職種によって異なる。労働協約は締結せずに企業独自の制度を導入している場合もある。オランダでも、かつては法的規制はなかったが、２０１５年の「フレキシブル・ワーク法」で、「働く時間帯」と「働く場所」の変更申請の権利が、従業員10人以上の企業で認められている。

3カ国では、フレックスタイム制の導入が一般的であるが、テレワークの普及度には差がある。オランダの中央統計局の2017年データでは、企業規模が大きいほど導入割合は高く、従業員10～49人で74％、50～250人規模で91％、250人規模では98％となっている。スウェーデンでも、業種や職種により差はあるものの導入率は高い。ドイツでは2019年3月の国内1460万人の会社勤務者を対象に行った労働省調査によると普及率は24％にすぎない。

テレワーク導入の労働者側のメリットは、①個人的な事情に合わせて働くことが容易、②仕事に集中でき効率的、③通勤の負担の減少、である。使用者側のメリットは、①効率よく従業員を働かせられる、②従業員の病欠の減少、③管理コストの節約、である。社会全体としてのメリットは、①交通渋滞の緩和に役立つ、②通勤できない病人や障がい者を社会的に再統合できる。一方、デメリットとして、①仕事と個人生活の区別が困難で、労働時間が長くなり、過労状態を発生しやすい、②人と接触する機会の減少で、孤独に陥る危険性が増す、③直接対話の職場の組織や文化を変える、などが指摘されている。

スウェーデンのB社（不動産業）では、出退勤時間は個人レベルで決められているが、「オフィスで同僚と交流することで、仕事の質が高まる」と考えられ、1日に1回の出勤が決められている。働く時間帯や場所は個人の裁量に任せ、「会社として、何時間オフィスにいるかではなく、結果を出すことが重要」とされている。オランダでのインタビュー調査でも、「働く時間」だけでなく「働く時間帯」や「働く場所」の選択が容易になり、自宅での保育、保育所・学校への送り迎え、夕食時刻までの帰宅など、仕事と家庭生活との調節が容易になっているケースが多く見られた。しかし、仕事の評価が勤務時間の長さでなく「仕事の成果」で測られ、成果を出すために、多くのケースでは契約時間よりも実労働時間が長くなっている点が問題としてある。

2　3カ国における共働き家族への子育て支援

就労を継続しながら、出産・子育てしたい人にとって、その国の育児休業制度と公的保育支援のあり様が、ワーク・ファミリー・バランスの質に関わっている。

育児休業取得のジェンダー平等性

スウェーデンでは、世界で初めて父親にも育児休業を取得する権利が与えられ、その後、「パパクォータ制」（現在90日）が導入されるなど、長年にわたり男性の育児休業取得が推進されてきた。現在では、出産・育児に伴い18カ月まで休業する権利が付与され、出産予定日の10日前から子どもが12歳に達するまで、時間単位で分割取得できる。「両親保険」による支給はそのうちの４８０日間で、３９０日間は所得の約80％、残りの90日間は日額一律１８０クローナが保障される。

ドイツの制度では、ケアを行いながら就労する親は、子が3歳になるまで親時間を取得できる。そのうちの24カ月は子が8歳になるまで持ち越し可能で、両親が同時にまたは時期をずらして取得できる。親手当の制度により、出生前1年間の平均月間所得の67％が支給される。父親の取得促進を狙って、両親ともに2カ月以上育児休業し就労所得の減少が生じる場合は、2カ月分上乗せされる。「両親手当プラス」の制度では、時短勤務をしても親手当が満額受給できる。さらに、「パートナーシップボーナス」制度では、両親が同時に手当受給中に最低４カ月間・週25〜30時間の時短勤務をする場合に、それぞれが再度４カ月分を受給できる。

オランダの育児休業制度は、パートタイム就労を前提に展開され、休職せずに労働時間を短縮して職務を継続するものである。１９９１年の育児休業法で、週20時間以上就労している男女の就労者に対して、子どもが４歳までに最長で半年間の「短時間勤務」が認められたが、その間の所得保障は法制化されず、労働協約に委ねられた。２００９年には、子どもが８歳になるまで26週間分の休業をより柔軟な方法で取得でき、重大な業務の支障にならない範囲で両親の同時取得も可能になったが、法的保障はないままである。

このようにスウェーデンやドイツでは、長期間の育児休業が所得保障付きで認められ、また、男性の育児休業取得を促すために制度も設けられている。その結果、スウェーデンでは男性の９割が育児休業を取得しており、１９９０年代半ば以降、議論の焦点は育児休業取得日数に占める男性の取得割合（２０２０年では30・０％）へとシフトしている。ドイツでは、親手当を受けた父親の割合は、２００８年の21・２％から２０１７年には40・４％と倍増した。「親手当プラス」を女性の34・７％、男性の14・２％が選択し、短時間勤務への変更は男性よりも女性の方が多い。これらの支援制度は、母親の早期職場復帰や父親の育児参加を促進するが、ジェンダー間の格差はまだ存在している。

オランダでは、育児休業制度利用率はかなり低い。父親の取得率は２００５年６％から２０１５年には11％、母親の場合は13％から22％と増えているが、その後は横ばい状態にある。取得率が低い背景には、育児休業に所得保障がないことや「子育ては女性の役割」といった伝統的な性別役割規範が社会に根付いていることが影響している。「稼得責任は夫にある」と一般的に考えられ、育児に積極的な男性でも、無給の育児休業取得には消極的である。また、ほとんどの女性は、生後3～4カ月で保育所に預けるのは「早すぎる」と思っているにもかかわらず、育児休業制度の不備で、産休明けから保育所に預け働くことが強いられている。この点が問題としてある。

公的保育制度

スウェーデンでは、公的保育は「子どもの権利」という視点から整えられている。学校法に基づき、コミューンは1歳から12歳のニーズのある子どもに就学前保育と学童保育の場を提供する義務を負い、待機児童はいない。3歳児からの就学前保育は週15時間（年間525時間）の範囲ならば無料で、それ以外の保育費用は各コミューンで保育時間・世帯所得・子ども人数に応じて決められる。保育施設の運営形態はコミューンと民間の二種類あり、いずれも国やコミューンからの運営交付金を受け、保育料は運営形態にかかわらず一定である。2020年には、1歳から5歳までの子どもの85・7%が就学前学校に在籍する。利用日数や時間を選択できるが、週5日利用が一般的である。多くは7時から18時まで開校しているが、迎えの時間は16時台が一般的である。

スウェーデンでは、育児休業制度が充実し、子どもが1歳に達するまでは親による家庭保育が前提とされ、ゼロ歳児を対象とした公的保育の提供はない。その代わり、無料の「オープン就学前学校」があり、育児休業中の親達の交流の場ともなっている。また、子どもが病気の際に利用できる看護休業制度も整備されているため、病児保育も提供されていない。

ドイツでは、3歳以上の就学前の子どもが保育施設に通う権利が保障され、各州に保育施設の整備が義務付けられている。2005年施行の保育設置促進法では、両親が共働き、ひとり親、職業訓練中もしくは教育期間中の3歳未満児をもつ親のために、保育の質に配慮した柔軟な保育を整備することが州・地方自治体の責務とされた。年間15億ユーロを投入して保育施設、保育ママ／保育パパ制度を拡充し、２０１０年までに新たに23万人分の保育確保が目標とされていた。

しかし現在、特に西部地域の保育所不足が社会問題となっている。これには、旧西ドイツでは男性稼ぎ主モデルが主流で専業主婦規範が定着し、家庭外での保育には消極的であったことが関係している。２００２年の3歳児未満の子ども数に対する利用可能な保育提供数の割合は、西部地域で2・4％、東部地域は37％で格差が際立っていた。２０２０年の3歳未満の子どもの保育所利用率も、東部が52・7％であるが西部は31・0％にとどまる。保育施設の不足の背景には、世帯収入を夫一人で背負うことが厳しくなり、子どもを保育所に預けて働きたいと希望する女性の増加がある。

オランダでは、かつて就学前の子どもの保育は一日数時間預けるプレイグループが中心であったが、１９９０年代以降、保育所整備のために特別予算が計上され、保育所が増えていった。２００５年の保育法では、初めて各施設が満たすべき具体的な基準などが規定された。親が保育施設と直接契約し、保育費を全額支払い、その後に税務署に保育料金返還の申請を行う。保育料・保育時間や親の労働時間・年間所得、子どもの人数などに応じて保育助成金が国から給付される。

オランダでは、産休明けの3カ月目から保育所を利用する人が多く、3歳児以下の保育施設の利用率は77％と非常に高い。しかし、公的保育のみの利用者は非常に少なく、親や祖父母などの私的保育との併用や、保育ママやベビーシッターやオペアなどの併用が多い。保育所の利用日数は2日や3日が多く、利用時間も短く、乳幼児の87％は「29時間以下」である。その背景には、公的保育所の利用料金が高いという経済的理由の他に、「家庭保育が良い」とする人々の保育観が深く関わっている。

週当たりの労働日数を減らし、自宅で子どもの世話する日を設ける親が多い。

以上のように、3カ国の公的保育の整備・利用状況はかなり違っている。スウェーデンやドイツでは子どもの福祉・権利の観点から、保育の場を提供することが地方自治体の責務とされている。スウェーデンでは、長い年月をかけて全国的に公的保育施設が整備されてきた。しかしドイツでは、近年、希望者の急増で保育所不足が深刻な社会問題となり、保育所増設が緊急の課題となっている。ところがオランダでは、子どものニーズに合わせて保育の場を提供することが地方自治体の責務となっていない。そして育児休業制度が不十分なために、その保育観と一見矛盾するかのように、産休明けの3カ月目という早い段階からの保育所利用が一般的である。一方、所得保障の裏付けのある育児休業制度が整っているスウェーデンでは、子どもが1歳6カ月頃まで家庭で両親が共同で子育てを行い、その後、就学前学校に入学させている。

カップルのケア共同性を阻む要因

スウェーデンやドイツでは、父親の育児休業取得を促すための制度が設けられ、父親の取得率は増加しているものの、依然として男女で取得率に差が見られるのはなぜなのだろうか。

スウェーデンでは、男女の平等な家事・育児分担が社会規範となっているが、育児休業期間を均等に分けるカップルはまだ多数派ではない。それには、潜在化した伝統的な性別役割意識だけでなく、カップル間の所得格差も影響している。育児休業制度や労働時間短縮制度の利用による所得損失を最小限に抑えるため、所得の低い方がこれらの制度を多く利用する傾向がある。こうした子育て期の男女の違いがさらなる生涯賃金の男女間格差へ繋がるという問題をはらんでいる。

ドイツでは「子どもの面倒をみない悪い母親」という意味の「カラスの母親」という言葉が古くからあり、子どもの養育は母親がすべきという規範が強く存在していた。今もその規範の影響が見られ、現在では「稼得・ケア共同モデル」が提唱されているが、家族を養うために父親がフルタイムで、母親はパートタイムで働く世帯も少なくない。カップル間で所得差があり、また、長期休暇は昇進などに響くと認識され、父親の育児休業の取得期間は母親より短くなっている。

オランダでは、育児休業に対する所得保障はなく、「稼得責任は夫にある」「子育ては女性の役割」といった伝統的な性別役割規範が社会に根強く残り、「夫はフルタイム、妻はパートタイムの就労」という世帯が主流を占める。多くの企業では「男性稼得者」モデルの文化が保持され、男性の育児休業制度利用には否定的である。収入減少という経済的要因だけでなく、職場の同僚や上司の無理解や昇進への悪影響といった要因も、父親の育児休業取得を阻んでいる。こうした状況の中で、子どもと関わりたいと願う男性は、フルタイム勤務を維持しながら、労働の「場所」と「時間帯」の柔軟な働き方の選択を通じて、自宅で保育する「パパの日」を確保している。

以上のように、育児休業制度の利用の道が男性に開かれ、さらにはその取得が奨励されていても、経済的理由や伝統的な性別役割規範が阻害要因となって、制度と個人の実践レベルでの間にギャップが生じているのである。

3　コロナ禍による働き方・家庭生活への影響

3カ国ともに、感染拡大防止のためにＩＣＴ（情報通信技術）を活用して、テレワークする人が増えている。一方、医療・福祉・物流・公共サービスなど生活の根幹を支える分野の仕事は自宅でできないことが多く、職場で勤務を続けている人も少なくない。新型コロナウイルスの感染拡大は、働き方や家庭生活にどのような影響を及ぼしているのだろうか。私たちが3カ国で行ったインタビュー調査（２０１７年〜１９年）の協力者はどのような影響をうけているのだろうか。２０２０年10月から12月に行ったウェブ調査（回答者33人）の結果も踏まえ、３カ国でのコロナ禍による働き方や家庭生活への影響について見ておこう。

スウェーデンでは生活のバランスが取りやすくなる

スウェーデンでは、以前よりテレワークが普及していたが、コロナ禍によりそれが拡大した。電信電話事業者Tele2が、調査会社Kantar Sifoのパネル１０００人を対象に実施した調査によると、２０２０年４月時点で、テレワーク可能な職種の人の94％が何らかの在宅勤務を行っており、32％が「完全在宅勤務」をしていた（IT-Kanalen 2020-05-12）。ホワイトカラー労働組合連盟（ＴＣＯ）が組合員を対象に２０２０年秋に実施した調査（ホワイトカラー労働者のみ18〜65歳、回答者約２０００人）では、回答者の4割強が「主に在宅勤務」、6割弱が「主に職場で勤務」である。「コロナ禍はあなたの生活のバランスに影響を与えましたか」という質問に対して、「主に在宅勤務」の人のうちの6割以上がバランスは「取りやすくなった」と回答している。男女別で見ると「取りやすくなった」は女性68％、男性54％で、「変化なし」は女性24％、男性35％、「より困難になった」は女性8％、男性11％である。コロナ禍により、自宅で仕事をすることが増えたことで、多くの人が、特に女性は仕事と余暇や家庭生活のバランスを取りやすくなったと感じている。一方、主に職場勤務を継続している人では「変化なし」が6割を占め、2割の人はパートナーが在宅勤務などでバランスが「取りやすく」なり、反対に仕事量が増えるなどで17%は「困難に」なっている。テレワークによる勤務時間への影響に関する質問では、在宅勤務者の45%が「自分に合った働き方で勤務時間を柔軟に調整できている」と回答し、「自宅でも職場にいる時と同じ勤務時間で仕事する」は32%、「通常の勤務時間に仕事を合わせることが難しく、必要以上に働いてしまっている」が23%となっている。

子どもを育てている人はコロナ禍でより多くの影響を受けている。在宅勤務者で12歳以下の子どものいる人は、むしろ「生活のバランスが取りやすくなった」と感じている割合が77%と多い（在宅勤務者で子どもがいない人では、53%）。この傾向は、2019年にTCOが行った調査の比較でも確認できる。12歳未満の子どもをもつ従業員への「仕事と子育てを両立させるための時間が足りないというストレスを感じることはありますか」という同じ質問に対して、2019年調査では「毎週1回以上感じる」割合は51%であるが、2020年の調査では44%へと減少し、一方「感じることがない」は2019年の14%から25%に増え、特に「主に在宅勤務」者で増えている（TCO 2021）。

スウェーデンでは、コロナ禍のもとでも保育所や義務教育学校が閉鎖されることがなく、しかもコロナの感染拡大防止のためにテレワークが増え、在宅勤務者特に女性のワーク・ファミリー・バランスが取りやすくなっている。ただ中には、仕事とプライベートを切り離すことが難しくなり、職場勤務の時よりも長時間働いている人もいる。

ドイツでは「テレワーク小国」から「テレワーク大国」に転換

ドイツでは、スウェーデンやオランダと違って、日本のようにコロナ禍以前は「毎日出社する」働き方が当然視され、テレワークはそれほど行われていなかった。それがコロナの感染拡大で急速に進んだ。ドイツIT通信ニューメディア産業連合会（BITKOM）の調査（対象者は16歳以上の就業者、2020年10月実施、回答者1503人）によると、コロナ感染拡大前は「一部在宅勤務」は15％、「完全在宅勤務」は3％だったが、調査時には「一部在宅勤務」は20％、「完全在宅勤務」が25％まで伸びた。ドイツ一般健康保険（DAK）のテレワークについてのアンケート調査（対象者は勤労者各7000人、2019年12月と2020年4月実施）では、2020年春の第一波のコロナ感染拡大で初めて長期間のテレワークを経験した者は「テレワークの最大の利点は家庭と職業のバランスが改善された」（66％）、「将来も、少なくとも部分的にテレワークを続けたい」（77％）と回答。テレワークは、自宅で働くために家族との対話が増え、コミュニケーションは自然と密になる。会社向けの仕事の合間に休憩時間をとり、浴室の掃除や台所のゴミ出しなどもできる。職場勤務の場合には、そうしたことは不可能である。テレワークは、家庭で過ごす時間を長くすることによって、ワーク・ファミリー・バランスを改善する効果をもっていた（熊谷 2021）。

ドイツは、コロナ禍を契機に「テレワーク小国」から「テレワーク大国」に転換した。そのプロセスを熊谷徹は次のように分析する。ドイツでは2010年以降、好景気と同時に高技能の人材不足が続いたため、労働時間の柔軟化の傾向が強まり、コロナ前から金融サービス企業やIT企業を中心に、社員にテレワークを許可する労使間合意が成立していた。大手企業では、テレワークを可能にするためのITインフラの整備も始まり、一部の会社では、すでにコロナ前から業務関係書類を100％電子ファイルに収めることが義務とされ、デジタル署名も普通に行われていた。しかし、2019年末までは日本と同様にドイツでも、「仕事はオフィスでするもの」と考える経営者が多く、実際にテレワークを行う社員は少なかった。特に管理職へのスピード昇進を狙う人は、オフィスでの仕事ぶりを上司にアピールすることが重要と考え、在宅勤務をほとんどしなかった。ところが、２０２０年春のコロナ禍はその状況を一変させた。ドイツの経営者が絶対に守らなければならない義務の一つに「保護義務」があり、管理職は社員の健康と安全を最優先にすることが義務付けられている。コロナウイルスについての知識が乏しく、ワクチンもなかった当時、ドイツ企業の経営者は社員を守ることを最も重視し、製造業を除く多くの企業では大半の社員に在宅勤務を命じた。コロナ前から労使間の合意があったことやデジタル化が始まっていたことが、テレワーク体制へのスムーズな移行を可能にした（熊谷 2021）。

製造業や店頭での小売業などを除く多くの企業では、２０２０年3～4月に突貫工事でＩＴのインフラの整備を行い、大半の社員がテレワークをできる態勢を短期間で作り上げた。その結果、大多数の社員が出社しなくても、業務がスムーズに進み、売上高や生産性を維持することに成功した。かくして、多くの経営者たちは、社員の大半が在宅勤務しても収益性や生産性が減少しないことを学び、むしろテレワーク拡大がオフィスの賃借費用、光熱費、出張費などの経費削減につながる可能性に気づいた。社員からも、通勤時間がゼロになる、自分が好きな時間に仕事を始め終えることができる、国内外の出張がなくなり家族と過ごす時間が増えるなどの理由から、テレワークは歓迎された（熊谷 2021）。

このようにして、コロナ禍によるテレワークの普及は、経営者・労働者双方にとって利益となる「ウィン・ウィン」の状況を生み出した。多くの企業が、コロナ後もテレワークを通常の勤務形態の一部として定着させる方針を打ち出している。それと並行して、テレワークの法制化へ向けた議論が活発に行われている。２０２０年10月、ハイル労働社会大臣は、「希望する労働者は、少なくとも年24日の在宅勤務が法律で保障される」という内容の労働者の在宅勤務権に関する構想案を発表した。２０２１年1月22日には、メルケル政権は「テレワーク政令」を発布し、企業経営者に対して、業務上の制約がない限り社員に在宅勤務を許可することを義務付けた。

オランダではテレワークの可能な職種・部門では義務に

オランダでは在宅勤務は、コロナ以前までは「勤務の場所」を選択する労働者の権利として認められ、それをするかどうかは任意であったが、それがコロナ感染拡大防止のために、テレワークの可能な職種・部門では義務となった。

私たちのウェブ調査では、食品業界に勤務する対象者の妻は以前と同じように職場に出勤しているが、多くの人が働き方の変更を余儀なくされ、在宅勤務日数が増えたり（6件）、すべてが在宅勤務となっている（5件）。コロナが蔓延した時期に保育所や学校が3カ月に及んで閉鎖され、その時は、「自宅で子どもの面倒を見ながら仕事を行うのは大変だった」「仕事をしている傍で、5歳の息子をiPadで遊ばせた。年齢の低い子にとって、これは良くないことです。それを知りながらそうせざる得ないことに、罪悪感を抱きました」と報告されている。

ユトレヒト大学のウェブによるアンケート調査（対象者：全国の23歳以下の子どもをもつ親、実施期間：２０２０年4月〜5月、有効回答数：２０９２件）では、「仕事と家庭のバランスに対する満足度」がコロナ対策前、コロナ対策直後、調査時の3時点について調べられた。コロナ対策直後に、満足度が低下している親が多い。低下した理由として、在宅勤務では「母親、妻、従業員といった役割を家庭で常に切り変えなければならない」「仕事とプライベートの境界が曖昧になり、疲れやストレスが溜まる」などが挙げられている。

在宅勤務はオランダではこれまで生産性を高め、仕事に関連したストレスを軽減する「資源」として評価されてきたが、今回のコロナパンデミックによる過度の（強制的な）在宅勤務は、逆効果の「ストレッサー」になっており、在宅勤務の日数・時間には「最適な天井があること」が示唆されている。一方、在宅勤務の評価についての質問では、「在宅勤務は仕事と家庭を両立させる良い機会だ」（59・6％）、「在宅勤務では通常の仕事よりも少ない時間で仕事ができる」（46・4％）など肯定的回答が多く、66・2％が「コロナ後も在宅勤務が可能であること」を望んでいる。ただしこれは、子どもの学校や保育園が閉鎖されないことを条件とし、「家で仕事をするのはいいことだし、楽しい。しかし、小さな子どもを抱えて家で働くのとはまったく別の話」なのである（Kesselring & Spanje-Hennes 2021）。

オランダ政府の社会・文化計画庁（SCP）は、「在宅ワークを円滑に進めるための注意点」として、在宅勤務のリスクを軽減するポイントとして、①サテライトオフィスの設置、②組織の中での新しい人的資源管理、③自宅で仕事をする場合は、従業員の仕事の明確化、仕事に対する十分なフィードバック、社会的なサポートなどの必要要件を充たすこと、④境界線の曖昧さにうまく対処する能力を従業員が身につけること、の4点を挙げている（SCP 2020）。

コロナ禍による子育て分担への影響

新型コロナの感染拡大は、共働きカップルの育児分担にどのような影響を与えているのでろうか。

私たちのウェブ調査では、「あなたの家庭での家事・育児分担は、コロナによる影響を受けていますかか」という設問に対して、「影響を受けていない」の回答は8件、「非常に受けた」が8件、「まあまあ受けた」が11件だった。「影響を受けていない」理由として、「ふたりとも、週の労働時間は変わらないから」、「夫は以前からすでに子どもたちの世話をしており、それは変わらない」が挙げられていた。「影響を受けた」理由では、「私の仕事が増え、夫が子どもを学校に連れて行くことが多くなった」「妻はまだ外で働いている。今では家事は私の肩にかかっている」など、夫（男性パートナー）の家事や育児分担が増えているという回答があったが、逆に「コロナで妻が家にいる時間が多くなり、子どもの世話をより多くするようになった」など、妻（女性パートナー）の方が増えたという回答もあった。この他の理由として、学校・保育所の閉鎖や祖父母などに子どもの世話を頼めなくなり、育児に費やす時間が増えたことが挙げられていた。

スウェーデンでのホワイトカラー労働組合連盟による前述の調査では、コロナ禍において「主に在宅勤務」している人では、コロナ感染拡大前と比べて、「育児や家事にかける時間」が増えたと4割が回答しているが、「家事・育児の責任分担」に関しては、9割が「変化していない」と答えている。コロナ禍において、「主に在宅勤務」の人では、男女とも「今も平等に分担している」と6割弱が回答しているが、女性で「今も自分がより多くを担う」と回答したのは37％であるのに対して、男性では「今もパートナーの方がより多くを担う」の回答は13％で、男女では責任分担に対する認識に相違がある。「主に職場勤務」の人では、「今も平等に分担」の回答は、男性7割、女性6割である。女性のうち25％が「今も自分の方がより多くを担う」、男性の17％が「今もパートナーの方がより多くを担う」と答えている（TCO 2021）。

ドイツでは、２０２０年4月、6月、11月の3回に分けて同じ対象者に実施された「ＨＢＳ就業力調査」のパネルデータがあり、カップル間の育児分担の変化が分析されている（Zucco & Lott 2021）。コロナ危機以前の状況と比較して、保育の分担は変わっていない「変化なし」タイプ、危機以前は平等ないしは父親が主に育児を行っていたが、インタビュー時点では母親がほとんどの育児を行っている「伝統化」タイプ、危機以前は男女どちらか一方だけが育児の大半を行っていたが、インタビュー時点では、パートナーの両方が平等に育児を分担している「平等化」タイプ、危機以前は平等ないしは母親がほとんど行なっていたが、インタビュー時には父親が主に育児を担う「反伝統化」タイプの４つに分類された結果、「変化なし」75・8％、「平等化」は11・7％、「伝統化」７・５％、「反伝統化」は４・９％であった。多くのカップルでは育児分担は変わらず、コロナ危機以前から伝統的な育児の役割分担をし、危機の間も多くはそれが維持されていた。そして父親の在宅勤務や労働時間の短縮が、「平等化」や「反伝統化」につながっていた。

オランダでは、ユルキスらの大学の研究者によって２０２０年４月に実施された調査では、育児の役割分担に関して、調査時に母親の60％が「パートナーよりも多くのことをしている」（危機前は64％）と回答している。一方、父親の22％が、「以前よりも多くの保育をしている」と答えている。育児分担の変化は、カップルが家庭外での仕事が必要とされる重要な職業に従事しているかどうかに影響を受け、重要な職業に就いている親はコロナ危機以前に比べて、育児にかける時間が減少し、また、在宅勤務の親では育児時間が増える傾向にある（Yerkes *et al.* 2020）。

以上のように、コロナ禍において３カ国で行われた育児分担についての複数の調査結果は、大多数のカップルでは変化はみられないことを示している。スウェーデンでは「平等な分担」が過半数を占めているが、ドイツやオランダでは、コロナ禍の中で（女性よりも）男性の育児や家事の分担での増加が一部報告されているものの、今なお「女性がより多くを担う」割合が高い。

4　日本への提言

最後に、3カ国のワーク・ファミリー・バランスの実践をふまえて、日本のワーク・ファミリー・バランスの実現に向けて、どのようなことが必要とされているか考察する。

柔軟な労働時間の選択に向けて

ワーク・ファミリー・バランスの実現には、ライフステージや日々の生活に応じて柔軟な働き方ができることが不可欠である。それには第一に、労働時間を労働者自らが選択できる制度を整える必要がある。近年、日本政府もその方向性で働き方改革を進めており、「短時間正社員制度」の導入奨励や2020年4月施行された「パートタイム・有期雇用労働法」もその一端である。

正社員として雇用されながらフルタイム正社員よりも短い勤務時間で働くことができる「短時間正社員制度」は、企業における人手不足問題の解消の有効な方法として、意欲や能力があるものの、長時間働けない人材を活用できる一つの雇用形態であるとされ、また、ワーク・ファミリー・バランスのとれた新しい働き方として注目され、国はこの制度を導入している企業に助成金を給付し支援している。「パートタイム・有期雇用労働法」は「パートタイム労働法」から名称変更されたもので、差別的な扱いの禁止が有期労働者にも適用されるようになった。

しかしながらこうした政府の施策は、3カ国の政策と比較するときわめて不十分であると言わざるを得ない。３カ国では、労働時間を短縮して正規雇用として働く権利や元の労働時間に復帰する権利が従業員に法的に認められている。ところが日本では、「短時間正社員制度」は一部の企業での導入にとどまっており、これを全ての企業に普及させていく必要がある。多様な働き方の選択を可能にするには、非正規雇用者の待遇を正規雇用者の水準まで引き上げることの重要性は政府にも認識されているが、「パートタイム・有期雇用労働法」でも、不合理な差別待遇をしている雇用主への罰則規定が設けられていない。「同一労働同一賃金」を単なる政治的スローガンで終わらせないためにも、ＥＵレベルの雇用・労働政策の導入に向けた議論を本格的に進めるべきであろう。

働く時間帯と場所の柔軟性に向けて

第二に、ワーク・ファミリー・バランスの実現には、働く時間帯や場所の柔軟性の確保も不可欠である。フレックスタイム制は、自分の仕事や生活状況に合わせて始業や終業時刻の選択権を従業員に与えるものであるが、厚生労働省の「就労条件総合調査」（２０１９年）によると、その導入率は１０００人以上の企業では24・４％、全企業ではわずか５・６％である。フレックスタイム制を導入していない理由として、労働者の勤怠管理の困難性が挙げられることが多い。一方、コロナの感染対策の一環として、政府によりテレワークが奨励されている。パーソル総合研究所の調査（対象正規雇用者約2万人）によると、テレワークを行っている割合は、２０２０年４月の第１回緊急事態宣言が出される前の20年3月中旬は13・2％であるが、宣言後の4月中旬には27・9％と2倍以上に増加している。しかしながら、21年1月の2回目の緊急事態宣言では、大幅な増加は見られず、日本生産性本部の調査（約１１００人の労働者を対象）では、20年10月の18・9％から21年1月は22・０％と微増しているだけである。コロナ感染拡大によって、テレワークを従業員に許可する企業は増えるが、それでも、テレワーク実施者は全国平均で2～3割程度、大都市圏でも5割未満にとどまる（守島 2021）。テレワークの普及には、ITインフラ整備、資料のデジタル化、社内外での決算・契約における電子化（捺印の廃止）、自宅でのＷｉＦｉ環境や仕事スペースの確保、といった周辺の環境整備も不可欠である。日本でテレワークが進まない背景には、環境整備の遅れだけでなく、管理職（部下の働きぶりを直接管理できない不安から）の導入への抵抗もある（佐藤他 2020）。

3カ国では、業種や職種により制約はあるものの、「働く時間帯」と「働く場所」を変更することが可能で、フレックスタイムやテレワークの導入が進み、一人ひとりが自分のペースで働く権利が認められている。しかし既存の調査結果が示すように、このような働き方には、仕事と個人生活の境界が曖昧になり働き過ぎるという落とし穴がある。日本でもフレックスタイム制やテレワークの導入をさらに進めることが望まれるが、そのためには、管理職が部下の勤務管理の方法や業務量の負荷を見直すとともに、働く人自身の仕事の裁量性と自己管理能力、さらにプライベートの時間を侵食させない時間的自律性を高めていくことが重要である。

「家族・生活第一」の意識改革

本書の2章から4章のコラムで紹介した駐在員と駐在経験者に対するインタビューでは、3カ国の人々は家庭生活を優先し、家族と共に過ごす時間を大切にしていることが共通して語られていた。家族優先の考え方が社会に浸透していることが、3カ国のワーク・ファミリー・バランス関連施策の推進に拍車をかけるとともに、「オンとオフの使い分け」ができる働き方に繋がっている。つまり、家族時間の確保のために、効率よく仕事を済ませる動機付けが形成され、集中して仕事に打ち込むことになる。

一方、これまでの日本社会では、男性に対して仕事優先という考え方が支持され、家庭生活は二の次とされ、個人のプライベートな生活は犠牲にされてきた。それにより、仕事が終わらなければ残業すれば良いとする「安易な残業依存体質」（佐藤他 2020）が生じ、残業を前提にした長時間労働が常態化し、時間を大切に活用する意識も希薄になっていた。仕事の成果が出ても、その仕事に投入される時間には無駄な部分があったり、顧客への過剰なサービス・付加価値が含まれたりしている。

働き方改革では、仕事中心主義から生活中心主義への価値観の転換、「会社・仕事第一」から「家族・生活第一」への意識改革が不可欠である。個々の労働者は、自分の仕事を所定内の時間内で済ますことができるように創意工夫し、集中して仕事をすることが求められる。経営陣も自ら、「家族・生活第一」にマインドセットし、従業員のディーセント・ワークの実現に向けたマネジメント改革を行う必要がある。

ライフステージに応じた、子どもの視点からの子育て支援策

仕事と子育ての両立支援策での課題は、第一に、支援策の対象とされる子どもの年齢制限である。その制限年齢が3カ国では高いが、日本では低いという問題点がある。たとえば、スウェーデンでは育児休業を子どもが12歳に達するまで時間単位で分割取得できる。ドイツでは親時間の取得を8歳まで持ち越し可能である。日本では育児休業制度の利用は、子どもが1歳まで、特別な理由がある場合でも最長2歳に達するまでとなっている。短時間勤務制度の利用対象者も「3歳に満たない子どもを

象とする子どもの年齢を小学校低学年児まで引き上げる必要がある。

第二に、制度と個人の利用実践との間にギャップが生じている問題をいかに克服するかである。たとえば、日本でも2000年以降、男性の育児休業取得の取組みが積極的に推進されてきたが、それにもかかわらず、男性の取得率および取得期間はそれほど延びていない。その背景には、伝統的な性別役割分業規範が根強く、職場では男性の育児休業取得はスウェーデンのように当然の権利となっておらず、代替要員の確保など職場での支援体制がない状況にある。2022年10月に男性向けの「出生時育休」制度が新設され、妻の出産後8週間以内に2回に分けて計4週間の育児休業を取得できるようになる予定である。その制度が活用されるためにも、「家族・生活第一」の視点から男性も育児休業が取得しやすい職場環境に整えていくことが要請される。

第三に、保育所のあり方である。日本では、女性への就労支援の観点から保育行政が進められ、ゼロ歳児から2歳児までの低年齢保育の促進、延長保育・一時保育・病児保育など多様な保育サービスが提供されてきている。こうした多様な保育サービスは、親の長時間労働や育児休業制度・看護休業制度の不整備を補うものとして機能している。育児休業を取れずに産休明けからの保育所利用、長時間にわたる保育所での生活、病気にもかかわらず自宅で親が看病できずに病児保育に預けるなどは、子どもの福祉の観点からすると好ましくない。仕事中心の社会のあり方がこのような事態を生じさせている。子どもの福祉の観点から、親の働き方や公的保育のあり方を問い直すことも重要である。

日本では、男女の法律婚カップルの家族が標準とされ、多様な家族への支援制度が遅れている。法律婚主義のもと、パートナーや親としての権利が認められないなど（例：所得税の配偶者控除の適用なし、非婚の父に共同親権なし）、事実婚への差別的扱いがなされている。3カ国では、事実婚カップルが多く存在し、育児休業制度などの利用でも法律婚カップルと同様に扱われている。離婚や離別したカップルに対しても、共同養育権が認められ、両親が別居した後も、交代居住などで子どもの養育に関わることが一般的に行われている。

第5章で論じたように、3カ国では、同性婚が認められ、親としての権利も付与されているが、日本では同性カップルに対する法的保障は皆無の状態である。法的結婚登録は認められず、パートナー登録しても、法律婚カップルならば一定の条件を充たすことで得られる権利（相続権、配偶者ビザの発行、遺族年金の受給権など）も得ることができない。日本でも子どもを育てている同性カップルが存在するが、女性どうしの場合、共働きで子どものケアをしていても、子どもを産んだ方はシングルマザー、パートナーは子を持たない単身の労働者として扱われ、育児休業や看護休業等の取得もできない。日本でも、法律婚の有無や性別に関係なく、多様な家族への支援制度が求められている。

国際労働機関（ILO）は、ディーセント・ワーク（働きがいのある人間らしい仕事）を目標に掲げ、それは、①健全な労働時間、②ファミリーフレンドリーな労働時間、③ジェンダー平等、④企業の生産性の向上、⑤労働時間の選択・決定への影響力、を通じて達成されるとしている。このディーセント・ワークが実現してこそ、ワーク・ファミリー・バランスの実現も可能となる。そのためには、健全でファミリーフレンドリーな労働時間の導入が不可欠である。勤務間インターバル（1日24時間につき、最低連続11時間）付与は、日本の働き方改革法ではいまだ努力義務にとどまっているが、それを義務化することがその第一歩となろう。年次有給休暇の連続取得の徹底化も求められる。雇用形態にかかわらず、所定労働時間を超えない労働で人間らしい生活が可能となる賃金体系や所得保障制度の整備も重要である。

さらに重要なことは、日本人の時間意識の変革である。すべての働く人が、自分自身の生活時間を侵食させない、また他者の生活時間を侵食しない、という意識をもつことである。家庭生活とプライベートな時間の確保に関する議論を進め、人間らしい生活を送るために「生活に必要な時間」という概念を社会に浸透させる必要がある。

本書で紹介した3カ国の実践から、ワーク・ファミリー・バランス実現に向けては雇用・労働政策、所得保障政策、家族政策、保育政策、教育政策、福祉政策、ジェンダー平等政策など、複数の政策領域を横断して取り組む必要性があることが示唆されている。本書が今後の日本のワーク・ライフ／ファミリー・バランスの政策・実践に一石を投じることができれば幸いである。

あとがき

本書は、家族研究の見地に立ち、子育て期にある人々のワーク・ファミリー・バランスの実現に向けた方策を探る目的で進めた3つの研究プロジェクトの成果から、仕事と家庭生活とのバランスのあり方についての考察をまとめたものである。これまでに発表した論考をもとに執筆した章もあるが（第3章と第4章）、大部分は書き下ろしである。幅広い読者層に届くように、平易な表現を用いるように心がけた。

本書の土台をなす研究を始めたきっかけは、筆者のストックホルム大学時代の恩師バーバラ・ホブソン氏（現ストックホルム大学社会学名誉教授）が２００７年〜２０１１年にＥＵの助成を受けた研究プロジェクト“The Changing Relationship between Work, Welfare and Gender Equality in Europe（欧州で変化する関係：仕事・福祉・ジェンダー平等）”での欧州と日本の比較共同研究への誘いであった。「日本には先を行く国々の優れた取り組みを活かせる余地が充分にあるのではないか」という希望と期待が、ワーク・ファミリー・バランス研究の出発点となった。２００８年当時、スウェーデンの養育支援体制の研究を一緒に行っていた善積京子氏に声をかけ、スウェーデンと日本の家族の比較研究を通じて１９９０年代半ばに出会っていた斧出節子氏、松田智子氏、釜野さおり氏に呼びかけ、２００９年に「ワーク・ファミリー・バランス国際比較研究会」を立ち上げた。

ＥＵ諸国で働く人の家庭生活に焦点を当てた先行研究は、働き方の枠組みの見直しを企業に委ねるだけでは十分ではなく、企業規模や経営状況といった個別的要因に左右されない仕組み作りが不可欠であることを示唆していた。

時を同じくして、筆者は、独立行政法人経済産業研究所（ＲＩＥＴＩ）に設置された学際的な研究会「ワーク・ライフ・バランス施策の国際比較と日本企業における課題の検討」（２００８年度〜10年度　研究代表者：武石恵美子氏）に参加した。経済学、経営学、社会学の分野で日本のワーク・ライフ・バランス研究を牽引する研究者と意見交換する貴重な機会を得て、仕事と家庭生活のバランスの実現に向けたメカニズムを解明するために、家族社会学の視点に立つ研究が寄与できることは大きいと確信したことも、本書の土台をなす研究の原動力となった。

また、筆者は、内閣府による「少子化社会に関する国際意識調査」（２００５年度と２０１０年度調査は内閣府政策統括官（共生社会政策担当）、２０１５年度と２０２０年度は内閣府 子ども・子育て本部、が実施）で企画・分析委員を担い、主にスウェーデンとの比較の視点から、日本の子育て支援のあり方やワーク・ライフ・バランスに向けた方策についての提言を行ってきたことも本書の礎となっている。

「ワーク・ファミリー・バランス国際比較研究会」では、まずホブソン氏らと連携して、スウェーデンや欧州諸国との比較の視点から、日本の共働き世帯における子育ての共同性を目指し、男性の育児推進という切り口での研究に着手した（「ワーク・ライフ・バランスと父親の育児に関する日本・スウェーデン・ＥＵ比較研究」２００９年度〜１１年度：JSPS科研費21330116）。同研究結果は、本書の第1章で論じている。

日本の共働き世帯を対象とした調査研究を通じて、国レベルでの実行力がある関連施策を再検討する上で、職場での実践で、男性を積極的に包摂する方法論を展開していくことが肝要だと考えた。ワーク・ファミリー・バランス環境の整備と実行性が個人のケイパビリティに影響を与えるという視点から、就労環境がダイナミックに変化する状況を想定し、ワーク・ファミリー・バランスの実現度が高いとされる、スウェーデン・ドイツ・オランダに赴任経験のある民間企業（主に日系）の社員に着目した（「グローバル化時代の日本男性のワーク・ファミリー・バランスに関する研究」２０１２から１５年度：JSPS科研費24330153）。

本書の第2章から第4章のコラムで紹介したように、同研究結果から、各国の社会環境、企業の組織文化、職場のマネジメントのあり方は、ワーク・ファミリー・バランスに向けた日本男性のケイパビリティを高めていることが明らかになった。大半の人が、赴任先でワーク・ファミリー・バランスについての認識を深め、家族生活をより重視して働き方を調整し、子どもや家族と過ごす時間を確保するようになっていた。駐在経験のある日本男性の語りから、現地の人々の家族の絆の強さと「家族」を自身の生活の中心に据えている点が、欧州3カ国に共通する特徴として浮かび上がった。現地の同僚の家族を重視した働き方を目の当たりにした駐在員の多くは、自身も子どもや家族との生活を優先したいと意識し、行動に移すようになっていた。「ワーク・ライフ／ファミリー・バランスという言葉は知っていたが、日本にいた時は、実際どういう状態を意味するのか、よくわからなかった」という人たちに大きく影響を与えたこれら3カ国の実状に迫りたいと思った。

社会全体におけるワーク・ファミリー・バランスの実現を目指すためには、より多角的な視点から、働き方の多様性と家族形態の多様性を包摂する研究へと深化させることが必要であるという考えから、次なるプロジェクト（「多様性社会のワーク・ファミリー・バランス―スウェーデン・オランダ・ドイツの実践」２０１６～２０年度：JSPS科研費16H03692）、つまり本書の主題が生まれた。

私たちの調査の対象者の多くはホワイトカラーであるが、各国の統計データや先行研究を読み解き、働く人々全体を包摂する議論を目指した。ポストコロナ時代を見据え、多角的な視点からの研究が今後より一層展開されることを期待したい。

これまでの研究の過程で、多くの方々にお力添えいただいた。ここでは原名で表記し、感謝の意を表したい。ワーク・ファミリー・バランス研究への扉を開いてくださったBarbara Hobson氏、Suzanne Fahlén氏とLivia Oláh氏をはじめとするＥＵ研究チームの皆さん、そしてLaura den Dulk氏とEberhard Schaefer氏には欧州3カ国のワーク・ファミリー・バランスについての貴重なご助言をいただいた。

ワーク・ライフ／ファミリー・バランス研究は、正規のホワイトカラーでいわゆる典型時間帯就労者に焦点を当てたものが中心となってきたが、非典型時間帯就労者の生活のバランスに着眼し、筆者に関連施策の包摂性を考えるきっかけを与えていただいた大石亜希子氏とその研究チームの皆さんに感謝申し上げたい。

２０１５年の日本家族社会学会25回大会で、私たちが企画・開催した国際セッションにおいて、討論者として貴重なご助言をいただいた多賀太氏にお礼申し上げる。ほかにも国内外の多くの研究者の方々にご助言いただいた。改めてお礼申し上げたい。

3カ国での調査実施にあたり、阿久根佐和子氏、岸雪子氏、藤木きよ氏、桑原真理子氏、桑原果林氏、友子ハンソン氏、カロリーヌ・ファルボート・ハンソン氏には、調査協力者のリクルート、調査のコーディネートと通訳など、お力添えをいただいた。ここに深謝申し上げたい。

本書の刊行は、慶應義塾大学出版会の片原良子氏の多大なお力添えのおかげで実現したといっても過言ではない。同氏との出会いがあったからこそ、本書をこのような形で世に出すことができた。心よりお礼申し上げたい。

最後に、私たちの調査にご協力いただき、貴重な時間を割いてくださった方々に深謝申し上げます。

２０２１年９月

高橋　美恵子

執筆者プロフィール

編　者

高橋 美恵子（Mieko Takahashi）　［まえがき，序章，第2章，終章，あとがき］
大阪大学大学院言語文化研究科教授
ストックホルム大学社会学研究科博士課程修了．Ph.D.
主な著作：*Gender Dimensions in Family Life: A comparative study of structural constraints and power in Sweden and Japan* (Almqvist & Wiksell International, 2003), "Worklife balance in Japan: new policies, old practices"（共著 *Worklife Balance: The Agency and Capabilities Gap*, Oxford University Press, 2013),「ジェンダーの視点から見る日本のワーク・ファミリー・バランス——EU諸国との比較考察」(『フォーラム現代社会学』第13号，2014年）など．

執筆者

善積 京子（Kyoko Yoshizumi）　［第4章，終章］
追手門学院大学地域創造学部名誉教授
大阪市立大学生活科学研究科博士後期課程中退．学術博士．
主な著作：『婚外子の社会学』（世界思想社，1993年)，『〈近代家族〉を超える——非法律婚カップルの声』（青木書店，1997年)、『スウェーデンの家族とパートナー関係』(編著，青木書店，2004年)，『離別と共同養育——スウェーデンの養育訴訟にみる「子どもの最善」』（世界思想社，2013年）など．

斧出 節子（Setsuko Onode）　［第3章］
京都華頂大学現代家政学部教授
大阪市立大学生活科学研究科生活福祉学専攻博士前期課程修了．学術修士．
主な著作：「タイ・バンコク都における新中間層の家事・育児・介護」(『アジアの家族とジェンダー』勁草書房，2007年)，「なぜ父親は育児をするのか」(『男の育児・女の育児』昭和堂，2008年)，「ジェンダーとワーク・ライフ・バランス」(『未来をひらく男女共同参画』ミネルヴァ書房，2016年）など．

松田 智子（Tomoko Matsuda） ［第 1 章］
佛教大学社会学部現代社会学科教授
大阪市立大学生活科学研究科博士後期単位取得満期退学．M.S. (in Education)
主な著作：“Reconciling Work and Family among Japanese Fathers with Preschool-Age Children”（共著 *Balancing Work and Family in a Changing Society*, Palgrave Macmillan, 2016），「新たなワーク・ファミリー・バランス論に向けて――センの〈潜在能力〉アプローチの有効性」（『佛教大学　社会学部論集』第 54 号，2012 年）など．

釜野 さおり（Saori Kamano） ［第 5 章］
国立社会保障・人口問題研究所人口動向研究部第二室長
（米国）スタンフォード大学社会学研究科博士課程修了．Ph.D.
主な著作：「性的マイノリティをめぐる量的データ――ダイバーシティ推進の文脈における両義性」（『女性学』，2019 年），“Asking about Sexual Orientation and Gender Identity in Social Surveys in Japan”（共著，『人口問題研究』，2020 年）など．

参考文献

序　章

朝日新聞デジタル , 2021-5-25, (https://www.asahi.com/articles/ASP5T3JM2P5SULFA031.html).

欧州連合日本政府代表部 , 2018,「EU の雇用社会政策の現状・課題・動向について」, (https://www.eu.emb-japan.go.jp/files/000386627.pdf).

厚生労働省, 2020,「令和元年度雇用均等基本調査の結果概要」, (https://www.mhlw.go.jp/toukei/list/dl/71-r01/07.pdf) .

国立社会保障・人口問題研究所 , 2017,『現代日本の結婚と出産』.

セン , アマルティア , 1999=2006,『不平等の再検討』池本幸生・野上裕生・佐藤仁訳 , 岩波書店 .

高橋美恵子 , 2021,「第 3 部 第 4 章 スウェーデン」『令和 2 年度 少子化社会に関する国際意識調査報告書』内閣府 子ども・子育て本部 , pp.145-159.

内閣府 子ども・子育て本部 , 2021,『令和 2 年度 少子化社会に関する国際意識調査報告書』.

中里英樹 , 2009,「男女共同参画政策とワーク・ライフ・バランス」野々山久也編『論点ハンドブック 家族社会学』世界思想社 , pp.343-346.

NHK NEWS WEB, 2021-8-1, (https://www3.nhk.or.jp/news/html/20210801/k10013173881000.html).

濱口桂一郎 , 2011,『日本の雇用と労働法』日経文庫.

濱口桂一郎 , 2016,「第 2 部第 1 章 EU」『諸外国における非正規労働者の処遇の実態に関する研究会報告書』独立行政法人 労働政策研究・研修機構 , pp.47-68, (https://www.jil.go.jp/foreign/report/2016/0715_03.html).

松田智子 , 2012,「新たなワーク・ファミリー・バランス論に向けて」『佛教大学社会学部論集』第 54 号 , pp.85-100.

宮本太郎 , 2021,『貧困・介護・育児の政治』朝日新聞出版 .

山口一男 , 2017,『働き方の男女不平等』日本経済新聞出版社 .

善積京子 , 2019,「ワーク・ファミリー・バランスの研究」『家族社会学研究』31(1), pp.5-6.

Fahlén, Susanne, 2012, *Facets of Work-Life Balance across Europe*, Stockholm Studies in Sociology New Series 53, Stockholm University.

Hobson, Barbara, 2014, "Introduction: capabilities and agency for worklife balance-a multidimensional framework", Barbara Hobson (ed.) *Worklife Balance*, Oxford University Press, pp.1-31.

Kisi, 2020, Cities With the Best Work-Life Balance, (https://www.getkisi.com/work-life-balance-2020).

Korpi, Walter, 2000, "Faces of inequality", *Social Politics*, Vol.7, Issue 2, pp.127-191.

Messenger, Jon C., 2006, "Toward decent working time", J. Y. Boulin et al. (eds.) *Decent Working Time*, International Labour Office, pp.417-438.

OECD Better Life Index, (http://www.oecdbetterlifeindex.org/#/11111111111).

OECD Database, (https://data.oecd.org/).

参考文献

OECD, 2018, Balancing paid work, unpaid work and leisure, (https://www.oecd.org/gender/balancing-paid-work-unpaid-work-and-leisure.htm).

Takahashi, Mieko, Saori Kamano, Tomoko Matsuda, Setsuko Onode & Kyoto Yoshizumi, 2014, "Worklife balance in Japan", Barbara Hobson (ed.), *Worklife Balance*, pp.92-125.

第 1 章

小笠原佑子 , 2009,「性別役割分業の多元性と父親による仕事と育児の調整」『季刊 家計経済研究』No.81, 家族・家計経済センター, pp.34-42.

小野浩 , 2016,「日本の労働時間はなぜ減らないのか？」『日本労働研究雑誌』No.677, 労働政策研究・研修機構 , pp.15-27.

厚生労働省 , 2020a,「保育所等関連状況の取りまとめ（令和 2 年 4 月 1 日）」, (https://www.mhlw.go.jp/content/11922000/000678692.pdf).

―― , 厚生労働省 , 2020b,『令和 2 年度版　厚生労働白書』, (https://www.mhlw.go.jp/stf/wp/hakusyo/kousei/19/backdata/01-01-03-14.html).

厚生労働省 , 2021,「令和 2 年賃金構造基本統計調査の概況」, (https://www.mhlw.go.jp/toukei/itiran/roudou/chingin/kouzou/z2020/dl/13.pdf).

国立社会保障・人口問題研究所 , 2017「現代日本の結婚と出産 第 15 回出生動向基本調査」, (http://www.ipss.go.jp/ps-doukou/j/doukou15/NFS15_reportALL.pdf).

酒井正 , 2020,『日本のセーフティーネット格差』慶應義塾大学出版会 .

多賀太 , 2005,「性別役割分業が否定される中での父親役割」『フォーラム現代社会学』第 4 巻 , 関西社会学会 , pp.48-56.

―― , 2018,「男性労働に関する社会意識の持続と変容」『日本労働研究雑誌』No.699, 労働政策研究・研修機構 , pp.4-14.

内閣府 , 2004,『平成 16 年版　少子化社会白書』.

―― , 2012,「『男性にとっての男女共同参画』に関する意識調査報告書」, (https://www.gender.go.jp/research/kenkyu/dansei_ishiki/pdf).

―― , 2016,「男女共同参画社会に関する世論調査」（平成 28 年 9 月調査）, (https://survey.gov-online.go.jp/h28/h28-danjo/2-1.html).

―― , 2017,『男女共同参画白書　平成 29 年度版』, (https://www.gender.go.jp/about_danjo/whitepaper/h29/zentai).

―― , 2018,『男女共同参画白書　平成 30 年度版』, (https://www.gender.go.jp/about_danjo/whitepaper/h30/zentai).

―― , 2019a,『男女共同参画白書　令和元年度版』,(https://www.gender.go.jp/about_danjo/whitepaper/r01/zentai).

―― , 2019b,『共同参画』2019 年 12 月号 , (http://www.gender.go.jp/public/kyodosankaku/2019/201912/201912_02.html).

―― , 2019c,「子ども・子ども支援新制度について」（令和元年 6 月）,(https://www8.cao.go.jp/shoushi/shinseido/outline/pdf/setsumei.pdf).

——, 2020,『男女共同参画白書　令和2年度版』, (https://www.gender.go.jp/about_danjo/whitepaper/r02/zentai).

中野円佳, 2014,『「育休世代」のジレンマ』光文社新書.

日本経済新聞, 2018,「働く女性2000人意識調査㊤」, (https://www.nikkei.com/article/DGKKZO2560646012012018TY5000/?unlock=1).

日本労働組合総連合会（連合）, 2019,「男性の家事・育児参加に関する実態調査2019」, (https://www.jtuc-rengo.or.jp/info/chousa/data/20191008.pdf).

東野充也, 2011,「第1章　変わる働かされ方、働き方」多賀太編『揺らぐサラリーマン生活』ミネルヴァ書房, pp.35-63.

ベネッセ研究所「乳幼児の生活と育ちに関する調査　2017–2020」, (https://berd.benesse.jp/up_images/research/2017-2020_Nyuyouji.pdf).

松田茂樹, 2012,「それでも男性の育児休業が増えない理由」『Life Design REPORT』Winter, 第一生命経済研究所ライフデザイン研究本部, pp.32-34.

——, 2016,「父親の育児参加の変容」『日本の家族　1999-2009　全国家族調査［NFRJ］による計量社会学』東京大学出版会, pp.147-162.

三菱UFJリサーチ＆コンサルティング, 2019,「平成30年度 仕事と育児等の両立に関する実態把握のための調査研究事業報告書　労働者アンケート調査結果」, (https://www.mhlw.go.jp/content/11900000/000534372.pdf).

労働政策研究・研修機構「早わかり グラフでみる長期労働統計」, (https://www.jil.go.jp/kokunai/statistics/timeseries/html/g0212.html).

山口一男, 2017,『働き方の男女不平等』日本経済新聞出版社.

横山文野, 2002,『戦後日本の女性政策』勁草書房.

Matsuda Tomoko, Saori Kamano, Mieko Takahashi, Setsuko Onode, and Kyoko Yoshizumi, 2016, “Reconciling Work and Family among Japanese Fathers with Preschool-Age Children”, Crespi Isabella and Ruspini Elisabetta (eds), *Balancing Work and Family in a Changing Society*, Palgrave Macmillan, pp.99-112.

第2章

高橋美恵子, 2012,「第9章 スウェーデンにおけるワーク・ライフ・バランス」武石恵美子編『国際比較の視点から日本のワーク・ライフ・バランスを考える』ミネルヴァ書房, pp.295-329.

——, 2017,「スウェーデン駐在経験者の働き方と家族生活」『IDUN——北欧研究』22号, 大阪大学言語文化研究科言語社会専攻デンマーク語・スウェーデン語研究室, pp.223-251.

——, 2018,「スウェーデンにおける仕事と育児の両立支援施策の現状」『Business Labor Trend』No. 520, 独立行政法人労働政策研究・研修機構, pp.27-33.

——, 2019,「スウェーデンにおける非典型時間帯就労とワーク・ライフ・バランス」『IDUN——北欧研究』23号, 大阪大学言語文化研究科言語社会専攻デンマーク語・スウェーデン語研究室, pp.209-224.

――, 2021,「第 4 章 スウェーデン」『令和 2 年度 少子化社会に関する国際意識調査報告書』内閣府 子ども・子育て本部, pp.145-159.

内閣府 子ども・子育て本部, 2016,『平成 27 年度調査 少子化社会に関する国際意識調査報告書』.

――, 2021,『令和 2 年度 少子化社会に関する国際意識調査報告書』.

西村純, 2014,「スウェーデンの労使関係」労働政策研究報告書, No.165, 労働政策研究・研修機構.

森田雅也, 2013,「境界決定の自律性とワーク・ライフ・バランス」『国民経済雑誌』208(1), pp.1-19.

Andersson, Bengt-Erik, 1990, "Familjen och barnomsorgen", Bengt-Erik Andersson & Lars Gunnarsson eds., *Svenska småbarnsfamiljer*, Studentlitteratur, pp.91-108.

Arbetsmiljöverket, 2020, Albetstidslagen, (https://www.av.se/arbetsmiljoarbete-och-inspektioner/lagar-och-regler-om-arbetsmiljo/arbetstidslagen/).

Carlson, Laura *et al.*, 2017, *Policy Recommendations*, FamiliesAndSocieties.

Ekonomifakta, 2020, (https://www.ekonomifakta.se/fakta/arbetsmarknad/jamstalldhet/kvinnor-i-chefsposition/).

Försäkringskassan.se, (https://www.forsakringskassan.se/statistik/barn-familj/foraldrapenning).

Lindgren, Anne-Li & Ingrid Söderlind,2018, *Förskolans historia*, Gleerups.

le Grand, Carl & Michael Tåhlin, 2017, "Work in Sweden 1974–2010 Work-life inequality at the intersection of class and gender", *Sociologisk Forskning*, Vol.54, Nr.4, pp.279-282.

Medlingsinstitutet, 2020, *Löneskillnaden mellan kvinnor och män 2019. Vad säger den officiella lönestatistiken?*

――, 2021, *Avtalsrörelsen och lönebildningen 2020.* Medlingsinstitutets årsrapport.

Nordmark, Eva, 2019, (https://www.socialdemokraterna.se/var-politik/a-till-o/heltid-och-deltid#0)

Näsman, Elisabeth & Ann Lundén Jacoby, 1989, *Mamma Pappa Jobb*, Arbetslivscentrum.

Richardson, Gunnar, 2010, *Svensk utbildningshistoria*, (https://barnpedagogik.se/svensk-utbildningshistoria/forskolans-framvaxt-och-den-svenska-jamstalldhetspolitiken/).

SCB, 2020a,. *Övertid och mertid 2005-2019*, (https://www.scb.se/contentassets/ee4862d70fb74f9088346 5c12f0751ef/am0401_2021a01_sm_am110sm2101.pdf).

――, 2020b, *På tal om kvinnor och män 2020.*

SCB Statistikdatabasen, (https://www.statistikdatabasen.scb.se/pxweb/sv/ssd/START__AM__AM0401__AM0401Q/NAKUSysse lgradJmfAr/table/tableViewLayout1/).

Skolverket.se, "Inskrivna barn 2010-2020, andel av barn i befolkningen", Statistik database.

Socialdepartementet, 2001, *Barnafödandet i fokus*, DS 2001:57, Ftitzes.

SOU 2005:73, *Reformerad föräldraförsäkring*, Socialdepartementet. Fritzes.

Stanfors, Maria, 2007, *Mellan arbete och familj*, SNS Förlag.

Stockholms stad, 2021, (https://forskola.stockholm/avgifter/).

Svenskt Näringsliv, 2018, 80 år av samförstånd?, (https://www.svensktnaringsliv.se/sakomraden/

arbetsgivarsamverkan/80-ar-av-samforstand_1004141.html).
TCO, 2020,. *Får tjänstemännen ihop livspusslet?*, TCO rapport, (https://www.tco.se/globalassets/2020/rapporter/tco_rapport_livspusslet_webb.pdf).
Winborg, Mats, 2018, *Vem står upp för arbetsrätten och lönerna?*, Arena Idés arbetsmarknadspolitiska rapport 2018, Arena Idés.

第3章

飯田恵子, 2018a,「ドイツ」『諸外国における育児休業制度等, 仕事と育児の両立支援にかかる諸政策』JILPT 資料シリーズ 197, pp.84-112.
——, 2018b,「ドイツの育児休業制度と両立支援策」『フォーカス』2018 年 12 月, 労働政策・研修機構, (https://www.jil.go.jp/foreign/labor_system/2018/12/germany.html).
魚住明代, 2007,「ドイツの新しい家族政策」国立社会保障・人口問題研究所『海外社会保障研究』160 号, pp.22-32.
大重光太郎, 2011,「ドイツにおけるワーク・ライフ・バランス」『獨協大学ドイツ学研究』64 号, pp.1-24.
斧出節子, 2014,「ドイツにおけるワーク・ライフ・バランス政策の実践」『京都華頂大学現代家政学研究』3 号, pp.3-11.
——, 2020,「ドイツにおける子育て家族のワーク・ライフ・バランス戦略」『京都華頂大学・短期大学研究紀要』65 号, pp.13-27.
厚生労働省, 2007,「各国に見る労働施策の概要と最近の動向（ドイツ）」『2005 〜 2006 年 海外情勢報告』pp.137-151.
——, 2020a,「欧州地域にみる厚生労働施策の概要と最近の動向」『2019 年の海外情勢』」18-20, (https://www.mhlw.go.jp/wp/hakusyo/kaigai/20/).
——, 2020b,「保育所等関連状況取りまとめ（令和 2 年 4 月 1 日）」, (https://www.mhlw.go.jp/content/11922000/000678692.pdf).
田中洋子, 2008,「ドイツにおけるワーク・ライフ・バランス」『ドイツにおける家族政策の展開とワーク・ライフ・バランス推進に関する調査研究報告書』こども未来財団, pp.37-71.
——, 2009,「ドイツにおけるワーク・ライフ・バランス」『ドイツにおける家族政策の展開とワーク・ライフ・バランス推進に関する調査研究報告書』子ども未来財団, pp.37-71.
——, 2015,「ドイツにおける労働への社会規制」(〈特集〉健康のための社会政策)『社会政策』4(2), pp.28-47.
——, 2020a,「ドイツ企業の管理職における短時間パート勤務とジョブシェアリング」『筑波大学地域研究』41, pp.9-29.
——, 2020b,「主婦モデルから就業」『社会政策』12-1, pp.71-85.
——, 2020c,「労働 - 雇用システムの動揺と転回」『ドイツ経済』pp.127-170.
内閣府 子ども・子育て本部, 2021,『令和 2 年度 少子化社会に関する国際意識調査』.
日本経済新聞電子版, 2020,「ドイツ, 年 24 日の在宅勤務権 労働相が提案」2020.10.7, (https://

www.nikkei.com/article/DGXMZO64713430X01C20A0FF8000/).

橋本陽子, 2014,「ハルツ改革後のドイツの雇用政策」『日本労働研究雑誌』No. 647, June.

労働政策研究・研修機構（JILPT）, 2019a,「国別労働トピック 2019年4月 ドイツ」, (https://www.jil.go.jp/foreign/jihou/2019/04/germany_01.html).

——, 2019b,「データブック国際労働比較 2019」, (https://www.jil.go.jp/kokunai/statistics/databook/2019/documents/Databook2019.pdf).

——, 2020,「国別労働トピック 2020年7月 ドイツ」, (https://www.jil.go.jp/foreign/jihou/2020/07/germany_02.html#up_02).

Bundesministerium für Arbeit und Soziales(BFAS) 2021, Was wir bieten, (https://www.bmas.de/DE/Ministerium/Arbeiten-und-Ausbildung-im-BMAS/Arbeiten-im-BMAS/was-wir-bieten.html).

Bundesministerium für Familie, Senioren, Frauen und Jugend (BFSFJ), 2018, Zweiter Gleichstellungsbericht der Bundesregierung, (http://bmfsfj.de./blob/122398/87c1b52c4e84d5e2e5c3bdfd-6c16291a/zweiter-gleichstellungsbericht-der-bundesregierung-eine-zusammenfassung-data.pdf).

——, 2020, (Existenzsichernde) Erwerbstätigkeit von Müttern Konzepte, Entwicklungen und Perspektiven, (https://www.bmfsfj.de/blob/158744/aa2f911741e48e33f260ce0d12a5dad4/existenzsichernde-erwerbstaetigkeit-von-muettern-data.pdf).

Ellguth, Peter Gerner, Hans-Dieter & Ines, Zapf, 2013, Flexibilität für Betriebe und Beschäftigte Vielfalt und Dynamik bei den Arbeitszeitkonten, IAB-Kurzbericht 3/2013, (http://doku.iab.de/kurzber/2013/kb0313.pdf).

Esping-Andersen, G, 1990, *The Three Worlds of Welfare Capitalism*, Polity Press. ＝イエスタ・エスピン＝アンデルセン, 2001,『福祉資本主義の3つの世界』岡沢憲芙・宮本太郎訳, ミネルヴァ書房.

Kisi company, 2021 Cities With the Best Work-Life Balance 2020, (https://www.getkisi.com/work-life-balance-2020#table).

OECD, 2021a, Hours worked (indicator). doi: 10.1787/47be1c78-en, (Accessed on 08 March 2021).

——, 2021b, Balancing paid work, unpaid work and leisure, (https://www.oecd.org/gender/balancing-paid-work-unpaid-work-and-leisure.htm).

Statistisches Bundesamt, 2018, Arbeitsmarkt auf einen Blick Deutschland und Europa.

——, 2020a, Parental allowance: number of recipients up 2% in 2019, Press release No. 104 of 19 March 2020, (https://www.destatis.de/EN/Press/2020/03/PE20_104_22922.html).

——, 2020b, Pressemitteilung Nr. 380 vom 30. September 2020, (https://www.destatis.de/DE/Presse/Pressemitteilungen/2020/09/PD20_380_225.html).

——, 2021a, Elterngeld 2020: Väteranteil steigt auf knapp 25 %, Pressemitteilung Nr. 146vom 25. März 2021, (https://www.destatis.de/DE/Presse/Pressemitteilungen/2021/03/PD21_146_22922.html).

——, 2021b, Parental allowance: Participation rate of fathers1 for children born in 2008 and later, by Land, (https://www.destatis.de/EN/Themes/Society-Environment/Social-Statistics/Parental-Allowance/Tables/birth-children-father-received-timeline.html).

第４章

大和田敢太, 2009,「オランダの労働法制改革におけるフレキシキュリティ理念と平等原則」『日本労働研究雑誌』No.590, 労働政策研究・研修機構, pp.25-34.

カイザー, アルヤン, 2011,「オランダ――パートは『非正規』と見られない、フレキシブル雇用とのバランスが課題」『Business Labor Trend』No.433, 労働政策研究・研修機構, pp.20−27.

権丈英子, 2014,「オランダの非典型雇用の現状と課題」『ヨーロッパにおける非典型雇用』社会保険労務士総合研究機構, pp.55−95.

中谷文美, 2015,『オランダ流のワーク・ライフ・バランス』世界思想社.

廣瀬真理子, 2020,「女性のパートタイム就労を前提とした育児休業制度――オランダ」『社会保障研究』Vol.5, No.1, 国立社会保障・人口問題研究所, pp. 96−106.

松浦真理, 2011,「オランダの幼児教育・保育におけるプレイグループの役割」『京都華頂大学・華頂短期大学研究紀要』56号, pp.111−121.

水島治郎, 2014,「オランダ――社会的投資戦略への華麗なる転換？」『生活経済政策』No.214, 生活経済政策研究所, pp.14−18.

善積京子, 2019,「オランダにおけるワーク・ファミリー・バランス」『地域創造学部紀要』4号, 追手門学院大学, pp.101−133.

――, 2020,「オランダにおけるワーク・ファミリー・バランスの実践」『地域創造学部紀要』5号, 追手門学院大学, pp.125−155.

CBS StartLine, 2013, Far less child care compensation paid in 2012, (https://www.cbs.nl).

――, 2014, Fewer children in day care sentres, (https://www.cbs.nl).

――, 2016, Dutch use childcare more than other EU countries, (https://www.cbs.nl).

CBS, 2019, Trends in the Netherlands 2019, (https://www.cbs.nl/en-gb/publication/2019/22/trends-in-the-netherlands-2019).

――, 2020, emancipatiemonitor 2020, (https://www.cbs.nl/nl-nl/publicatie/2020/50/emancipatiemonitor-2020).

OECD, 2020, Labour Force Statistics in OECD 2020, (https://www.oecd.org/employment/oecd-labour-force-statistics-23083387.htm).

Parlementairemonitor,1999, Nota 'Op weg naar een nieuw evenwicht tussen arbeid en zorg' Arbeid en zorg, (https://www.parlementairemonitor.nl/9353000/1/j9vvij5epmj1ey0/vi3ahf8fn0za)

Portegijs, Wil & Saskia Keuzenkamp, 2008, Nederland deeltijdland, SCP.

Rijksoverheid, 2018, 62.000 meer kinderen naar de opvang, (https://www.rijksoverheid.nl/actueel/nieuws).

――, 2021, Ouderschapsverlof deels betaald vanaf augustus 2022, (https://www.rijksoverheid.nl/actueel/nieuws/2021/04/20/).

Rutgers, 2019, The State of Dutch Fathers: Vaderschap in Nederland: van willen naar doen, (https://www.rutgers.nl/wat-wij-doen/advocacy/geboorteverlof/state-dutch-fathers-2019).

SCP, 2019, Time use in the Netherlands, (https://digitaal.scp.nl/timeuse1/household-and-care).

SER, 1996, *Advies Toekomstscenario's onbetaalde arbeid.*

——, 2011, *Tijden van de samenleving: Slimmer organiseren van tijd en plaats van arbeid en dienstverlenin.*

Unicef, 2007, *Innocenti Report Card 7: An Overview of child well-being in rich countries.*

——, 2013, *Innocenti Report Card 11: Child Well-being in Rich Countries: A comparative overview.*

——, 2020, *Innocenti Report Card 16: Worlds of Influence: Understanding what shapes child well-being in rich countries.*

第5章

飯田恵子, 2016,「ドイツ」『諸外国のLGBTの就労をめぐる状況』労働政策研究・研修機構, pp.56-68.

釜野さおり, 2014,「レズビアンカップルとゲイカップル」善積京子編『スウェーデンの家族とパートナー関係』青木書店, pp.117-143.

釜野さおりほか, 2019,『大阪市民の働き方と暮らしの多様性と共生にかんするアンケート報告書（単純集計結果）』JSPS科研費16H03709「性的指向と性自認の人口学——日本における研究基盤の構築」・「働き方と暮らしの多様性と共生」研究チーム編, (http://www.ipss.go.jp/projects/j/SOGI/＊20191108大阪市民調査報告書（修正2）.pdf).

渋谷区・虹色ダイバーシティ, 2021,「全国パートナーシップ制度共同調査」NIJI BRIDGE, (https://nijibridge.jp/data/).

杉浦郁子・野宮亜紀・大江千束, 2016,『パートナーシップ・生活と制度 増補改訂版(プロブレムQ&A)』緑風出版.

東京新聞TOKYO Web, 2019,「「家族」ってなによ？ うちはお母さんが2人 同性婚を求め提訴した女性カップルの子育て」2019年2月15日, (https://sukusuku.tokyo-np.co.jp/family/11618/).

日本性分化疾患患者家族会連絡会（ネクスDSDジャパン）, 2021, (https://www.nexdsd.com/).

渡邉泰彦, 2014,「同性の両親と子——ドイツ、オーストリア、スイスの状況（その1）」『産大法学』47巻, 3・4号, pp.290-329.

American Psychological Association (APA), 2020, Minority Stress, APA Dictionary of Psychology, (https://dictionary.apa.org/minority-stress).

Bernelf, Fredrik, 2017, Same Sex Parental Leave: Legislation and Equality, Master Thesis, Law, Gender and Society Programme, Umeå University.

Björkenstam, Charlotte, Gunnar Andersson, Christina Dalman, Susan Cochran, & Kyriaki Kosidou, 2016, "Suicide in married couples in Sweden", *European Journal of Epidemiology*, Vol. 31, pp.685–690.

CBS, 2021, Marriages and Partnership Registrations: Key Figures, (https://www.cbs.nl/en-gb/figures/detail/37772eng?dl=4FE72).

Chen, Shuai & Jan van Ours, 2021, Mental Health Effects of Same-Sex Marriage Legalization, Discussion Paper 15632, Centre for Economic Policy Research, London, (https://cepr.org/active/publications/discussion_papers/dp.php?dpno=15632).

Coffman, K. B., L. C. Coffman, & K. M. M. Ericson, 2017, "The size of the LGBT population and the

magnitude of antigay sentiment are substantially underestimated", *Management Science*, Vol. 63, No. 10, pp.3168–3186.

Cornell University, 2017, What Does the Scholarly Research Say About the Well-Being of Children with Gay or Lesbian Parents?, (https://whatweknow.inequality.cornell.edu/wp-content/uploads/2018/04/PDF-Parenting-wellbeing-1.pdf).

European Commission (EC), 2019, Eurobarometer on Discrimination 2019, (https://ec.europa.eu/info/policies/justice-and-fundamental-rights/combatting-discrimination/lesbian-gay-bi-trans-and-intersex-equality/eurobarometer-social-acceptance-lgbtiq-people-eu-2019_en#documents).

Evertsson, Marie, Eva Jaspers, & Ylva Moberg, 2020, "Parentalization of same-sex couples", Rense Nieuwenhuis & Wim Van Lancker, eds., *The Palgrave Handbook of Family Policy*, Palgrave Macmillan, Cham., (https://doi.org/10.1007/978-3-030-54618-2_16).

FRA (European Union Agency for Fundamental Rights), 2020a, EU-LGBTI II - A Long Way to Go for LGBTI Equality, (https://fra.europa.eu/sites/default/files/fra_uploads/fra-2020-lgbti-equality-1_en.pdf).

——, 2020b, LGBTI Survey Data Explorer, (https://fra.europa.eu/en/data-and-maps/2020/lgbti-survey-data-explorer).

ILGA World, 2020, State-Sponsored Homophobia 2020, Geneva: ILGA, (https://ilga.org/downloads/ILGA_World_State_Sponsored_Homophobia_report_global_legislation_overview_update_December_2020.pdf).

ILGA Europe, 2020, Annual Review of the Human Rights Situation of Lesbian, Gay, Bisexual, Trans, and Intersex People in Germany Covering the Period of January to December 2020, (https://www.ilga-europe.org/sites/default/files/2021/germany.pdf).

Kabátek, Jan & Francisco Perales, 2021, "Academic achievement of children in same-and different-sex-parented families", *Demography*, Vol. 58, No. 2, pp.393-418.

Kolk, Martin & Gunnar Andersson, 2020, "Two decades of same-sex Marriage in Sweden" , *Demography*, Vol. 57, No. 1, pp.147–169, (https://doi.org/10.1007/s13524-019-00847-6).

Rijksoverheid, 2021, Fighting Violence and Discrimination Against LGBTI People, (https://www.rijksoverheid.nl/onderwerpen/lhbti-emancipatie/bestrijden-geweld-en-discriminatie-tegen-lhbtis).

Sattler, Frank A., Gabriele H. Franke, & Hanna Chrisiansen, 2017, "Mental health differences between gay and bisexual men and population-based controls", *BMC Psychiatry*, Vol. 17, Article Number 267, (https://doi.org/10.1186/s12888-017-1435-7).

SCB, 2020a, Newly Married, Divorced and Widowed by Region, Marital Status, Type of Couple, Age and Sex, Year 2000-2020, (https://www.statistikdatabasen.scb.se/pxweb/en/ssd/START__BE__BE0101__BE0101L/CivilstandTypPar/).

——, 2020b, Partnership by Region, Marital Status and Sex, Year 1998-2020, (https://www.statistikdatabasen.scb.se/pxweb/en/ssd/START__BE__BE0101__BE0101O/Partnerskap/).

Statistisches Bundesamt (Destatis), 2021, Households and Families, (https://www.destatis.de/EN/Themes/Society-Environment/Population/Households-Families/Tables/couples.html).

Tornello, Samantha L. 2020, "Mental health for sexual and gender minority couples and families", Esther D. Rothblum ed., *The Oxford Handbook of Sexual and Gender Minority Mental Health*, Oxford University Press, N.Y., pp.357-368.

van der Vlueten, Maaike, Eva Jasper, & Tanja van der Lippe, 2021, "Same-sex couple's division of labour from a cross-national perspective", *Journal of GLBT Family Studies*, Vol. 17, No. 2, pp.150-167.

Wikipedia, 2021, LGBT rights in Germany, 2021, (https://en.wikipedia.org/wiki/LGBT_rights_in_Germany).

Wong, Elizabeth, Judy Jou, Amy Raub, & Jody Heymann, 2020, "Comparing the availability of paid parental leave for same-sex and different-sex couples in 34 OECD countries", *Journal of Social Policy*, Vol. 49, No. 3, pp.525-45.

終　章

熊谷徹, 2021,『ドイツ人はなぜ、毎日出社しなくても世界一成果をだせるのか』SB クリエイティブ.

佐藤博樹・松浦民恵・高見具広, 2020,『働き方改革の基本』中央経済社.

守島基博, 2021,「人事管理の変化とその影響」『日本労働研究雑誌』No.729, 労働政策研究・研修機構, pp.43-49.

Fragan, Colette & Pierre Walthery, 2014, "Working time capabilities at the workplace", *Worklife Balance*, pp.174-205.

Kesselring, Marije & Anna van Spanje-Hennes, 2021, *Slepend en soms ook slopend –De impact van (de maatregelen tegen) COVID-19 op het gezinsleven*, Hogeschool Utrecht.

Hobson, Barbara, 2014, "Introduction", *Worklife Balance*, pp.57-91.

IT-Kanalen, 2020-05-12, (https://it-kanalen.se/distansarbetet-har-okat-med-400-under-coronakrisen-visar-undersokning-fran-tele2/).

Larsson, Jörgen, 2012, *Studier i Tidsmässig välfärd – med fokus på tidsstrategier och tidspolitik för småbarnsfamiljer*, Göteborg Universitet.

SCP, 2020, *Thuiswerken en werktijdspreiding – mogelijkheden en maatschappelijke gevolgen*, (https://www.scp.nl/publicaties/publicaties/2020/06/02/thuiswerken-en-werktijdspreiding-mogelijkheden-en-maatschappelijke-gevolgen).

TCO, 2021, *Livspusslet under Coronapandemin*, TCO Rapport 2021.

Yerkes, Mara & Stéfanie André & Janna Besamusca, 2020, *Werkende ouders in tijden van CoronaMeer maar ook minder genderongelijkheid*, (https://www.uu.nl/sites/default/files/Policybrief.pdf).

Zucco, Aline & Yvonne Lott, 2021, *Stand Der Gleichstellung –Ein Jahr mit Corona*, WSI Report, Nr.64, Wirtschafts und Sozialwissenschaftliches Institut.

ワーク・ファミリー・バランス
──これからの家族と共働き社会を考える

2021年10月20日　初版第1刷発行

編　者────高橋 美恵子
発行者────依田俊之
発行所────慶應義塾大学出版会株式会社
〒108-8346　東京都港区三田2-19-30
TEL〔編集部〕03-3451-0931
〔営業部〕03-3451-3584〈ご注文〉
〔　〃　〕03-3451-6926
FAX〔営業部〕03-3451-3122
振替　00190-8-155497
https://www.keio-up.co.jp/
装丁・イラスト──中尾悠
印刷・製本──中央精版印刷株式会社
カバー印刷──株式会社太平印刷社

Printed in Japan ISBN978-4-7664-2779-0